Sección de Obras de Lengua y Estudios Literarios

LAS FIGURACIONES DEL SENTIDO

JOSÉ PASCUAL BUXÓ

LAS FIGURACIONES DEL SENTIDO

Ensayos de poética semiológica

FONDO DE CULTURA ECONÓMICA

MÉXICO

Primera edición, 1984

D. R. © 1984, Fondo de Cultura Económica
Av. de la Universidad, 975; 03100 México, D. F.

ISBN 968-16-1836-X

Impreso en México

A Myrna,
Quel sol che pria d'amor mi scaldó 'l petto.

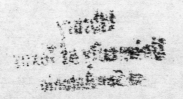

PREFACIO

1. *Semiótica* y *semiología* son términos que, desde hace tiempo, aparecen con insistencia en numerosos trabajos académicos que tratan de la teoría y la crítica de arte, en particular del arte verbal o literario. Ello no significa, sin embargo, que tales vocablos sean siempre utilizados en el mismo sentido, ni siquiera que lleguen a tener un sentido cada vez que se echa mano de ellos.

Nadie podría negar el benéfico influjo que tanto la lingüística estructural, primero, como las diferentes tendencias de la semiótica general, después, han ejercido en los estudios literarios de nuestros días; pero tampoco podría ocultarse el dilatado abuso de que ha sido objeto la terminología lingüística o semiótica, al grado de que las nociones fundamentales de estas disciplinas puedan haberse visto reducidas a una cháchara ininteligible por cuyo medio, si algo logra expresarse, es su propia condición de habla mimética y fingidora.

Y ha sido precisamente este difundido y fantasmal empleo de las nociones de la semiótica (a veces vinculadas con el nuevo psicoanálisis y otras simplemente asociadas con el impresionismo crítico) lo que ha provocado dos reacciones a un tiempo extremosas e indeseables. Por un lado, el escándalo y animadversión de algunos profesores "bienpensantes" para quienes la sola lectura de algún "galimatías semiótico" ha sido causa suficiente para llevarlos a rechazar en bloque la idea de cualquier posible comercio intelectual con la moderna teoría de los signos; por otra parte, ese rechazo profesoral ha contribuido a la previsible exacerbación del adversario, es decir, de aquellos críticos e investigadores (no necesariamente jóvenes) que, habiendo hecho profesión de fe semiótica, la cultivan con el ímpetu ortodoxo propio de algunas de sus escuelas o tendencias.

Entre ambas posiciones extremas, la obra literaria (ese texto mudo que, cuando rompe a hablar, lo hace en un lenguaje vasto y multiplicador) puede permanecer ignorada, ajena de sí mis-

9

ma, despojada por la voz prominente de los discursos críticos
que —desde una y otra ladera— se le superponen hasta ocul-
tarla.

Objeto de tales reducciones (instintivas o programáticas que
ellas sean), el texto literario es apenas un estímulo para que el
crítico o el analista descubran sus propias ideas obsesivas o muestren su relativa competencia en el campo de las reducciones
formalizadas. En uno y otro caso, no se hace sino perpetuar de
manera poco consciente esa antigua y enconada escisión de los
estudios literarios que consiste en describir los mecanismos semióticos (lógicos o lingüísticos) que rigen la estructuración de
un texto (camino —sea dicho entre paréntesis— que no suele
ir más allá de la mera explicitación del estatuto gramatical que
corresponde a una serie definida de enunciados), o en referir los
particulares efectos —emotivos o, pocas veces, intelectuales—
que una obra determinada produce en un determinado lector;
vía, ésta, a través de la cual sólo parece posible alcanzar una
individualísima e inconcretable "visión" de esa clase de placer
que llamamos estético y que se experimenta por un yo irreduc-
tible en su recóndita intimidad.

Y del mismo modo que el análisis formal que se tiene por
fin a sí mismo deslíe la obra literaria a la que se aplica y la
convierte en un mero pretexto para la ejercitación de ciertas
habilidades técnicas, así también el discurso sucedáneo de las
exégesis autogámicas anula el texto artístico para acabar susti-
tuyéndolo por una cadena de glosas disímbolas y, posiblemente,
infinitas.

Resolver esa lacónica antinomia que condena el estudio de
las obras literarias, ora al desamparo y sequedad del análisis téc-
nico, ora a los fenómenos exegéticos que la convierten en el
punto de arranque de una "semiosis ilimitada", aun cuando no
sea una empresa insensata, bien pudiera ser una tarea imposible.
Primero, porque el análisis formal que describe los sistemas
semióticos subyacentes en un texto específico, reduce su "espe-
sura semántica" a las instancias puramente gramaticales del mismo, es decir, a la clase de procedimientos invariantes (retóricos,
narrativos, etcétera) que se actualizan en dicho texto, y por
cuanto que a tal género de análisis no le es posible hacerse

cargo —sin más— de la índole particular y sustantiva que tales actualizaciones adquieren en un texto concreto; segundo, porque esa *sustancia* manifestada por intermedio de ciertos procedimientos sistemáticos (esto es, generales), no pudiendo ser descrita en sí misma, sino a través de las *formas* convencionales que la representan y definen, suscita tanto en el lector inocente cuanto en el crítico avezado la ilusoria posibilidad de un conocimiento directo, sin mediaciones, de las realidades del mundo.

De ese engaño de la palabra, vale decir, de su naturaleza ambigua que le permite esquivar la mirada de la mente aun en los casos en que haya sido más denso y laborioso el esfuerzo de construcción textual, se ocasionan igualmente las vastas confusiones exegéticas y las vanas simplificaciones analíticas. Así, puestos a la tarea de reducir y conciliar ambos extremos de la antinomia, no parece haber otra vía que la de atender —en primerísima instancia— la peculiar naturaleza de los signos, sus modos de operación, sus condiciones de productividad: esto es, no podrá prescindirse de la semiótica.

2. En principio, *semiótica* y *semiología* comparten un mismo contenido conceptual: designan una actividad teórica que tiene por objeto la totalidad de los sistemas de signos de una comunidad cultural. La tradición anglófona ha preferido el primer término, que se afianzó a partir de los trabajos de Charles Sanders Peirce y de Charles Morris; la tradición francófona privilegió el segundo término, por medio del cual Ferdinand de Saussure designaba la ciencia que se ocuparvía de "la vida de los signos en el seno de la vida social". No hagamos hincapié en lo ya conocido; detengámonos más bien —y brevemente— en un asunto que, pudiendo ser mostrenco, no por ello es menos importante para justificar ante la generalidad de los lectores el uso de una terminología tecnicista a lo largo de este libro y, más concretamente, en la primera parte del mismo.

Fue precisamente Peirce quien en un escrito intitulado "La ética de la terminología" expuso las razones que le llevaron al empleo o acuñación de ciertos vocablos por cuyo medio pudiese concertar mejor su propio pensamiento. "Los símbolos —decía Peirce— son la urdimbre y la trama de toda investigación y de todo pensamiento", del mismo modo que "la vida del pensamiento y de la ciencia es la vida inherente a los símbolos"; consecuentemente, no sería acertado afirmar que el lenguaje sólo es "importante para el buen pensamiento, porque es parte de su misma esencia".

El símbolo (la palabra) no tiene una sola dimensión, no se limita a ser un conjunto de articulaciones vocales inmutables durante un tiempo más o menos largo; posee —además— un contenido semántico configurado de manera cambiante, no sólo en el tiempo, sino en la diversidad de usos que de ese signo se hacen en un mismo tiempo o en un mismo entorno social. Cuando se trata de llevar adelante una tarea de índole científica es necesario que esas mudables articulaciones del contenido de una palabra (en las que reside, como luego se verá, la inagotable capacidad transformadora del lenguaje) se sometan a un sentido común que las haga equivalentes y compatibles para todos los usuarios insertos en un señalado ámbito o propósito de comunicación.

De ahí, pues, que en el primer capítulo de este libro ("Premisas a una semiología del texto literario") y, en general, en todos los de la primera parte, haya procurado hacer explícitos los valores semánticos de los términos utilizados, puesto que tales términos no sólo constituyen los instrumentos conceptuales de que me valgo para la exposición de una teoría de los signos lingüísticos, sino que intervienen de manera decisiva en la elaboración de un conjunto de hipótesis a las que considero capaces de dar cuenta de los diversos tipos de articulaciones semánticas y, en particular, del tipo de estructura que me parece ser la base indispensable para la constitución de esa clase de textos que habitualmente reconocemos como artísticos o literarios.

Aunque, en mi modo particular de ver, el estudio de esa clase de textos presupone la existencia de una teoría de la lengua que los incluya entre los datos que dicha teoría se propone explicar, no pretendo afirmar con ello que baste la inclusión de una tipología semántica de los enunciados verbales en el seno de una teoría lingüística para que —con sólo eso— podamos dar razón acabada de la compleja trama de elementos que interactúan en un texto literario concreto, sino únicamente que faltando dicha base tipológica resultaría imposible (o sería extremadamente improbable) la asignación de funciones artísticas a un conjunto cualquiera de enunciados.

Evidentemente, las "propiedades" literarias de un texto no son reductibles a un conjunto de procedimientos verbales (digamos, para simplificar, los recursos elocutivos y compositivos que clasifica la retórica), pero tampoco parece probable que, en ausencia de esas condiciones semióticas concretas, una comunidad de lectores acepte como artístico o literario un texto en el que no se hayan verificado ciertos comportamientos invariantes por cuyo medio se producen aquellos efectos de "ambigüedad" referencial que —al decir de Roman Jakobson— confieren "a la poesía su esencia simbólica, polisémica, que internamente la permea y organiza".

En efecto, fueron los formalistas rusos de las primeras décadas de nuestro siglo —y singularmente Jakobson— quienes pusieron reiteradamente de relieve la necesaria vinculación de una determinada función de la lengua (un uso o intención semántica prevalente en una actuación lingüística particular) con un determinado conjunto de procedimientos semiótico-verbales. En su famoso artículo "Lingüística y poética", Jakobson puntualizó su teoría de las funciones de la lengua y precisó su concepto de *función poética* diciendo que ésta se configura mediante la proyección del principio de equivalencia, que rige en el eje de la selección de los miembros paradigmáticos (las palabras, digamos para abreviar), sobre el eje de la combinación sintagmática, cuyo principio es el de la contigüidad. De este modo, según Jakobson, "la equivalencia [ya sea por semejanza o por oposición de los elementos que se relacionen] pasa a ser un recurso constitutivo de la secuencia" y —dicho globalmente— los enunciados o mensajes poéticos se caracterizarán por la actualización de equivalencias, paralelismos y simetrías en todos los niveles lingüísticos (fónico, léxico y sintáctico).

Pero aunque Jakobson insistió reiteradamente en que "muchos de los recursos que la poética estudia no se limitan al arte verbal", y también en que "muchos rasgos poéticos no pertenecen únicamente a la ciencia del lenguaje", sino a la semiótica general, lo cierto es que el maestro ruso concibió la *poética* como una parte de la *lingüística* por cuanto que, ocupándose la primera de "problemas de la estructura verbal", no podría dejar de incluírsela dentro de "la ciencia global de la estructura verbal".

Con todo, una reflexión prevalentemente lingüística acerca de la poesía (o, por mejor decir, sobre la función poética o literaria de la lengua) habría de constreñir el planteamiento de los problemas relativos a la configuración semántica de amplísimas zonas de la realidad psíquica y social al ámbito de las invariantes semióticas de la lengua; es decir, a los modos de significar propios de las unidades léxicas o sintagmáticas que, en cierta medida, solapan la presencia de paradigmas translingüísticos (ideológicos) que intervienen de manera decisiva tanto en la constitución de los enunciados verbales como en la asignación de funciones discursivas (sociales) a los procesos de enunciación.

3. Las consideraciones precedentes hacían necesaria una revisión de la teoría estructuralista de las funciones de la lengua (que —como se sabe— está basada en la prevalencia que puede concederse a uno u otro de los factores que intervienen en los actos de comunicación), así como de los *códigos* semióticos y de sus interrelaciones en los textos concretos.

Haciendo pie en la teoría glosemática de Louis Hjelmslev, formulé la hipótesis según la cual la generalidad de los procesos verbales se constituyen a partir de la acción alternativa o simultánea de dos subsistemas (asimétricos pero igualmente productivos) a los que podemos llamar *subsistema denotativo* y *subsistema connotativo* y por medio de los cuales es posible dar cuenta de dos tendencias semióticas extremas: aquella por la cual se instaura la equivalencia entre un *signans* y un *signatum* y aquella otra en virtud de la cual se determina la oposición o falta de correspondencia entre los *signantia* y los *signata* (entre los signos y los "objetos" referidos) que el subsistema denotativo ha establecido convencionalmente como complementarios; *ex. gr.*: árbol = "árbol" vs. árbol ≠ 🌳

Para referirme a los casos o ejemplos concretos de enunciados en que prevalece uno u otro subsistema, he utilizado las expresiones *semiótica denotativa* y *semiótico connotativa*; en ese uso, el vocablo *semiótica* ya no alude a la ciencia general de los signos (*semiótica*$_1$), sino que se refiere a la función semiótica (o "semiosis") que contraen los dos funtivos del signo: significante y significado o, si se prefiere decirlo de otro modo, expresión y contenido (*semiótica*$_2$).

A lo largo de todos los capítulos de la primera parte, empleo el término *semiótica* en ese segundo valor anotado, a partir del cual —por otra parte— es posible describir una clase más compleja de estructuras verbales en las que puede descubrirse no sólo la subyacencia inexcusable de un sistema lingüístico, sino de sistemas semántico-ideológicos que se manifiestan por intermedio de los procesos verbales. Cuando el contenido de una semiótica connotativa no puede reducirse (o rescribirse) a los términos de una semiótica denotativa, generalmente por causa de que en tal proceso se hallan actualizados derivados de sistemas de diferente naturaleza o ámbito de validez, el análisis de tal texto podrá poner de manifiesto la existencia de varios niveles en la organización semántica del mismo. A esa clase de semióticas daré el nombre de *semiologías*: un tipo especial de procesos textuales en cuyo contenido se combinan miembros (o derivados de miembros) pertenecientes a diferentes sistemas de representación. (Véase el capítulo II: "Estructuras lingüísticas y paradigmas ideológicos".)

La utilización del concepto de *semiología*$_2$ para designar una clase particular de semióticas connotativas, permite también reservar la noción de *semiología*$_1$, no ya para referirnos a la teoría de los sistemas de signos y a sus condiciones generales de funcionamiento (para lo cual ya contamos con el concepto de *semiótica*$_1$), sino para designar *la rama de esta disciplina que se ocupe de estudiar los tipos de relaciones que pueden establecerse entre diversos sistemas de signos de una misma comunidad cultural*, así como de todas aquellas prácticas discursivas en las que (por intermedio de un sistema semiótico interpretante: generalmente una lengua) se establecen múltiples conexiones semánticas entre dominios relativos a diferentes campos de la organización social.

Decía Émile Benveniste (1977) —en quien me apoyo— que

la más mínima atención a nuestro comportamiento, a las condiciones de la vida intelectual y social [...] nos muestran que utilizamos a la vez y a cada instante varios sistemas de signos: primero los signos del lenguaje [...]; los signos de la escritura; los "signos de cortesía", de reconocimiento [...]; los "signos exteriores" que indican condiciones sociales [...]; los signos de los cultos, ritos, creencias; los signos del arte en sus variedades [...]

En efecto, cada uno de esos sistemas, por el hecho de tener circunscritos sus respectivos modos de operación y dominios de validez, no son mutuamente convertibles, pero —en cambio— pueden manifestarse de manera simultánea en comportamientos semióticos de carácter *sincrético*. Así, por ejemplo, en la celebración de la misa católica se actualizan de manera conjunta o alterna signos pertenecientes a jerarquías verbales, musicales, gestuales, vestimentarias, etcétera, que se ordenan con arreglo a sus códigos particulares. Pero la lengua tiene la virtud de ser el único sistema semiótico capaz no sólo de traducir a sus propios términos los modos de significación de los restantes sistemas (esto es, de traducirlos e interpretarlos), sino —además— de proponer o descubrir diversos correlatos entre sistemas diferentes.

Gracias a esa capacidad de *interpretancia* —como la llamó Benveniste—, la lengua no se limita a conferir "a otros conjuntos la calidad de sistemas significantes informándolos de la relación de signo", sino que establece de manera explícita o tácita relaciones de *homología* entre partes de sistemas ideológicos, como por ejemplo entre ciertas concepciones del cosmos y del cuerpo humano; entre los dioses, los planetas y los metales; entre los gatos, los amantes y los sabios, etcétera. (Véase al respecto el capítulo III: "Sincretismo, homología, ambigüedad referencial".)

Ahora bien, esas relaciones de homología —a diferencia de las de interpretancia— no pueden ser verificadas, comprobadas empíricamente, por cuanto que, decía el propio Benveniste, se instauran sólo "en virtud de conexiones que se descubren o establecen entre sistemas diferentes": de suerte que podemos distinguir las relaciones homológicas que se constituyen como "principio unificador" entre dos o más dominios previamente interpretados por la lengua, de las relaciones de homología que dan origen a nuevas jerarquías de valores semióticos.

En el capítulo IV ("La estructura del texto semiológico") intenté precisar con mayor detenimiento las características estructurales de la semiología$_2$ con el fin de mostrar tanto su diferencia como su dependencia respecto de las semióticas connotativas que le sirven de base, y analizar las sucesivas articulaciones semánticas de esa clase de procesos textuales. Encontré allí que, así como las semióticas connotativas son el resultado de la actualización simultánea de miembros pertenecientes a dos paradigmas lingüísticos (v.gr. ciertos campos léxicos relativos a los "vegetales" y a las "insignias" en textos como árbol seco usado en cuanto expresión de "vara del alguacil" en la germanía del siglo XVII), las semiologías —que tienen por expresión una semiótica connotativa— actualizan en su contenido miembros pertenecientes tanto a paradigmáticas lingüísticas como translingüísticas; esto es, ponen de manifiesto valores semánticos configurados por sistemas no verbales (pero verbalizables) de la comunidad cultural. Así, por ejemplo, la correlación homológica instaurada entre los metales, los planetas y el hombre es básica en todos los textos alquímicos, cuyas numerosas variables son siempre reductibles a las invariantes del sistema semiológico que subyace en ellos.

De lo anterior puede concluirse que será pertinente hablar de sincretismos explícitos cuando nos enfrentemos a comportamientos significativos en los que se actualizan, directamente y de manera simultánea o alterna, signos pertenecientes a dos o más sistemas semióticos o simbólicos (como ocurre en la misa o en ciertas obras artísticas como el ballet y la ópera), y de sincretismos implícitos cuando se trate de aquellos que se verifican precisamente en esa clase de textos que llamo semiológicos y en los cuales una misma secuencia sintagmática (es decir, una determinada actualización de signos lingüísticos) realiza simultáneamente las funciones de interpretancia y homología. Así, en el caso de los escritos alquímicos, por medio de un mismo proceso verbal se establecen diversas correlaciones entre miembros de paradigmáticas diferentes, los cuales —a su vez—

podrían ser interpretados separadamente por otros sistemas semióticos, incluidos los lingüísticos.

A esta particular clase de textos semiológicos que se construyen a partir de un sistema de homologías convencionalmente instauradas entre diferentes zonas de la realidad natural, social y psíquica, le podremos dar el nombre de *semiologías ideológicas*. Éstas se caracterizan por mantenerse sustancialmente apegadas a los conjuntos de invariantes semiológicas (*id. est*, de correlatos instaurados entre miembros de dominios diferentes) en los que se funda precisamente el sistema ideológico subyacente.

Por las razones dichas, en tal clase de textos sólo es permitida la sustitución o permutación de los signos-significantes, pero no así la alteración o transformación de los valores semánticos fijados por medio de las correlaciones homológicas. Pongamos un ejemplo: el signo verbal /águila/ puede sustituirse por el signo icónico / *águila* / con el fin de representar la volatilización de los ácidos en las operaciones alquímicas y su previsible correlato: la "espiritualización" del cuerpo. Lo que no podría hacerse es emplear los signos del "águila" para significar —pongamos por caso— el ennegrecimiento de la materia y la muerte del cuerpo (cuya expresión le está reservada a los signos del "cuervo"), ya que de ser así, se destruiría todo el sistema simbólico-ideológico que subyace en los textos alquímicos y que —no está por demás señalarlo— los hace ser precisamente textos alquímicos y no textos de otra clase o función.

Como puede verse, la estructura de las semiologías es el resultado o efecto de la actualización simultánea de dos tipos de relación entre la lengua y los demás sistemas simbólicos de la sociedad: la relación de interpretancia y la de homología; dicho aún de otro modo, las semiologías ideológicas se constituyen por la incorporación en un mismo proceso textual de: *a*) las interpretaciones semánticas de dos o más zonas de la realidad y *b*) el establecimiento de correlatos homológicos entre miembros pertenecientes a dichos conjuntos de interpretaciones, de lo cual se origina *c*) un texto sincrético en el que aparecen actualizadas de manera implícita (es decir, por intermedio de un único sistema interpretante) ciertas representaciones semánticas fundadas, a su vez, en un sistema de correlatos canónicamente aceptado por un grupo social en sus actividades específicas.

Pero imaginemos ahora una clase de semiologías en las que la función de interpretancia de la lengua (a la que, como sabemos, corresponden las operaciones léxico-sintagmáticas que proporcionan un modelado semiótico a los sistemas o dominios carentes de organización particular) se viese programáticamente sometida a la acción del subsistema connotativo de la lengua y que, por tal causa, el mismo proceso de interpretación sufriese la interferencia de homologías parciales instauradas entre elementos del plano de la expresión de los signos verbales y, además, entre componentes del plano del contenido (a saber: rimas, paronomasias; oxímoros, hipálages; paralelismos, simetrías, etcétera).

Imaginemos —por otro lado— que en esos textos semiológicos también las homologías "sustanciales" instituidas por determinado sistemas ideológicos sirviesen, a su turno, de fundamento para nuevas homologías; es decir, que en esa clase de textos no sólo fueran reconocibles los órdenes de interpretancia y homología convencionalmente aceptados, sino que —además— se les sometiera a transformaciones fundadas en las particulares intenciones e intuiciones de sus autores.

Tal clase de textos existe, por supuesto; son los que habitualmente llamamos poéticos o literarios y a los cuales —dentro del marco de nuestro análisis— les correspondería la designación de *semiologías artísticas*.

En los últimos capítulos de la primera parte de este libro (y particularmente en los que llevan por título "La semantización de los componentes mínimos del signo" y "Las articulaciones semánticas del texto literario") me ocupé tanto de las homologías parciales que pueden establecerse entre elementos del plano de la expresión y componentes del plano del contenido, como de la reevaluación o transformación semántica a que son sometidos los conjuntos homológicos que sustentan a los sistemas ideológicos subyacentes en dicha clase de textos.

Revelar la subyacencia de esos "modelos" de constitución y reconocimiento de las realidades del mundo que son las ideologías, reconstruirlos en sus articulaciones fundamentales, determinar las transformaciones semánticas a las que se les sometió en un texto concreto y formular las grandes líneas de su significación, así como los procedimientos semióticos por medio de los cuales ha podido instaurarse esa nueva "realidad" textual, bien podrían ser los pasos y las metas de un análisis literario que tuviese como base lo que ya podemos llamar sin reticencias una *poética semiológica*.

Con apego, a veces cabal y otras restringido, al programa bosquejado, la segunda parte de este libro contiene diversos trabajos en los que analicé textos de autores hispánicos (Garcilaso, Santa Teresa, Cervantes, Lope, Góngora, Quevedo, Sor Juana) y en los que el lector que hasta allí desee seguirme quizá pueda encontrar suficientes motivos para dejar de creer —si lo hubiese creído hasta ahora— que la poética semiológica, por aspirar únicamente a los deleites abstractos de la teoría y el método, renuncia al placer multiforme que al buen lector le procura la meditada comprensión de las obras literarias.

JOSÉ PASCUAL BUXÓ

Primera Parte

I. PREMISAS A UNA SEMIOLOGÍA DEL TEXTO LITERARIO

1. En las páginas iniciales de sus *Prolegómenos a una teoría del lenguaje*, Louis Hjelmslev afirmaba que, si bien desde un punto de vista científico el lenguaje puede ser considerado como "sistema de signos y como entidad estable", desde el punto de vista de su uso social el habla humana no tiene un fin en sí misma, sino que es un "medio de conocimiento cuyo objeto principal se halla fuera del lenguaje". Con todo, cuando se recurre a la lengua como a una clave para comprender las actuaciones lingüísticas concretas, es frecuente que pasemos por alto "el medio que a ese conocimiento conduce: el lenguaje mismo"; de ahí que para Hjelmslev la lingüística haya de

> esforzarse por comprender el lenguaje, no como un conglomerado de fenómenos no lingüísticos (físicos, fisiológicos, psicológicos, lógicos, sociológicos), sino como una totalidad autosuficiente, como una estructura *sui generis* (Hjelmslev, 1971, p. 14).

Y ello no únicamente con el propósito de dar al lenguaje un tratamiento científico, sino porque sólo a partir de una teoría lingüística que "descubra y enuncie las premisas de tal lingüística" podremos establecer los métodos más adecuados al estudio de los textos concretos de una lengua o, dicho de otra manera, porque *la teoría del sistema que subyace en cada proceso es indispensable para poder definir la inclusión de valores lingüísticos y extralingüísticos en un mismo texto o proceso de elocución*.

Para los fines de un análisis que aspire a dar cuenta de la "totalidad" significativa del texto, será necesario aceptar inicialmente la tesis que afirma que "todo proceso tiene un sistema subyacente —y toda fluctuación una constante subyacente". Esta premisa habrá de ser válida tanto para el primer nivel del análisis textual (el lingüístico o semiótico) como para los subsiguientes niveles discursivos (semiológicos e ideológicos).

Conviene aclarar, de manera sumaria, el valor de los concep-

23

tos operativos que manejaremos en adelante. Diremos, con Hjelmslev, que toda *semiótica* se define como la dependencia recíproca de una *sintagmática* y una *paradigmática;* que la paradigmática es un *sistema* jerárquico de correlatos y la sintagmática un *proceso* de relaciones:

> el factor decisivo es que la existencia de un sistema es premisa necesaria para que exista el proceso: el proceso adquiere existencia en virtud de un "estar presente" de un sistema tras el mismo, en virtud de un sistema que lo rija y determine en su posible desarrollo (Hjelmslev, 1971, p. 62).

Entenderemos por *código* el conjunto de invariantes de un sistema analizables en el proceso o, más concretamente, en los distintos *planos de descripción* que resulten postulables dentro de éste; en consecuencia, asumiremos que un *texto* es un proceso sintagmático en el cual se actualizan determinadas invariantes paradigmáticas en un número determinado de *variantes*.

Señalaba Hjelmslev (1971, pp. 91-92) que para dar satisfacción plena a las exigencias del análisis (los principios de economía y reducción),

> hemos de tener a nuestra disposición un método que nos permita, en condiciones fijadas con precisión, *reducir* dos entidades a una sola o, como con frecuencia se dice, *identificar* dos entidades. Si imaginamos un texto dividido en periodos, éstos en frases, éstas en palabras, etc., y un inventario por cada análisis, podremos observar que en muchos lugares del texto tenemos "un mismo" periodo, "una misma" frase, "una misma" palabra, etc.: puede decirse que hay muchos ejemplos de cada periodo, de cada frase, de cada palabra, etc. A estos ejemplos los llamaremos *variantes*, y a las entidades de las que son ejemplo, *invariantes*. Más aún, se observa inmediatamente que no sólo las entidades, sino también las funciones tienen variantes, de modo que la distinción entre variantes e invariantes se aplica a los funtivos en general.

En los signos, en los procesos textuales en que éstos se articulan, hemos de distinguir dos planos semióticos interdependientes: el de la *expresión* y el del *contenido;* en principio, ambos pueden describirse exhaustiva y consecuentemente como si estuvieran estructurados de modo análogo, de tal manera que en ambos planos se prevén categorías que se definen de modo totalmente idéntico (Hjelmslev, 1971, p. 89),

aunque conforme avance el análisis de ciertas semióticas descubriremos que en el plano del contenido se actualizan sistemas jerárquicos diferentes.[1]

Ahora bien, considerando que los sistemas semióticos (verbales y no verbales) no sólo utilizan diversos soportes materiales en el plano de la expresión, sino que analizan diversamente las entidades extrasemióticas (los "denotata" o "referentes") en el plano del contenido, tendremos que reconocer que cada sistema semiótico conforma de modo peculiar tanto la sustancia de la expresión como la del contenido. Diremos entonces que expresión y contenido son analizables en *forma* y en *sustancia* y que

en virtud de la forma del contenido y de la forma de la expresión, y sólo en virtud de ellas, existen respectivamente la sustancia del contenido y la sustancia de la expresión, que se manifiestan por la proyección de la forma sobre el sentido [o "continuum amorfo no analizado"], de igual modo que una red abierta proyecta su sombra sobre una superficie sin dividir (Hjelmslev, 1971, p. 85).

Si aceptamos, con Hjelmslev, que de todas las cadenas lingüísticas puede extraerse un "sentido informe", asumiremos consecuentemente que la *forma del contenido* mantiene una relación arbitraria —id. est, sistematizada— con respecto de la *sustancia del contenido*. Emilio Alarcos Llorach (1951, p. 20) sintetizó de la siguiente manera estos conceptos de la glosemática danesa:

el sentido amorfo [...] se *conforma* en cada lengua diversamente. Cada lengua hunde las fronteras de sus formas en la amorfa masa

[1] Precisa Hjelmslev (1971, p. 161) que "al preparar el análisis lo hemos hecho suponiendo tácitamente que el dato es un texto compuesto en una semiótica definida, no en una mezcla de dos o más semióticas [...] *Esta premisa, sin embargo, no es válida en la práctica.* Por el contrario, cualquier texto que no sea de extensión tan pequeña que no dé base suficiente para deducir un sistema generalizable a otros textos, *suele contener derivados que se basan en sistemas diferentes*". (Las cursivas son nuestras.)

del pensamiento y realiza diferentes momentos de ella en orden distinto: un mismo sentido se conforma y estructura diferentemente en diferentes lenguas, y esta estructuración diferente constituye la *forma*, en este caso del *contenido*, de cada lengua.

Al cotejar la conformación de un determinado "sentido" en tres lenguas diferentes, comprobaremos que "en español hay cuatro formas distintas para designar la zona del sentido designada en francés y en alemán con dos formas (aunque con distinto valor)".

Diversas configuraciones de una misma zona de "sentido"

leña		Holz
madera	bois	
bosque		Wald
selva	forêt	

Pero no sólo en lenguas distintas, diferentes formas del contenido conforman una misma zona del "sentido"; dentro de un mismo sistema semiótico (una lengua natural, digamos) una misma sustancia de contenido, esto es, una misma zona del sentido culturalmente especificada (reconocida), es susceptible de manifestarse semióticamente por más de una forma de contenido y, a su vez, una forma de contenido es manifestable por más de una forma de expresión. De igual modo, una misma forma de expresión podrá ser manifestada por diversas *sustancias de la expresión* (véase *infra*, parágrafo 3).

2. Aunque habremos de volver sobre estas consideraciones, es posible ejemplificar ahora, de manera provisional, la manifestación de diferentes formas de contenido por medio de una misma forma de expresión, señalando los diferentes valores paradigmáticos de una misma "palabra"; sea ésta el lexema /rosa/ y sean las distintas formas del contenido las cinco primeras acepciones que para ella registra el *Diccionario de Autoridades*:

Expresión	Contenido	Paradigma
	"flor"	A
	"mancha"	B
rosa	"rostro"	C
	"lazo"	D
	"diamante"	E

De hecho, pues,

la función de signo instituye una *forma del contenido* que es arbitraria desde el punto de vista del sentido [2] y que sólo puede explicarse por la función de signo y es evidentemente solidaria con ella (Hjelmslev, 1971, p. 82).

Así, para los efectos del análisis textual que iré exponiendo a lo largo de este y de los siguientes capítulos, importa retener que las relaciones entre la forma y la sustancia se basan en la dependencia de dos *funtivos* —o términos de una función de signo, a los que, de atenernos a Saussure, llamaríamos aproximativamente *significante* y *significado*— y que en virtud de esta dependencia los signos manifiestan "algo que en cierta forma reside fuera" de ellos mismos. Ese "algo" es, para nosotros, el conjunto de representaciones semántico-ideológicas de aquellas "sustancias" identificadas y evaluadas por una comunidad cultural (cf. *infra*, caps. II y III).

Siguiendo a Hjelmslev, asumiremos que las dependencias recíprocas entre funtivos —de signos o de cadenas de signos— pue-

---

[2] Si excluimos "el principio estructural que implica la función de signo y todas las funciones de ahí deducibles" —dice Hjelmslev—, el "factor" común a todas las lenguas "será una entidad definida solamente por su 'tenencia de' función con el principio estructural de la lengua y con todos los factores que hacen a cada lengua diferente de las demás. A este factor lo llamaremos *sentido*". Tal *sentido* "existe provisionalmente como una masa amorfa, como entidad sin analizar que se define sólo por sus funciones externas, esto es, por su función con cada una de las frases lingüísticas" que, en lenguas diferentes o en una misma lengua, permitan extraer ese factor común: el sentido, "el pensamiento mismo" (cf. Hjelmslev, 1971, pp. 77 y ss.).

den ser de tres clases: *interdependencias* (A implica B y B implica A), *determinaciones* (A implica B, pero B no implica A) y *constelaciones* (A no implica B ni B implica A). Ahora bien, cuando queramos registrar las funciones de los signos en cuanto miembros de un sistema (paradigmática) o en cuanto partes de un proceso (sintagmática), estableceremos los siguientes juegos de relaciones: a la interdependencia entre miembros de un sistema la llamaremos *complementaridad* y a la interdependencia de las partes de un proceso, *solidaridad*; a la determinación entre los miembros de un sistema la llamaremos *especificación* y a la de las partes de un proceso, *selección*; a las constelaciones entre miembros de dos o más paradigmáticas las designaremos *autonomías* y a la constelación entre partes del proceso, *combinación* (cf. Hjelmslev, 1971, pp. 42 y ss.).

En cuanto atendamos a las relaciones entre sistemas y procesos (esto es, entre los textos y el sistema o sistemas que los rigen), entenderemos por *interdependencia* la complementaridad entre la expresión y el contenido; por *determinación* se entenderá la especificación de una expresión por medio de la selección de un contenido que no constituya una variante del paradigma o paradigmas léxicos con los cuales la expresión contrae relaciones de complementaridad; por *constelación* designaremos la conexión de una expresión con un contenido en el cual se hallen combinadas diferentes variantes de invariantes distintas o, dicho de otro modo, *la clase de procesos en los cuales una sintagmática actualiza simultáneamente miembros paradigmáticos pertenecientes a más de un sistema* (véase *infra*, parágrafos 3 y 4).

Simplificando estas relaciones, designaremos como *semióticas denotativas* aquellos procesos en los cuales el plano de la expresión y el plano del contenido sean interdependientes o, dicho diversamente, los procesos ninguno de cuyos planos (expresión y contenido) sea una semiótica; llamaremos *semióticas connotativas* [3] a los procesos en los cuales la expresión y el contenido

---

[3] Para Hjelmslev (1971, pp. 160 y ss.) las semióticas connotativas contienen "derivados de sistemas diferentes" de aquel que rige principalmente a un proceso; de ahí que "varias partes o partes de partes de un texto" puedan componerse en *formas estilísticas* diferentes, *estilos axiológicos* diferentes, *medios*

contraigan una relación de determinación, es decir, aquellos en los cuales el plano de la expresión venga dado por una semiótica denotativa, y llamaremos *semiologías* a la clase de semióticas connotativas en cuyo contenido se combinen miembros de paradigmáticas diversas relacionados como una constelación. Los siguientes diagramas [4] pueden hacer más claras las relaciones que hemos intentado describir:

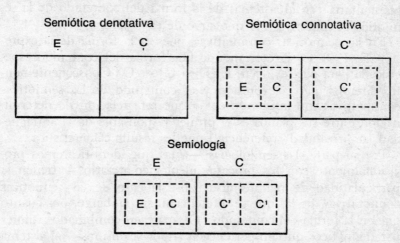

Semiótica denotativa   Semiótica connotativa

Semiología

Atendiendo a lo anterior, diremos que la expresión y el contenido de una semiótica denotativa son *isomórficos*, esto es, que contraen relaciones de solidaridad y complementaridad o, de otra manera, que son interdependientes: a una forma de la expresión (E) corresponde una forma del contenido (C) y sólo una, y —por ende— podríamos postular que la forma del contenido es también complementaria de una misma sustancia o

diferentes (habla, escritura, gestos, código de señales, etcétera), *tonos* diferentes y aun *idiomas* diferentes. Por lo que toca a nuestro ensayo, hemos subsumido provisionalmente esa diversidad en la formulación abstracta que consta en el texto, es decir, a la actualización de derivados de dos o más sistemas diferentes en el contenido de una semiótica, en la inteligencia de que tales derivados aparecen indefectiblemente marcados en el plano de la expresión y son, por lo tanto, perceptibles para los destinatarios de esa clase de enunciados.

[4] He utilizado —adecuándolos a mis propósitos— los esquemas propuestos por Roland Barthes, 1964.

zona de sentido, en cuanto ésta haya dado lugar a la constitución de uno o más lexemas estables.

En las semióticas connotativas, en cambio, la forma del contenido de la semiótica denotativa que constituye el funtivo de la expresión, resulta seleccionada por la variante del contenido de la semiótica connotativa o, en otras palabras, la forma del contenido manifestada por la semiótica denotativa base no es complementaria (en el sistema) de la forma del contenido de la semiótica connotativa a la que sirve de expresión.

En las semióticas connotativas, pues, a la forma de la expresión E [E ↔ C] le corresponde una forma del contenido especificada para ella; es decir, E [E ↔ C] ← C′. Consecuentemente, diremos que la expresión y el contenido de las semióticas connotativas son *anisomórficos* y que esta relación de determinación entre sus planos es el primer responsable de la ambigüedad (o "irrealidad" referencial) que les resulta característica.

Por su parte, las semiologías —a las que identificaremos provisionalmente con los procesos ideológico-literarios— tienen la particularidad de manifestarse sobre la base de las semióticas connotativas, de las que se diferencian, sin embargo, por cuanto que en la forma del contenido (C) aparecen combinados valores paradigmáticos que no pertenecen —por sí mismos— al sistema semiótico que subyace en el proceso, pero que son precisamente manifestados por las funciones de signo de dicho sistema. Adelantando algunas de las conclusiones a las que pretenderemos llegar, diremos que *la forma del contenido de las semiologías* (C′ —| C¹) *manifiesta valores pertenecientes a sistemas simbólicos divergentes*, esto es, actualiza valores que, no presuponiéndose dentro del sistema semiótico que rige el proceso (una lengua natural, pongamos por caso), resultan compatibles con él y son expresables a través de los valores léxicos de dicho sistema.

3. Recapitulando, observaremos que los planos de las semióticas denotativas son solidarios (en cuanto al proceso) y complementarios (en cuanto al sistema); en ellas se manifiesta el mismo tipo de dependencias recíprocas que, al decir de Ferdinand de

Saussure (1945), contraen el significante (Se) y el significado (So) del signo lingüístico, cuyas "faces" o elementos

> están íntimamente unidos y se reclaman recíprocamente. Ya sea que busquemos el sentido de la palabra latina *arbor* o la palabra con que el latín designa el concepto de "árbol", es evidente que las vinculaciones consagradas por la lengua son las únicas que nos parecen conformes con la realidad [...].

Por su parte, *las semióticas connotativas suspenden la complementaridad de la expresión y el contenido,* es decir que, en cuanto al sistema, expresión y contenido contraen relaciones de especificación (A implica B, pero B no implica A), y, en cuanto al proceso, de selección. A reserva de analizar este asunto con mayor detalle, diremos por ahora que la semiótica connotativa /*cabellos de oro*/, frente a la semiótica denotativa /*cabellos rubios*/, suspende la complementaridad oro ↔ "metal" a fin de actualizar la determinación oro ← "rubio". De ello resulta que la forma del contenido de una semiótica connotativa se halla en *conmutación suspendida* (o *sincretismo*) respecto de su forma de expresión, dada por la semiótica denotativa base /*cabellos de oro*/, a la que, como tal, correspondería la forma de contenido "cabellos de oro", pero sólo si oro y "rubio" fueran solidarios en el proceso y complementarios en el sistema, vale decir, en cuanto se hallaran instaurados como un lexema.

De acuerdo con Hjelmslev, entenderemos por *conmutación* un cambio —o mutación— entre las invariantes paradigmáticas, esto es, el cambio de un miembro de un paradigma por otro miembro perteneciente a un paradigma diverso; dicho cambio afecta tanto a la complementaridad de los funtivos del signo (oro ↔ "...") como a la complementaridad de la expresión y el contenido de la semiótica connotativa: *cabellos de oro* ↔ "... ..." Con *sustitución* aludiremos a la falta de mutación entre las invariantes paradigmáticas o, dicho diversamente, al cambio de una variante por otra variante del mismo paradigma. Así, *una mutación de invariantes dará lugar a una conmutación, y una mutación de variantes, a una sustitución.*

Ahora bien, la mutación de invariantes entre la expresión y el contenido de las semióticas connotativas es el resultado de una relación de especificación entre uno y otro planos; esto es, del hecho de que la variante "rubio" de un paradigma A seleccione la variante "oro" de un paradigma B en el que la variante de A puede quedar incluida. Por lo tanto, si "rubio" selecciona oro como su forma de expresión, estaremos ante una conmutación suspendida que resulta de la determinación de una forma de la expresión —variante de un paradigma A— por parte de una forma del contenido —variante de un paradigma B. En este sentido, diremos que en las semióticas connotativas se verifican operaciones de conmutación (mutación de una invariante por otra invariante) entre los planos de la expresión y del contenido, conmutaciones que han de suspenderse o anularse en cuanto la forma de la expresión seleccionada por la del contenido quede especificada en el sistema que subyace en ese proceso. De ahí que las semióticas connotativas —al relexicalizarse— puedan ser descodificadas por los destinatarios como si se tratara de un proceso en el cual la expresión y el contenido fueran sustituciones entre variantes de un mismo paradigma, esto es, como formas complementarias de un mismo contenido.

Podremos decir, entonces, que el enunciado /cabellos rubios/ se define como una semiótica denotativa por cuanto que se trata de un proceso isomórfico en el cual la expresión y el contenido actualizan miembros paradigmáticos complementarios; en cambio, el enunciado /cabellos de oro/ se define como una semiótica connotativa por cuanto que se trata de un proceso anisomórfico en cuyo plano de la expresión (la semiótica denotativa base) se actualizan miembros paradigmáticos que no son complementarios respecto de los miembros actualizados en el contenido, sino que resultan especificados por éstos.

Vistos esquemáticamente, los procesos anisomórficos o semióticas connotativas afectan la siguiente figura:

E	C
Se	So'
Se	So

donde el significado (So) de la semiótica denotativa de la expresión (E) no es complementario del significado (So') del contenido (C). La conmutación entre So y So' se resuelve como una sustitución de So' por So en cuanto ambos significados se incluyan en un mismo paradigma léxico-conceptual, es decir, en cuanto *rubios* sea especificado como "de oro".

La traducción de la semiótica connotativa /cabellos de oro/ por la semiótica denotativa /cabellos *rubios* (o *dorados*)/ es una operación por medio de la cual se repone el isomorfismo entre la expresión y el contenido de los procesos anisomórficos; a las operaciones que permiten rescribir una semiótica connotativa en los términos de una semiótica denotativa las llamaremos *metasemióticas*. Por tales entenderemos una clase de semióticas cuyo contenido es una semiótica connotativa resuelta conforme a las reglas del isomorfismo y cuyo esquema es como sigue:

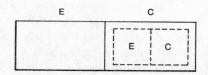

Si analizamos ahora el proceso metasemiótico, obtendremos la siguiente figura:

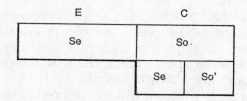

donde en el plano del contenido (C) aparece resuelta la conmutación suspendida entre So y So' de la semiótica connotativa. Afirmaremos, por lo tanto, que las metasemióticas son los aparatos técnicos del análisis, tal como lo practica la semántica retórica, por cuyo medio cada "expresión figurada" (o semiótica connotativa) es resoluble en una "expresión recta" (o semiótica denotativa).

4. Si bien en los párrafos precedentes hemos aceptado que las operaciones metasemióticas permiten reponer el isomorfismo entre los dos planos de las semióticas connotativas, no es posible deducir que éstas se identifiquen —*in tcto*— con las semiologías (y los procesos literarios). Es evidente que un lector avezado advertirá de inmediato la insuficiencia de tales operaciones cuando se intente rescribir textos como —pongamos por caso— el soneto de Góngora que comienza

Mientras por competir con tu cabello,
oro bruñido el sol relumbra en vano...[5]

La determinación *cabello* ← *oro bruñido* (fundada en la reducción implícita: oro < "rubio") no agota su significado en el metatexto /*cabellos rubios*/ ni siquiera en sucesivas rescrituraciones por medio de las cuales se intentara pormenorizar los procedimientos que han permitido, en ese texto gongorino, redistribuir los componentes sémicos de "oro", es decir, en metatextos del tipo /*cabellos rubios como es rubio el oro*/, /*cabellos femeninos que son del color y la brillantez del oro bruñido*/, etc. Para los lectores, la ambigüedad o, si se prefiere, la riqueza informativa del texto, resultan patentes en cuanto se advierte que *sobre esa relación de determinación se asienta una constelación*. Pero lo que la competencia de los destinatarios alcanza con relativa facilidad, en el análisis retórico suele verse reducido a operaciones metalingüísticas del tipo que hemos señalado arriba.

Deberemos reconocer, pues, que por medio de los análisis metasemióticos no es posible llegar al significado global de las semiologías, es decir, a ese "límite real más alto de la significación lingüística" que Valentín Voloshinov (1976) definía como "la expresión de la situación histórica concreta que engendró el enunciado".[6]

Se nos impone, pues, *la necesidad de elaborar algunas hipóte-*

---

[5] Para una inteligente discusión de las diferentes versiones de este soneto gongorino, *vid.*, Raúl Dorra, 1981, pp. 102 y ss.

[6] De conformidad con Valentín N. Voloshinov (1976, p. 128), "la investigación del significado de un elemento lingüístico puede seguir dos direcciones [...] o hacia el límite más alto, hacia el tema, en cuyo caso se trataría de una investigación del significado contextual de una palabra dentro de las condiciones

sis capaces de dar razón de los niveles semánticos más profundos de las semiologías, en general, y de los procesos literarios, en particular.

Anteriormente identificamos los procesos literarios con las semiologías, es decir, con esa clase especial de semióticas en las cuales los miembros de una paradigmática lingüística aparecen combinados con valores pertenecientes a determinados sistemas ideológicos de una comunidad cultural. Añadiremos ahora que las operaciones metasemióticas por cuyo medio se repone el isomorfismo entre los planos de las semióticas connotativas —que hemos considerado la base de las semiologías y, por extensión, de los procesos literarios— sólo permitirían el acceso al significado global de esa clase de textos en la medida en que tales operaciones pudieran dar cuenta de los valores histórico-culturales manifestados a partir de la base connotativa.

Así, rescribir la relación *cabello* ← *oro bruñido* del verso gongorino como /*cabellos del color y la brillantez del oro bruñido*/ supone prestar exclusiva atención a los significados léxicos —esto es, a los miembros paradigmáticos que son reproducibles e idénticos a sí mismos en cuanto aparezcan como partes segmentables de diferentes sintagmáticas— con mengua de los contenidos ideológicos que participan en la conformación del significado global del texto y que son susceptibles de ser manifestados por más de una forma de expresión semiótica.

Quiere decirse que si los valores ideológicos se manifiestan sobre la base de semióticas connotativas, esto es, por medio de significados lingüísticos, tal como éstos resulten especificados en procesos de ese tipo, será necesario postular que *una misma función de signo y una misma determinación entre signos puede depender de dos* —o *más*— *sistemas*, divergentes en cuanto jerarquías paradigmáticas, pero compatibles en cuanto que los valores de uno y otro sean manifestables a través de una misma forma de expresión.

Veamos —a guisa de ejemplo— cuáles son los valores semióticos de *oro*, según los registra el *Diccionario de Autoridades*:

de un enunciado concreto; o bien puede tender hacia el límite más bajo [...] en cuyo caso se trataría de la investigación del significado de una palabra en el sistema de la lengua..."

E	C	P
	"metal"	A
oro	"rubio"	B
	"riquezas"	C

Advertiremos que el contenido de *oro*, en cuanto miembro del paradigma A, se manifiesta como complementario de su expresión y que los contenidos de los dos paradigmas léxicos restantes se manifiestan como especificaciones de su expresión; dicho diversamente, el valor A ("metal") aparece como una interdependencia entre E ↔ C, es decir, como la relación isomórfica que la expresión y el contenido contraen en las semióticas denotativas, en tanto que los valores de B ("rubio") y C ("riquezas") son determinaciones entre E ← C, esto es, se trata de una relación anisomórfica como la que hemos considerado propia de las semióticas o procesos connotativos.

Comparemos ahora estos contenidos semióticos con los que el significante *oro* manifiesta en los siguientes versos de un soneto de Fernando de Herrera:

> Hebras que amor purpura con el oro,
> en inmortal ambrosia rociado,
> tanto mi gloria sois y mi cuidado
> cuanto del sol sois mayor tesoro.

La expresión /*cabellos de oro*/ aparece aquí transformada en /*hebras* [cabellos] que amor purpura [enrojece] con el oro/, de manera tal que la determinación "hebras" ← "de oro" es el resultado que se atribuye a una particular acción del amor, que "purpura" o, dicho de otro modo, concede una cualidad entendida como propia del "sol" y del "oro" a la mujer amada. Por otra parte, *oro* aparece determinado por la expresión /*en inmortal ambrosia rociado*/, es decir, dotado expresamente de la condición de "inmortal" que, a su vez, determina a *ambrosia*, el manjar con que "se mantenían los Dioses" o, si se prefiere, "la bebida de que usaban y con que se hacían inmortales" (*Diccionario de Autoridades*). Más aún, de la mujer amada se predica que /del sol sois mayor tesoro/, pues no en balde sol "llaman los chímicos al oro entre los metales" (ibidem) y, de acuerdo con M. Mejer, según cita Jung (1957):

> en virtud de millones de rotaciones alrededor de la tierra, el sol tejió en ésta el oro. El sol imprimió su imagen en la tierra. Eso es el oro. El sol es la imagen de Dios, el corazón es la imagen del sol en el hombre, como el oro en la tierra [...], de suerte que en el oro se reconoce a Dios.

De ello resulta que, en el texto de Herrera, sobre la base de las determinaciones que hemos señalado se configura una constelación que podríamos expresar por medio de la siguiente fórmula:

$$E\,[E:C] \leftarrow C\,[C' \dashv\; C^1]$$

o sea, un proceso en el cual la forma de la expresión oro no sólo aparece especificada por el contenido "rubio" (en cuanto se refiere a cabellos femeninos), sino que este C' aparece constelado con "inmortal", C^1, que se atribuye a la mujer amada por intermedio de la sinécdoque "hebras [de oro]" ← "mujer".

Parece posible concluir que el significante oro no sólo pone de manifiesto los contenidos semióticos de C ("metal") y de C' ("rubio") —este último especificado como forma de la expresión de la semiótica connotativa base— sino el valor ideológico C^1 ("inmortalidad"), es decir, el tipo de valores traducibles semióticamente como "incorruptibilidad", "inmortalidad", "divinidad"..., en cuanto que éstos sean miembros de una paradigmática ideológica cuyos opuestos se expresarían como "corruptibilidad", "mortalidad", "humanidad"...[7]

Esquemáticamente representados, los valores semióticos y semiológicos de oro y de sol en el texto herreriano afectarían la siguiente figura:

---

[7] Para Hjelmslev (1971, pp. 153-154), "una lengua es una semiótica a la que pueden traducirse las demás semióticas —tanto las demás lenguas como las demás estructuras semióticas concebibles—. Ello es así porque las lenguas, y sólo ellas, se encuentran en condiciones de dar forma a cualquier sentido, sea cual fuere".

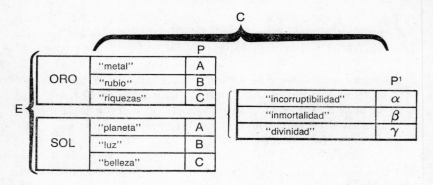

en la cual, por medio de las llaves, se quiere indicar que ambas formas de la expresión son compatibles en cuanto que combinen contenidos de P y de P¹, es decir, valores semióticos e ideológicos, y que estos últimos —manifestables a través de formas de expresión especificadas por contenidos de un sistema semiótico dado— se ordenan dentro de sus propias paradigmáticas ideológicas.

5. Llegados a este punto, convendrá destacar algunas fundamentales cuestiones con las que tendremos que habérnoslas de ahora en adelante.

El hecho de afirmar que las semiologías y los procesos literarios no podrán ser cabal o satisfactoriamente descritos si nos atenemos exclusivamente a sus bases semióticas, implica que no deberemos considerarlos como meras semióticas connotativas en las cuales la forma de la expresión resulta de sucesivas determinaciones de los valores de P (o paradigmáticas semióticas) y, por lo tanto, que no será posible homologar los miembros de P¹ (o paradigmáticas ideológicas) con los miembros de P; en otras palabras, que nos resulta indispensable postular la existencia autónoma de sistemas histórico-culturales que no son "lenguas", cuyos valores semánticos se manifiestan precisamente por intermedio de semióticas diversas, con cuyas unidades léxicas son compatibles, pero que —sin embargo— ordenan el "sentido amorfo" de acuerdo con modelos semiológicos divergentes.

Dicho aún de otro modo: los sistemas lingüísticos (semióticos, en general) por el mismo hecho de conformar de determinada manera la "masa amorfa" del sentido instauran su propia ideología; o sea, su peculiar segmentación e interpretación de la realidad extralingüística, pero sobre esta primera y convencional reticulación del sentido es posible producir nuevas reticulaciones y, por ende, nuevos sistemas de representación e interpretación que —al igual que los lingüísticos— son susceptibles de convertirse en vastas convenciones culturales, cuya aceptación y difusión puede hacernos confundirlos u homologarlos con los sistemas semióticos propiamente dichos.[8]

Parece evidente que si decimos /María es un sol/ o /Luis revienta de oro/ podremos analizar dichos enunciados como semióticas connotativas en las que sol y oro son formas de expresión seleccionadas por los contenidos "belleza" y "riqueza"; con todo, nada hay en ellos que nos permita —o nos obligue— a pensar que sol y oro son, además, signos en los cuales se hallen combinados los valores semióticos anotados con valores ideológicos verbalizables como "inmortalidad", "divinidad", etc. La constelación resultará, pues, no sólo de la dependencia del proceso con respecto de los valores A y B o C de P, sino —además— de su dependencia de los valores α o β o γ de P^1.

Así, en el poema en que Borges escribe:

El alquimista piensa en las secretas
Leyes que unen planetas y metales.

Y mientras cree tocar enardecido
El oro aquel que matará la Muerte,
Dios, que sabe de alquimia, lo convierte
En polvo, en nadie, en nada y en olvido.

habremos de leer /El oro aquel que matará la Muerte/ a) como una semiótica connotativa en la cual oro es una forma de la expresión seleccionada por el contenido "sol alquímico" y b) como una semiología en la cual oro ← "sol alquímico" se combina con "inmortalidad"; importa, entonces, que Dios —el verda-

[8] Cf. infra, cap. II.

dero o máximo alquimista— acabe reduciendo esos "oros" /*En polvo, en nadie, en nada* y *en olvido*/, por cuanto que estos últimos términos se enuncian como oposiciones de dos paradigmáticas ideológicas: la de la alquimia y la de la cábala.[9]

6. En "Lingüística y poética", Roman Jakobson (1975) afirmaba que

> muchos de los recursos que la poética estudia no se limitan al arte verbal. Podemos referirnos a la posibilidad de hacer una película de *Cumbres borrascosas*, de plasmar las leyendas medievales en frescos y miniaturas, o poner música, convertir en ballet y en arte gráfico *L'après-midi d'un faune* [...] En pocas palabras, muchos rasgos poéticos no pertenecen únicamente a la ciencia del lenguaje, sino a la teoría general de los signos [...] Esta afirmación vale, sin embargo, tanto para el arte verbal como para todas las variedades del lenguaje, puesto que el lenguaje tiene muchas propiedades que son comunes a otros sistemas de signos o incluso a todos ellos (rasgos pansemióticos).

Estos "rasgos pansemióticos" o, por mejor decir, estos valores de determinadas jerarquías ideológicas actualizables por medio de diferentes sistemas sígnicos, permiten —a nuestro parecer— la rescrituración de un mismo mensaje, a) en los términos del propio sistema en que dicho mensaje haya sido originalmente codificado (rescrituración endosemiótica), b) en los términos de otros sistemas equivalentes (rescrituración intersemiótica), y c) en los términos de otros sistemas homologables (rescrituración intersemiológica).

En las lenguas naturales, la doble articulación de sus unidades sígnicas favorece particularmetne los procesos de rescrituración. Como ha explicado André Martinet (1968):

> la primera articulación del lenguaje es aquella con arreglo a la cual todo hecho de experiencia que se haya de transmitir [...] se analiza en una selección de unidades, dotadas cada una de una forma vocal y de un sentido [...] Pero la forma vocal es analizable en una sucesión de unidades, cada una de las cuales contribuye a

---

[9] Cf. *infra*, caps. IV y VI.

distinguir *cabeza* de unidades como *cabete, majeza o careza*. Esto es la segunda articulación, las lenguas pueden limitarse a algunas decenas de producciones fónicas distintas que se combinan para obtener las unidades de la primera articulación [...]

Así, la forma de la expresión (o forma vocal) es analizable en una sucesión de unidades fónicas, en tanto que la forma del contenido lo es en una agrupación de unidades sémicas (o de significación). Las primeras son susceptibles de ser manifestadas a partir de *códigos paralelos*, de manera que a cada unidad fónica corresponda una entidad gráfica análoga; las segundas son formulables a partir de *códigos sustitutivos*, de suerte que a cada forma del contenido pueda corresponder más de una forma de la expresión.[10] En las rescrituraciones endosemióticas, la forma de la expresión es capaz de englobar dos o más formas del contenido, de modo que el Se de un So perteneciente a un paradigma A puede manifestar un So' perteneciente a un paradigma B, C, etcétera.

Ahora bien, de acuerdo con lo observado en párrafos precedentes, un miembro de una paradigmática P puede actualizar valores no expresamente pertenecientes a dicha paradigmática semiótica, sino a una paradigmática ideológica P^1. En tales casos, en un enunciado del tipo Se [Se : So] ← So' (fórmula de las semióticas connotativas), se introducen valores de una paradigmática P^1, de suerte que la fórmula pase a ser Se [Se : So] ← So' —| So^1, donde puede observarse la actualización simultánea de valores semióticos —representados por So y So'— y de valores ideológicos —representados por So^1. Diremos, en consecuencia, que los procesos semiológicos se construyen con arreglo a *códigos combinatorios*, esto es, que los textos semiológicos (como los procesos literarios) dependen tanto de paradigmáticas semióticas como de paradigmáticas ideológicas. Dicho diversamente, que los valores propios de una paradigmática P^1 (ideológica) se combinan o constelan con los valores establecidos por una paradigmática P (lingüística).

De ello resulta que tanto las semiologías como los procesos

---

[10] *Cf.* Luis J. Prieto, 1973, pp. 147 y ss.

literarios requieren de dos operaciones complementarias para el análisis de su contenido, como puede observarse en los siguientes diagramas:

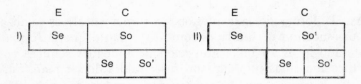

que expresan la rescrituración de tales procesos I) en los términos de una semiótica denotativa (A ↔ B), esto es, por medio de una metasemiótica que reponga el isomorfismo entre los planos de la expresión y del contenido de la semiótica connotativa base, y II) en los términos de una paradigmática ideológica (P ← P¹), tal como éstos aparezcan manifestados por medio de signos de una semiótica determinada.

Asumiremos, pues, que *las semiologías son el vehículo social de las ideologías y que éstas aparecen ordenadas en sistemas de representación y evaluación de la realidad, cuyas unidades se fijan y transmiten por medio de procesos pertenecientes a múltiples sistemas semióticos.* Tal afirmación se apoya en el hecho, bien observado por Ferruccio Rossi-Landi (1968, p. 208), de que

> todas las ideologías privilegian su propio discurso [...] Un discurso se sirve del lenguaje en la forma concreta de esta o aquella lengua, es decir, de una estructura siempre históricamente determinada, social por definición y, por ende, siempre ideologizada como producto e ideologizada como instrumento.

7. Plantear en los términos que anteceden la estructura del contenido de las semióticas, en general, y de los procesos semiológicos, en particular, implica —primero— descartar la engañosa relación de dependencia entre los órdenes del "mundo" y las categorías semióticas y semiológicas y —segundo— entender los contenidos de los procesos semióticos como resultado de la interacción de los *códigos sustitutivos* propios de un sistema de signos, y los contenidos de los procesos semiológicos como producto de la interacción de códigos semióticos y códigos ideo-

lógicos (*combinatorios*) sobre una misma base sintagmática; en fin, permite asumir que el significado de las semiologías y/o de los procesos literarios no resulta exclusivamente de los valores léxicos actualizados en dichos procesos (esto es, del "sentido del mundo" tal como aparece conformado por un determinado sistema semiótico), sino de la dependencia del proceso textual de paradigmáticas divergentes pero compatibles: la lingüística y la o las ideológicas.

Decía Umberto Eco (1971, pp. 32-33), en relación con cuanto venimos tratando, que

si afirmo que /*En Cristo subsisten dos naturalezas, la humana y la divina, en una sola Persona*/, el lógico y el científico pueden observar que este complejo de significantes no tiene ninguna extensión y carece de referente y, así, el lógico y el analista del lenguaje no lograrán explicar nunca por qué enormes grupos humanos han combatido durante siglos por una afirmación como ésta o por la negación de la misma. Evidentemente, esto fue posible porque este mensaje transmitía significados que existían precisamente como unidades culturales dentro de una civilización. La existencia de éstos proporciona los soportes necesarios para desarrollos connotativos y abre una gama de relaciones semánticas capaces de originar esas reacciones del comportamiento.

Ahora bien, en la práctica social, los destinatarios descodifican los textos semiológicos por medio de procedimientos análogos a los empleados para interpretar las semióticas connotativas. Esta competencia de los destinatarios supone, pues, la inmediata percepción tanto del carácter anisomórfico de las semióticas connotativas como de la interrelación de valores semióticos e ideológicos en el contenido de las semiologías y/o de los procesos literarios; dicho en otras palabras, los destinatarios no sólo advierten la relación anisomórfica entre la expresión y el contenido de las semióticas connotativas —base de las semiologías— sino, además, el carácter *anisotópico* del contenido de éstas.

Adecuando a nuestro propósito la terminología usada por A. J. Greimas (1971), llamaremos *isotópicos* a los procesos cuyo contenido sea semánticamente homogéneo (es decir, a la relación de complementariedad entre la expresión y el contenido de las semióticas denotativas y de las resoluciones metalingüísticas de las connotativas), y llamaremos *anisotópicos* a los procesos cuyo contenido no esté en relación de complementaridad con su expresión (es decir, aquel tipo de procesos en los cuales una forma de contenido selecciona a una semiótica como su forma de expresión, como ocurre en las semióticas connotativas y las semiologías).

Según hemos observado, la anisotopía de las semióticas connotativas se resuelve en isotopía por medio de la misma operación metasemiótica que repone el isomorfismo entre sus planos de expresión y de contenido, en tanto que la anisotopía de las semiologías o de los procesos literarios requiere de un segundo análisis, puesto que, interrelacionándose en su contenido códigos semióticos y códigos ideológicos, se harán necesarias dos operaciones analíticas sucesivas y complementarias: una para reponer el isomorfismo entre los planos de la expresión y del contenido de la semiótica connotativa, base de la semiología, y otra que permita rescribir los valores actualizados en el nivel semiológico del contenido.

Esquemáticamente representada, la estructura de las semiologías y/o de los procesos literarios sería como sigue:

	E		C
	Se		So'
Se	So		So¹

En la figura que antecede, el plano de la expresión viene dado por una semiótica denotativa (Se : So) y el plano del contenido por la función contraída entre So' (significado de la semiótica connotativa base) y So¹ (significado del "signo" ideológico constelado con So'). La función Se [Se : So] ← So' es responsable de la relación anisomórfica entre la expresión y el contenido de la semiótica connotativa base, de igual modo que la función Se [Se : So] ← So' —| So¹ lo es de la relación anisotópica de la semiología.

8. Partiendo de los esquemas a que anteriormente redujimos la

estructura de las semiologías y/o de los procesos literarios, podremos diagramar el tipo de relaciones que se establecen en su seno: a) las relaciones anisomórficas (o de determinación entre los planos de la expresión y del contenido de la semiótica connotativa base) y b) las relaciones anisotópicas (o de constelación) entre los niveles semiótico y semiológico del contenido.

Volvamos, para ello, al soneto de Góngora al que antes aludimos y que ahora transcribiremos íntegramente:

> Mientras por competir con tu cabello,
> oro bruñido el sol relumbra en vano,
> mientras con menosprecio en medio el llano
> mira tu blanca frente al lilio bello;
>
> mientras a cada labio, por cogello,
> siguen más ojos que al clavel temprano,
> y mientras triunfa con desdén lozano
> de el luciente cristal tu gentil cuello;
>
> goza cuello, cabello, labio y frente,
> antes que lo que fue en tu edad dorada
> oro, lilio, clavel, cristal luciente
>
> no sólo en plata o víola troncada
> se vuelva, mas tú y ello juntamente
> en tierra, en humo, en polvo, en sombra, en nada.[11]

Conviene tener presente que el soneto de Góngora desarrolla un tópico de larga vitalidad en la literatura de Occidente, el tópico del *carpe diem*,[12] y que este texto exalta la plenitud de la belleza femenina por medio de una serie de enunciados que relacionan elementos corporales (*cabello, cuello, labio, frente*) con elementos inicialmente relacionados con el mundo de la naturaleza (*oro, lilio, clavel, cristal*), de suerte que los valores semiológicos que éstos vehiculen se predicarán de los primeros. Los términos por medio de los cuales se analiza el rostro femenino constituyen una serie de sinécdoques de la persona humana —co-

[11] *Cito* por Luis de Góngora, 1956.
[12] *Cf. infra*, cap. VII.

rruptible y perecedera—, en tanto que los términos relativos a los objetos de la naturaleza forman parte de otra serie metafórica cuyo paradigma ideológico es el de la "belleza" suprema. Sin embargo, esta segunda serie de metáforas aparece simétricamente distribuida en torno de dos ejes semánticos netamente definidos: lo mineral, por un lado, y lo vegetal, por otro. Dentro del primer eje se incluye la oposición "oro" / "cristal", que marca dos condiciones extremas de lo mineral: la de lo "incorruptible" ("oro") frente a lo "perecedero" ("cristal"); dentro del segundo eje, los dos miembros actualizados ("lilio", "clavel") poseen como marca semiológica común la de su "fragilidad" y como marcas opuestas las de "inocencia" / "pasión sexual". Señalaremos, además, que oro es el único término que combina los semas de "riqueza" y de "incorruptibilidad" y, en cuanto aparece determinado por sol, los semas de "belleza" y "divinidad".

Así pues, siendo la relación "cabello" ← "oro" la semiótica connotativa de la base sintagmática; "cabello" ← "rubio" la metasemiótica correspondiente, y "oro" —| "incorruptibilidad" la relación semiológica manifestada en el contenido de la semiótica connotativa, podremos simplificar las relaciones anisomórficas y anisotópicas de ese segmento del soneto gongorino por medio de los siguientes esquemas:

Relación anisomórfica   Relación anisotópica

E	C		E	C	
ORO	"rubio"		ORO	"rubio"	
ORO	"oro"		ORO	"oro"	"incorruptible"

El esquema de la relación anisomórfica pone de manifiesto la conmutación suspendida (o sincretismo) entre el plano de la expresión (cabellos / oro) y el plano del contenido ("cabellos" ← "rubios"), propia de las semióticas connotativas, anisomorfismo que se resuelve en la metasemiótica /cabellos rubios/. El esquema de la relación anisotópica de las semiologías nos permite deslindar las diferentes funciones consteladas en el contenido de la semiótica connotativa base, es decir, la compatibilidad del significado "rubio" con el significado "incorruptible", ambos manifestados por el significante oro en cuanto que éste sea signo de dos paradigmáticas diversas, una semiótica (lingüística) y otra ideológica.

Así, la semiótica connotativa /cabellos de oro/ genera dos significados anisotópicos: "rubio" e "incorruptible". El primer análisis resuelve el anisomorfismo de la semiótica connotativa (oro ← "rubio") a partir de la determinación de la forma de la expresión por la forma del contenido; el segundo análisis permite rescribir el significante oro en cuanto el significado semiológico "incorruptible" lo haya seleccionado como su forma de expresión semiótica (oro —| "incorruptibilidad").

Ahora bien, las relaciones "oro" ← "rubio" y "oro" —| "incorruptibilidad" serían semióticamente enunciables —y, por ende, descodificables— a partir de dos textos dependientes de dos paradigmáticas diversas; sin embargo, cuando ambos enunciados aparecen sincréticamente formulados en una misma sintagmática, diremos que nos hallamos en presencia de un proceso semiológico en el cual, como queda dicho, se interrelacionan valores semióticos (lingüísticos) y semiológicos (ideológicos) en una misma base sintagmática.

Ya hemos dicho que las operaciones metasemióticas reponen el isomorfismo y la isotopía en las semióticas connotativas simples, pero no así en las semiologías o en los procesos literarios. Concluiremos de ello que las operaciones metasemióticas sólo atienden a la base connotativa de las semiologías y que este primer nivel del análisis deberá ser completado por operaciones que permitan rescribir los valores ideológicos constelados con los semióticos. Diremos, entonces, que las metasemiologías son los aparatos técnicos del análisis de las semiologías (y de los procesos literarios) por medio de los cuales se revela que a cada discurso anisotópico corresponden dos —o más— significados compatibles y manifestados simultáneamente por la misma expresión, en la medida en que ésta dependa de paradigmáticas semióticas e ideológicas; es decir, en cuanto resulte especificada por valores de ambas jerarquías sistemáticas.

II. ESTRUCTURAS LINGÜÍSTICAS Y PARADIGMAS IDEOLÓGICOS

1. EN EL capítulo precedente me propuse bosquejar los fundamentos de una tipología textual basada en la teoría lingüística de Louis Hjelmslev. Me preocupó allí precisar algunos postulados de la glosemática danesa que, a mi modo de ver, proporcionan un firme sustento para la construcción de una teoría literaria que atienda no sólo a los niveles lingüísticos del texto, sino —además— a los sistemas ideológicos que en él —y por él— se manifiestan. Convendrá revisar sumariamente esos postulados antes de atender a las relaciones que, en cierta clase de procesos, contraen las estructuras lingüísticas y las llamadas "representaciones ideológicas", esto es, las concreciones léxico-discursivas de los valores propuestos por diferentes sistemas de una comunidad cultural.[1]

De acuerdo con Hjelmslev, todo *proceso* o acto de habla tiene uno o más *sistemas* subyacentes que lo rigen y que nos permiten referir las variantes o fluctuaciones de los diversos procesos a determinadas series de invariantes sistemáticas: los códigos de una lengua. La existencia de tales sistemas o jerarquías de correlatos —a los que Hjelmslev, siguiendo a Saussure, dio el nombre de *paradigmáticas*— hace posible el desarrollo de los procesos lingüísticos, es decir, de las *sintagmáticas*. Una *semiótica* se definirá, pues, como un proceso sintagmático (o texto) construido con arreglo a las invariantes o códigos de una o más paradigmáticas.

Ahora bien, tanto en los signos de una lengua (para abreviar,

---

[1] Al decir de Louis Althuser (1974, p. 47), "las *representaciones* de la ideología se refieren al mundo mismo en el cual viven los hombres, la naturaleza y la sociedad, y a la vida de los hombres, a sus relaciones con la naturaleza y la sociedad, con el orden social, con los otros hombres y con sus propias actividades", si bien esta clase de representaciones del mundo pueda "permanecer en gran parte inconsciente y mecánica, o al contrario ser reflexiva"; lo que importa —en todo caso— es que dichas *representaciones del mundo* liguen a los hombres "con sus condiciones de existencia y a los hombres entre sí".

las palabras), como en los procesos en que éstos se articulan (frases, oraciones, discursos) pueden distinguirse dos componentes solidarios: el *significante* y el *significado*, según la terminología de Saussure; la *expresión* y el *contenido*, según la de Hjelmslev. Cada uno de estos funtivos o términos de la función de signo instituye una *forma de la expresión* y una *forma del contenido*, que son arbitrarias respecto de la *sustancia* —o masa amorfa del sentido— que cada lengua analiza de muy diversa manera; de ahí que tanto la forma de la expresión como la del contenido de un signo lingüístico (ya sea que lo consideremos aisladamente o en articulaciones de mayor extensión) [2] mantengan una relación arbitraria con el sentido, al cual dan forma en una *sustancia de la expresión* y una *sustancia del contenido*. Puede afirmarse, consecuentemente, que

> un paradigma de una lengua y otro correspondiente a otra lengua cubren una misma zona de sentido, la cual, aislada de esas lenguas, es un continuum amorfo sin analizar, en el que se establecen los límites por la acción conformadora de las lenguas,[3]

y, a través de ellas, de los sistemas ideológicos sustentados por cada comunidad cultural.

Por otra parte, el análisis semiótico ha de atender el tipo de dependencias que contraigan la expresión y el contenido, ya que ambos funtivos del signo "tienen existencia en virtud de esas dependencias" y por cuanto la totalidad del objeto analizado (el

---

[2] Compartimos la opinión de Greimas (1971, pp. 59 y *ss.*), según la cual "el mismo tipo de relaciones entre semas, registradas en el interior del lexema, puede igualmente existir en el interior de las unidades del discurso más amplias". (*Vid.*, nota 4.)

[3] Si aceptamos, con Hjelmslev, que "un contenido de signo se equipara a una cadena de contenidos que tengan ciertas relaciones mutuas" y, además, que "las definiciones [o particiones del significado] con que se traducen las palabras en un diccionario unilingüe son en principio de este tipo" (Hjelmslev, 1971, p. 103), nos será posible asumir que —en los ejemplos que siguen— "insecto" y "lámpara" traducen, respectivamente, dos invariantes de contenido seleccionadas por diferentes sustancias. Tales formas de contenido pueden, por su parte, seleccionar como manifestante una misma forma de expresión (*araña*). En nuestros ejemplos consideramos a las cadenas que definen el contenido como la manifestación de invariantes semánticas.

texto) "puede sólo definirse por la suma total de las mismas" (Hjelmslev, 1971, p. 40). De ahí también que al proceder al análisis textual debamos comenzar por distinguir la forma de la expresión de la forma del contenido y, por lo tanto, la *línea de la expresión* de la *línea del contenido*, con el fin de establecer los "dos paradigmas más inclusivos" de la lengua: el *plano de la expresión* y el *plano del contenido* (cf. Hjelmslev, 1971, p. 88).

En principio, estos dos planos pueden ser descritos exhaustiva y consecuentemente como si estuvieran estructurados de modo análogo, esto es, como si a cada línea del contenido correspondiese una sola línea de expresión y, por lo tanto, como si cada plano de expresión manifestase un solo plano de contenido. Este tipo de dependencia recíproca (o interdependencia) ocurre efectivamente en las llamadas *semióticas denotativas*, en las cuales expresión y contenido son de tal modo complementarios que —pongamos por caso— hace del significante *araña* expresión denotativa del contenido que el *Diccionario de Autoridades* define como

1) /*Araña*/ = insecto venenoso de cuerpo pequeño, del cual salen de cada lado cuatro zancas o pies largos y delgados.

Pero si de esta definición pasamos a

2) / *Araña* / = especie de lámpara fabricada de metal, de madera, de vidrio o cristal, en que se ponen muchas luces,

la complementaridad entre expresión y contenido se ve alterada por cuanto 2) / *Araña* / ya no se conecta con el contenido "insecto" sino con el contenido "lámpara".[4] En casos como éste, diremos que la expresión y el contenido son solidarios pero no complementarios, puesto que cuando seleccionamos el significante *araña* como expresión del contenido "lámpara" hemos conmutado la invariante sustancial de *araña* (es decir, "insecto...") por la invariante sustancial "lámpara" y, consecuentemente, habremos desplazado el signo de un paradigma léxico a otro.

Tal tipo de dependencias —ya no recíprocas, sino unilatera-

4 *Cf.* nota 3.

les— entre expresión y contenido reciben en Hjelmslev el nombre de *semióticas connotativas* y se distinguen de las semióticas denotativas en que su plano de expresión viene dado por otra semiótica (la conexión complementaria suspendida entre el significante *araña* y el contenido "insecto"); por consiguiente, en el contenido de las semióticas connotativas se introducen valores semánticos distintos de los que se actualizan en el contenido de la semiótica denotativa que funciona como su plano de expresión. Dicho de otro modo, al seleccionar / *araña* / como expresión del contenido "lámpara", instauramos una parcial homología entre las formalizaciones semióticas de dos diferentes sustancias de contenido, que se traduce lingüísticamente como la especificación de un miembro o variante del paradigma "insecto" por una variante del paradigma "lámpara". De suerte que el contenido de 2) / Araña / habrá de actualizar algún aspecto de la forma del contenido de 1) / Araña /, a saber, "la semejanza y figura que tiene [la lámpara] con la araña cuando está extendida", como anota el *Diccionario de Autoridades*.

Ya se habrá advertido, pues, que la diferencia básica entre una semiótica denotativa y otra connotativa reside en el hecho de que la segunda suspende la relación de complementaridad paradigmática entre un significante y un significado con el fin de que una misma unidad léxica pueda manifestar valores pertenecientes a invariantes paradigmáticas distintas. Las semióticas connotativas constituyen, por lo tanto, un tipo de procesos lingüísticos que se construyen con arreglo a dos paradigmas léxicos, a uno de los cuales corresponden los valores actualizados por la semiótica denotativa, base de la expresión, valores que —en alguna medida— resultan suspendidos por los valores actualizados en el plano del contenido, que especifica al de la expresión.

Las relaciones de especificación que contraen los funtivos del signo (significante y significado) y las partes de una cadena sintagmática (sustantivo y modificadores, núcleo y complementos, etc.) suponen la necesidad de que los hablantes dispongan de un tipo especial de procesos mediante los cuales sea posible traducir a términos de semióticas denotativas (A ↔ "A") las relaciones de especificación propias de las semióticas connotativas (A [↔ "A"] ← "B"). Estas operaciones, que reciben el nombre de *metasemióticas*, se distinguen por tener como contenido una semiótica connotativa resuelta conforme a las relaciones de complementaridad entre las expresión y el contenido (o entre el núcleo y sus complementos, etc.) de manera que, volviendo al ejemplo propuesto, la especificación *araña* ← "lámpara" se resuelva en la complementaridad *lámpara* ↔ "lámpara" (B ↔ "B").

Desde luego, ningún hablante ignora las diferencias existentes entre una *lámpara* ↔ "lámpara", una *araña* ← "lámpara" y una *araña* ↔ "araña", siempre y cuando reconozca en el contexto las equivalencias sémicas que se han establecido entre los respectivos planos del contenido de dichos signos. En otras palabras, que si llamamos comúnmente /*lámpara*/ a un "vidrio redondo y hondo, más ancho de arriba que de abajo, en el cual se echa aceite y pone una torcida [...] que sirve de mechero" (*Diccionario de Autoridades*), cuando ese agrupamiento de semas (o rasgos significativos) venga manifestado por medio del significante *araña* será porque el contenido complementario de éste ("insecto") habrá sido analizado de tal manera que alguno de sus rasgos significativos pueda incluirse en el contenido "lámpara" y, por ende, permita a este último ser especificante del primero.[5]

Ese tipo de conexiones unilaterales entre el plano de la expresión y el plano del contenido del signo —relaciones que habitualmente identificamos como catacresis o tropos retóricos y que deberemos reconocer como el procedimiento de que se sirven prevalentemente los procesos connotativos— se fundan en características semióticas bien definidas. De cierto, lo que hace posible rescribir los procesos connotativos por medio de operaciones metasemióticas es la peculiar estructuración del plano del contenido; esto es, la agrupación de semas que constituyen el significado de un signo (o semema), agrupación de unidades significativas menores que, en términos generales, es homóloga

---

[5] Fundándonos en la terminología de Hjelmslev (1971, p. 58), llamaremos *especificada* a la constante de una relación de determinación (esto es, al funtivo de la expresión) y *especificante* a la variable de dicha relación (es decir, al funtivo del contenido).

a la combinación de unidades distintivas en el plano de la expresión.

Así, de modo semejante a la articulación de rasgos distintivos en complejos simultáneos (los fonemas) que se enlazan para formar la clase de secuencias que llamamos significantes o planos de expresión del signo, los rasgos significativos se agrupan para formar la clase de complejos simultáneos que llamamos significados o planos del contenido. Y del mismo modo que la conmutación entre los miembros de un paradigma fónico puede dar lugar a un cambio de contenido (*dan/van*; "dan"/"van", la conmutación sémica entre miembros de un mismo paradigma semántico trae como resultado un cambio de expresión ("varón" + "adulto" ↔ *hombre*, "varón" − "adulto" ↔ *niño*). Casos como los que anteceden constituyen las llamadas semióticas denotativas en las cuales se establece una relación de interdependencia entre los funtivos del signo (o de los planos de cada secuencia articulada de signos); pero la lengua conoce también casos en los cuales la forma de la expresión no es complementaria de la forma del contenido que manifiesta, sino que aquélla ha sido especificada como significante de ésta. Son las semióticas connotativas en las que se suspende la relación de interdependencia entre los funtivos del signo con el fin de dejar paso a una relación de determinación entre éstos.[6] La determinación implica, por lo tanto, la selección de un miembro ("araña" en el caso ejemplificado) perteneciente a una invariante paradigmática A ("insecto") como expresión de un miembro perteneciente a una invariante paradigmática B ("lámpara"), en cuanto el miembro seleccionado de A ("araña") posea en su contenido algún sema o semas que puedan homologarse con los del contenido del miembro de B.

Como se ve, la sustancia del contenido (o si se prefiere, las entidades extrasemióticas analizadas por un determinado sistema lingüístico) puede ser conformada, a) por medio de conexiones complementarias entre la expresión y el contenido de los miembros que se incluyen como variantes de una misma invariante paradigmática (semióticas denotativas), y b) por medio de co-

6 *Cf. supra*, cap. I.

nexiones especificativas entre miembros que se incluyen en invariantes paradigmáticas distintas, especificaciones que se fundan en la suspensión de algún o algunos de los componentes sémicos del miembro seleccionado como significante, y en la consecuente inserción de algunos de sus semas en el contenido del miembro significado (semióticas connotativas).

Charles Sanders Peirce (1974) observó que cada signo requiere de otro signo o conjunto de signos para ser interpretado, esto es, que el significado de un signo se establece a partir de los signos que pueden traducirlo (sustituirlo).[7] En términos lingüísticos, el significado de /araña/, será dado por las traducciones metasemióticas que puedan hacerse por medio de sus interpretantes: /insecto/, /lámpara/, /pez/, etcétera. Pero así como el primer interpretante pone de relieve una relación de complementaridad paradigmática entre la expresión y el contenido (araña ↔ "araña"), los demás interpretantes nos informan de que ese mismo signo ha sido utilizado como significante de un significado que no es su complementario, sino que le ha sido asignado específicamente y, además, que esa particular especificación ha debido fundarse en la conexión inicial araña ↔ "insecto", es decir, en el desplazamiento de alguno de los interpretantes sémicos que permiten analizar dicha relación de complementaridad.

Por consiguiente, las relaciones unilaterales de determinación entre un signo-significante y un signo-significado dependerán de un desplazamiento paradigmático del primero; vale decir, de la mutación de las zonas de sentido analizadas por un sistema semiótico dado que, cada vez, se pongan de manifiesto. De ahí puede concluirse que *la especificación de un signo-significante por un signo-significado presupone la suspensión del agrupamiento sémico del primero en beneficio de uno o algunos de sus rasgos significativos*, precisamente de aquellos en que pueda fundarse la especificación del signo-significante, tal como ocurre

---

[7] "Un signo, o *representamen*, es algo que para alguien representa algo en algún aspecto o carácter. Se dirige a alguien, esto es, crea en la mente de esa persona un signo equivalente o, tal vez, un signo aún más desarrollado. Este signo creado es lo que llamo *interpretante* del primer signo" (Peirce, 1974, p. 22). *Cf. infra*, cap. IV.

en nuestro ejemplo *araña* ← "lámpara", donde el sema que el *Diccionario de Autoridades* interpreta como 'zancas o pies largos y delgados, cada uno de los cuales tiene dos como artejos o nudillos que los dividen en tres partes' ha sido aislado de los demás semas con que se agrupaba en el contenido "araña" y homologado con los del semema "lámpara".

Con todo, no podemos pensar que el tipo de semióticas connotativas a que hemos aludido hasta ahora resulte exactamente equivalente con otra clase de semióticas connotativas que el *Diccionario de Autoridades* permitiría ejemplificar así:

3) /*Araña*/ = por translación se llama a la persona que codicia y recoge con solicitud por no buenos modos lo ajeno.

Aquí también la relación entre expresión y contenido es de especificación: el sema 'recoger... por no buenos modos lo ajeno' —de otra manera, 'robar'— ha sido desplazado del paradigma "insecto" al paradigma "hombre" con el fin de producir la semiótica connotativa *araña* ← "persona que codicia y recoge..."; pero, en este caso, es evidente que no nos hallamos ante un desplazamiento paradigmático único, es decir, ante la conmutación de una invariante paradigmática por otra, sino que la actividad cazadora de la "araña" ha sido utilizada simultáneamente como significante de valores pertenecientes a un determinado sistema ético-social; en otras palabras, ha servido para actualizar un sistema ideológico cuyos valores desbordan los paradigmas semióticos (lingüísticos), aunque —por otra parte— aquéllos hayan de valerse necesariamente de éstos para alcanzar su propia manifestación.

Para que la conexión *araña* ← "hombre" haya podido efectuarse era necesario —como ya advertimos— que alguno de los rasgos significativos de "araña" pudiese ser incluido en el semema "hombre"; este componente sémico homologable es la ocupación del insecto que el *Diccionario de Autoridades* define como 'fabricar telas y redes con que cazar moscas y mosquitos'. En efecto, para que el signo /araña/ pudiese ser especificado como significante de "persona que codicia..." era preciso no sólo conectar dos signos pertenecientes a paradigmas lingüísticos diferentes (el campo semántico de los "insectos" y el de los "hombres") sino, además, evaluar esa actividad de las arañas desde las mismas perspectivas éticas con que se juzga a los hombres; en otras palabras, implicaba proyectar sobre los valores semióticos de la lengua ciertos valores ideológicos (éticos) que se ordenan en términos de mandatos y transgresiones en el marco de la vida social. Ello trae como resultado una patente ideologización de los sistemas semióticos, a los que las sociedades asignan precisamente la función de servir como vehículos de sus códigos y convenciones de toda índole, aun cuando —por otra parte— dicha ideologización no sea percibida inmediatamente por los usuarios de tales sistemas.[8]

2. Como se ha visto, la diferencia esencial entre la *connotación anisomórfica* ejemplificada por la relación araña ← "lámpara" y la *connotación anisotópica* que se expresa por medio de la conexión araña ← "hombre" reside en que la primera supone el desplazamiento de un signo de un paradigma semiótico (lingüístico) a otro, en tanto que la segunda no sólo efectúa esa operación sino que —además— incluye en el contenido de la semiótica connotativa valores pertenecientes a otros sistemas sociales carentes de organización semiótica particular.[9] Por consiguiente, en este segundo tipo de semiótica connotativa no sólo se selecciona un signo perteneciente a un paradigma lingüístico como expresión de otro signo perteneciente a un paradigma lingüístico diverso, sino que se utiliza esta relación especificativa para constelar con el valor que ella manifiesta otros valores per-

---

[8] Según Althuser (1974, p. 49), "la ideología está presente en todos los actos y gestos de los individuos hasta el punto de que es *indiscernible a partir de su 'experiencia vivida'*, y que todo análisis inmediato de lo 'vivido' está profundamente marcado por los temas de la vivencia ideológica. Cuando el individuo (y el filósofo empirista) cree tener que ver con la percepción pura y desnuda de la realidad misma o con una práctica pura, con lo que tiene que ver en realidad es con una percepción y una práctica impuras, marcadas por las invisibles estructuras de la ideología; como no *percibe* la ideología, toma su percepción de las cosas y del mundo por la percepción de las 'cosas mismas', sin ver que esta percepción no le es dada sino bajo el velo de las formas insospechadas de la ideología..."

[9] *Cf. infra,* cap. III.

tenecientes a jerarquías ideológicas, que son usualmente verbalizados como /robo/, /codicia/, /hipocresía/, etc. Por *constelación* entendemos la correlación de una expresión con un contenido en el cual se hallan combinados miembros pertenecientes a invariantes paradigmáticas distintas [10] o, dicho de otro modo, la clase de semióticas connotativas en cuyo contenido se manifiestan valores paradigmáticos pertenecientes tanto a sistemas semióticos como a sistemas ideológicos.[11] Esta parece ser la razón que permite al *Diccionario de Autoridades* referirse a la actividad cazadora de las arañas con un gesto de reprobación moral no diferente de aquel con que describe la transgresión que un individuo humano puede hacer de ciertos preceptos éticos, religiosos, etcétera.

Las consideraciones precedentes nos llevan a establecer una radical distinción entre las semióticas connotativas del primer tipo y las del segundo; hemos propuesto dar a estas últimas el nombre de *semiologías* en virtud de que no se limitan —como las semióticas connotativas propiamente dichas— a manifestar distintos valores paradigmáticos de un mismo sistema semiótico, sino que, además, actualizan en su contenido valores pertenecientes a diferentes sistemas sociales (ideológicos) que son interpretados por medio de los signos propios de un sistema lingüístico dado. En otras palabras, se trata de una clase particular de procesos connotativos que funcionan como metasemióticas

---

[10] Hjelmslev (1971, pp. 42 y 57) da el nombre de *constelación* a "las dependencias de mayor libertad [que las *interdependencias* y las *determinaciones*] en las que dos términos son compatibles pero ninguno presupone el otro", esto es, a la "función entre dos variables". Pero, como hemos observado, la función contraída entre dos variables puede darse a) en el interior de un mismo sistema semiótico y b) entre un sistema semiótico y un sistema ideológico que seleccione al primero como interpretante. (*Vid.* nota 12.) Por constelación entenderemos aquí este segundo caso de funciones entre variables de invariantes pertenecientes a sistemas de naturaleza divergente (semióticos e ideológicos). *Cf. supra,* cap. i.

[11] Las lenguas (o sistemas semióticos) permiten formar un número ilimitado de signos y de combinaciones entre signos, pero las reglas en que se basan los procesos lingüísticos "son independientes de toda escala de valores, sean éticos, lógicos o estéticos; en general, una lengua es independiente de todo propósito específico" (Hjelmslev, 1971, p. 154). Dichas escalas de valores son —en cambio— postuladas por los sistemas ideológicos y deben ser interpretadas por medio de lenguas (*vid.* nota 12).

no científicas respecto de los valores instaurados por una determinada jerarquía ideológica.[12]

Podemos representar esquemáticamente las relaciones anotadas por medio de los siguientes diagramas:

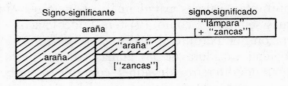

SEMIÓTICA CONNOTATIVA

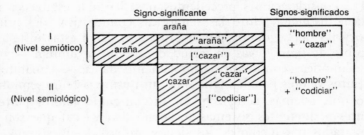

SEMIOLOGÍA

En ambos diagramas, las zonas sombreadas indican las relaciones de complementaridad que han sido suspendidas, y los términos entre corchetes, los semas desplazados de un paradigma a otro. En el esquema de la *semiología*, la llave I señala el proceso connotativo básico (nivel semiótico), en tanto que la llave II (nivel semiológico) indica cómo el sema desplazado de I ("cazar") da origen a un segundo proceso connotativo que

[12] Hjelmslev (1971, pp. 168 y ss.) distinguió las *semióticas científicas* de las *semióticas no científicas*; las primeras son "operaciones", es decir, descripciones hechas con arreglo al "principio empírico" (autoconsecuencia, exhaustividad y simplicidad), las segundas no son operaciones; consecuentemente, las semióticas denotativas y connotativas no son semióticas científicas, en tanto que las metasemióticas sí lo son. Con todo, existe cierto tipo de procesos metasemióticos no científicos a los que Hjelmslev dio el nombre de *semiologías*; podría decirse, pues, que las semiologías son metasemióticas no científicas que tienen por contenido un proceso connotativo a través del cual se manifiestan, simultáneamente, valores de más de un sistema social. *Cf. infra*, cap. III.

suspende la especificación entre valores pertenecientes a diferentes paradigmas lingüísticos ("hombre" + 'cazar') con el fin de permitir que el sema 'cazar' se convierta en signo-significante del contenido "codiciar", esto es, en el interpretante semiótico del valor ideológico que el *Diccionario de Autoridades* traduce como "procurar con ansia adquirir bienes, riquezas y hacienda por cualesquier medios y modos que uno pueda", esto es, ilícitamente.

Como puede verse, en el caso de la semiótica connotativa nos hallamos ante un proceso caracterizado por la suspensión de la agrupación sémica del signo-significante en cuanto se considere su relación complementaria con el contenido "araña" y por la predominancia que se concede a uno de los semas actualizados por esa relación, en la medida en que ese sema puede ser homologado con los del semema "lámpara"; es decir, por la reducción araña < "cuerpo pequeño del cual salen de cada lado cuatro zancas o pies largos y delgados".

En el caso de la semiología estamos también ante un proceso connotativo, por cuanto un sema del signo-significante araña ('cazar [moscas y mosquitos]') se desplaza del contexto paradigmático "insecto" al contexto paradigmático "hombre" para hacer posible la especificación araña ← "hombre". Pero, como es evidente, esa lectura moralizante de la semiología araña —| "hombre" [+ "codiciar"] no sería la única posible, ya que a partir del mismo sema que hemos aislado, el *Diccionario de Autoridades* puede dar la siguiente interpretación:

4) /Araña/ = llámase así metafóricamente al hombre que es muy vividor y provee su casa, recogiendo de todas partes con diligencia y afán,

donde —diacrónicamente— 'vividor' no entraña ninguna condena moral, pues vale por "el que atiende a sus conveniencias y es reservado en los gastos y dispendios". Con todo, tanto en 3) /Araña/ como en 4) /Araña/, los semas 'cazar' y 'proveer' han convertido al lexema /araña/ en signo-significante de valores de un sistema ético-judicial que, por una parte, prohíbe a los miembros de la comunidad "codiciar", "robar", etc., y, por otra, los conmina a proporcionar alimento a quienes dependan de alguno de ellos ("proveer su casa... con diligencia y afán").

En ambos ejemplos aparecen constelados dentro de un mismo proceso sintagmático valores pertenecientes a dos sistemas jerárquicos diferentes (uno semiótico y otro ideológico); ahora bien, suponiendo que la especificación *araña* ← "hombre" se hubiese producido a partir del desplazamiento de los semas 'cuerpo pequeño del cual salen de cada lado cuatro zancas o pies largos y delgados', tendría como interpretante: "hombre de cuerpo pequeño y de extremidades largas y delgadas" y, por ende, en dicho proceso semiológico se verían simultáneamente actualizados valores pertenecientes tanto a un sistema ético como a otro estético, por cuanto resultaría evidente una correlación ideológica entre la malformación física y la imperfección moral.

Abreviando, postularemos que los sistemas que llamamos lenguas, por el hecho de segmentar arbitrariamente la masa informe del sentido, imponen a las realidades extralingüísticas sus particulares estatutos semióticos con el fin de distinguir a las /arañas/ de los demás "insectos" y a las "lámparas" que son *arañas* de las que no lo son. Como se ha visto, la homologación de semas constitutivos de signos pertenecientes a diferentes paradigmas es la que permite seleccionar el significante *araña* como expresión de contenidos lingüísticos que no se instauran como complementarios suyos; pero, ¿qué es lo que permite a un signo de la lengua convertirse en el significante simultáneo de contenidos jerarquizados tanto por sistemas propiamente semióticos como por sistemas sociales que carecen de organización sémica particular? El hecho de que las lenguas naturales no sólo son los únicos sistemas semióticos capaces de traducir a sus propios términos todas las demás jerarquías de valores sociales, sino que —además— propician el desarrollo de ese tipo de códigos que llamamos ideologías al poner a disposición de éstas el vasto repertorio de semejanzas y oposiciones que las lenguas institucionalizan.

A este propósito decía Émile Benveniste que la relación planteada entre diversos sistemas simbólicos aparece

determinada ante todo por la acción de un mismo medio cultural, que de una manera o de otra produce y nutre todos los sis-

temas que le son propios [...]. La relación semiótica entre sistemas se enunciará entonces como un nexo entre *sistema interpretante* y *sistema interpretado*. Es la que poseemos en gran escala
entre los signos de la lengua y los de la sociedad: los signos de la
sociedad pueden ser íntegramente interpretados por los de la lengua, no a la inversa.[13]

Pero lo que ahora nos interesa destacar no es tanto la necesidad en que se hallan las ideologías de ser interpretadas por los
diferentes sistemas semióticos de una comunidad cultural, sino
la manera con que las primeras han permeado el uso lingüístico
común al grado de que sus valores específicos suelen aparecérse-
nos confundidos con los de la lengua e identificados con ellos.

No faltará quien considere que llamar los españoles de los siglos XVII y XVIII *araña* a una persona codiciosa no pase de ser un
hecho lingüístico vulgar que no requiere de mayores averiguaciones para su cabal interpretación. Quienes así piensen no pa-
recerán demasiado sensibles a las múltiples dimensiones que
puede desplegar el más inocente de los enunciados y, por lo
mismo, no creerán necesario distinguir uno o más sistemas ideológicos verbalizados en expresiones como algunas de las que
acabamos de analizar, ya que para tales personas la lengua repre-
sentará siempre una sola manera de nombrar y asumir la realidad del mundo, precisamente la única que les consiente su propio

[13] En su artículo "Semiología de la lengua", Émile Benveniste (1977, pp. 57-
58) estableció tres tipos de relaciones entre sistema semióticos: a) *de engendramiento*, que se da entre "dos sistemas de igual naturaleza, el segundo de los
cuales está construido a partir del primero"; b) *de homología*, "que establece
una relación entre las partes de dos sistemas semióticos" y c) *de interpretancia*
entre un sistema interpretado y un sistema interpretante; "desde el punto de vista de la lengua, es la relación fundamental, la que reparte los sistemas que se
articulan, porque manifiestan su propia semiótica, y sistemas que son articulados
y cuya semiótica no aparece sino a través de la reja de otro modo de expresión". Esta última relación es la que permite explicar el hecho de que los sistemas ideológicos hayan de ser manifestados por intermedio de "lenguas" que
modelan semióticamente los restantes sistemas o dominios sociales y de que, a
su vez, las lenguas se vean semánticamente revaluadas por los sistemas ideológicos, de manera que la sustancia de contenido de una función de signo no sea
ya una mera porción del "continuum amorfo del sentido", sino —a nuestro
parecer— una sustancia conformada previamente por algún tipo de representación ideológica. *Cf. infra*, cap. II.

"olvido" ideológico. Con todo, no podrá dejarse de reconocer que detrás del signo /araña/ empleado como expresión del contenido "hombre codicioso" hay todo un proceso de ideologización de la actividad de las arañas e, inclusive, de antropomorfización moral de los arácnidos, que no sólo se ofrecen como símbolo de cierta clase de individuos sino que se brindan íntegramente como metáfora viva de la "codicia", la "hipocresía", la "poltronería viciosa" y de otras muchas cosas más.

De modo, pues, que si el signo /araña/ convierte un poco en "insecto venenoso" al hombre a quien se le aplique, de igual manera la especie de los arácnidos se volverá semiológicamente humana cuando se le haga símbolo de un comportamiento moral sancionado por la comunidad (díganlo —si no— tantas fábulas doctrinales).

3. Volviendo ahora sobre algunas de las cuestiones planteadas, resulta paradójico observar que esa clase de textos que hemos llamado semióticas connotativas parecieran propiciar una vuelta al caos de aquel orden provisional al cual las semióticas denotativas se empeñaban en reducir la amorfa "sustancia del pensamiento". Quiere decirse, pues, que aun cuando tengamos a la vista una lámpara real y concreta, por el hecho de nombrarla *araña* algo de las arañas se integrará con ella o, en otras palabras, que esos objetos que la lengua es capaz de incluir en paradigmas léxicos netamente delimitados, tienden a ser recubiertos o equiparados con otros en nuestra conciencia lingüística, que bien podría seguir manteniéndolos separados y distintos.

En toda semiótica connotativa puede vislumbrarse, como esfumada en segundo plano, una "imagen conceptual" que altera las referencias del signo, de modo tal que en las semióticas connotativas queda un significado latente —pero no realmente oculto— debajo del contenido que el enunciado hace emerger hasta el primer plano de la significación.

Es preciso reconocer, sin embargo, que en la práctica lingüística estos contenidos de segundo plano se ven generalmente rechazados en beneficio de la inequivocidad del significado prevalente (o complementario), de suerte que el orden semiótico que le ha sido impuesto al mundo no resulte definitivamente trastornado. Pero cuando pasamos de las semióticas connotativas simples a las semiologías, resultan ser esas imágenes neblinosas del trasfondo las que emergen a la superficie, provocando así el fenómeno conocido como ambigüedad referencial.[14]

Es evidente que, por razones de economía, la lengua puede expresar por medio de un mismo significante muy diversos contenidos; pero esa disponibilidad de los signos para servir de expresión a diferentes valores paradigmáticos no implica que el emitente o el destinatario de un mensaje tengan que constreñir la significación del mismo a una sola serie de contenidos semióticos con prescindencia de otros valores sociales que ese mismo mensaje haya querido poner de manifiesto. Parece usual que las parejas de oposiciones actualizadas en un determinado mensaje mantengan un mismo tipo de relaciones sistemáticas (ya sean de complementariedad, ya de especificación); pero tanto en la lengua coloquial como —en mayor medida— en la poética, un mismo signo puede insertarse alternativa o simultáneamente, no sólo en más de un paradigma lingüístico, sino en uno o más sistemas ideológicos que tengan por interpretante un mismo proceso textual. Es el tipo de relaciones que designamos como constelación y que ahora podríamos precisar diciendo que son aquellas que dan lugar a una clase de procesos connotativos que funcionan como interpretantes de valores instaurados por sistemas sociales carentes de signos particulares o exclusivos.

Así, por ejemplo, en la letrilla de Quevedo que dice

> Mosca muerta parecía
> tu codicia cuando hablabas
> y eras araña que andabas
> tras la pobre mosca mía,

el signo /araña/ del tercer verso aparece especificado como signo-significante de la /codicia/ humana del segundo y, además, como significante de "araña" en cuanto se opone al contenido complementario de /mosca/. Por su parte, el significante mosca es expresión del contenido "insecto" (que lo instala en el mismo paradigma léxico al que pertenece "araña"), pero en cuanto

---

[14] Cf. infra, cap. III.

se articula con su especificador *muerta* es signo-significante de "fingimiento" o "hipocresía" y, en cuanto se articula con los modificadores *pobre* y *mía*, es signo-significante del contenido "dinero".

De este modo, las alternativas relaciones de complementaridad y especificación contraídas por /araña/ y por /mosca/ permiten la utilización de dichos signos como interpretantes simultáneos (constelados) de diferentes correlaciones sistemáticas que —atendiendo al nivel ideológico— podrían ser nuevamente verbalizadas por medio de los siguientes pares de oposiciones o semejanzas: *fingir* ("hablabas") / *hacer* ("andabas"); *codicia* ("araña") / *hipocresía* ("mosca muerta"); *codicia* ("araña") = *dinero* ("mosca").

Obviamente, el texto de Quevedo va mucho más allá de estas designaciones cruzadas que, por lo demás, formaban parte de un juego de connotaciones ordinario en el habla coloquial de su tiempo. Pero conviene señalar que la locución *mosca muerta* —definida por el *Diccionario de Autoridades* como "apodo que se aplica al que parece de ánimo u genio apagado, pero que no pierde la ocasión de su provecho"— designa aquí una forma disimulada de la codicia femenina y, en última instancia, una plaga social, como confirma el propio Quevedo en aquel soneto que "Reprende en la araña a las doncellas, y en su tela la debilidad de las leyes":

> Si en no salir jamás de un agujero
> y en estar siempre hilando te imitaran
> las doncellas, ¡oh araña!, se casaran
> con más ajuar y más doncel dinero.
>
> Imitan tu veneno lo primero,
> luego tras nuestra mosca se disparan;
> por eso, si contigo se comparan,
> más tu ponzoña que sus galas quiero.

Ya hemos señalado que cuando se emplea el signo /araña/ como significante de "individuo codicioso", la función semiótica que se establece entre el plano de expresión y el plano de contenido pareciera instaurar no sólo una correlación entre diferentes formas del contenido, sino —además— entre sus respectivas sustancias, hecho que permitiría a la expresión verbal usurpar la entidad que corresponde a sus referentes extralingüísticos. Se trata, desde luego, de un efecto ilusorio provocado por la presunta identidad entre los signos y las cosas designadas; pero esta ilusión se vuelve realidad semiótica cuando la sustancia del contenido de una forma lingüística ya no sea una zona del sentido inmediatamente conformada por la lengua, sino por otra forma de contenido, esto es, *cuando las palabras designen zonas de la sustancia social o psíquica previamente formadas por otros sistemas de representación de una comunidad cultural;* dicho aún de otro modo, cuando los referentes de un proceso semiótico sean sustancias conformadas por otros sistemas sociales (éticos, religiosos, políticos, estéticos, etcétera), que rigen el comportamiento colectivo y que, por lo tanto, obligan a interpretar toda actividad humana no sólo con arreglo a las normas establecidas por esas paradigmáticas ideológicas, sino a través de los signos semióticos que sean susceptibles de manifestarlas.[15]

Así, cuando Quevedo se propuso expresar poéticamente un universo de valores morales degradados por causa de sus reiteradas y encubiertas transgresiones, tuvo que partir necesariamente de los signos lingüísticos que permiten establecer las parejas opositivas del sistema ideológico en cuestión y, consecuentemente, hubo de interpretar semióticamente parejas opositivas tales como "humanidad" / "animalidad", "racionalidad" / "irracionalidad", "espiritualidad" / "instintividad", etcétera, o más concretamente, por medio de lexemas —como /araña/, por ejemplo—, algunos de cuyos interpretantes sémicos manifiestan ciertos valores de un determinado sistema ideológico ("codicia", "hipocresía", etcétera). De modo, pues, que la forma semiótica de ese univer-

---

[15] Es evidente que el factor decisivo para la existencia de un proceso es la existencia de un sistema que lo rija; según Hjelmslev, "es inimaginable un proceso —porque sería inexplicable en un sentido absoluto e irrevocable— sin un sistema tras el mismo" (Hjelmslev, 1971, p. 62). Pero aun siendo imaginable la existencia de un sistema "virtual" sin que contemos con ningún texto construido a partir de él, la existencia de un sistema "real" sólo es comprobable a partir de la existencia de sus procesos correspondientes. Consecuentemente, la existencia de sistemas ideológicos "reales" es únicamente deducible de los textos que manifiestan sus jerarquías paradigmáticas.

so moral degradado había de sustentarse en una permanente alusión a aquellos textos en que previamente se hubiese expresado el estado de acuerdo o equilibrio entre los preceptos morales (los paradigmas ideológicos) y los comportamiento humanos (la actualización sintagmática de los valores paradigmáticos, si puede decirse así).[16] La observancia de los mandatos morales pudo llevar al hombre al perfeccionamiento de su alma —la parte que posee en concomitancia con la divinidad, de la que "emanan" los preceptos—, pero su contumaz desobediencia no podría sino conducirlo a la pérdida progresiva de su condición humana y, por ende, a su creciente animalización, la cual —pese a considerarse como un fenómeno ético-metafórico— bien puede proyectarse metonímicamente sobre su ser corporal.

Obviamente, nada de esto puede ocurrir fuera de un medio cultural específico ni de la competencia que sus miembros tengan para utilizar los sistemas semióticos que permiten expresar esas peculiares correlaciones de valores semióticos e ideológicos. Se trata, por lo tanto, de realidades eminentemente culturales que —ni más ni menos que los otros géneros de realidades— han de ser necesariamente expresadas e interpretadas por medios semióticos. De ahí que los procesos verbales que llamamos semiologías (y más concretamente las semiologías que son textos

---

[16] Para Hjelmslev ("La estratificación del lenguaje", en Hjelmslev, 1972, pp. 47 y ss.) la sustancia puede estar semióticamente formada o no formada. El primer caso explica que "una misma forma del contenido pueda ser expresada por varias formas de expresión"; el segundo implica que una misma sustancia comporte varios aspectos o *niveles* (el físico, el sociobiológico y el de las apreciaciones sociales). Por lo que toca a la sustancia del contenido, un examen provisional —decía Hjelmslev— "invita a concluir que en el interior de esta sustancia el nivel primario, inmediato, en cuanto único directamente pertinente desde el punto de vista lingüístico y antropológico, es el nivel de apreciación social"; esto es, el nivel de la sustancia semiológica, ideológicamente formada, que selecciona como manifestante una sustancia semióticamente formada. De hecho, y volviendo al texto citado de Hjelmslev, "la sustancia semiótica inmediata, que evidentemente selecciona la forma que manifiesta, es seleccionada a su vez por los otros niveles"; y aunque el nivel de apreciación social (o, en nuestros términos, la sustancia semiológicamente formada) "constituya un objeto mal estudiado", su fundamentación teórica habrá de atender al cuerpo de doctrinas y de opiniones adoptadas por la tradición y el uso social, vale decir, por los sistemas ideológicos.

poéticos) [17] constituyan los lugares privilegiados del encuentro y la fusión de los signos de una lengua (que permite organizar cualquier sustancia por medio de paradigmas abiertos cuyos miembros son fácilmente permutables) con los valores de los sistemas ideológicos de una comunidad histórica, que organizan determinadas parcelas de la sustancia psíquica y social con arreglo a paradigmas cerrados; es decir, según un conjunto fijo de correlaciones que, sin embargo, resultan expresables en un número indefinido de signos.

[17] Cf. *infra*, caps. IV y VI.

III. SINCRETISMO, HOMOLOGÍA, AMBIGÜEDAD REFERENCIAL

1. El CARÁCTER ambiguo, polisemántico, de los mensajes poéticos constituye uno de los problemas a los que la moderna ciencia de la literatura ha de enfrentarse una y otra vez.

Como es sabido, la retórica tradicional consideró la *ambiguitas* como un defecto del *scriptum* que nace, ya de la homonimia, ya del orden desmañado con que se articulan las partes de una secuencia sintagmática; de ahí que los retóricos se limitaran a proponer el recurso a la *equitas* y a la *voluntas* como los argumentos más idóneos "para resolver el problema de la interpretación que surge de la *ambiguitas*" (cf. Lausberg, 1975) o, dicho de otro modo, a las normas de la lengua práctica y a la intención que el autor pudo haber querido manifestar en su texto.

Tenida como uno, si no el mayor, de los defectos gramaticales, la ambigüedad se vio privada de toda posible correspondencia entre las virtudes retóricas; y, sin embargo, andando el tiempo, la vaguedad semántica fue proclamada (por románticos, simbolistas y vanguardistas de toda escuela) como la esencia misma de la poesía y reconocida por los modernos estudiosos de la poética no sólo como el rasgo dominante en las obras de arte verbal, sino como aquel que —en último análisis— permite diferenciarlas de otros tipos de actuaciones lingüísticas.

Para Roman Jakobson, por tan sólo citar a uno de los fundadores de la moderna ciencia de la literatura, la ambigüedad "confiere a la poesía su esencia simbólica, compleja, polisémica, que íntimamente la permea y organiza", y todos los procedimientos retóricos de la lengua persiguen como fin último el logro de ese tipo de mensajes, los poéticos, de los que la ambigüedad constituye su "carácter intrínseco e inalienable" (Jakobson, 1975, pp. 347 y ss.).

En su fundamental ensayo sobre "Lingüística y poética", Jakobson definió la función poética de la lengua como aquella "que proyecta el principio de equivalencia del eje de la selección sobre el eje de la combinación" o, diciéndolo con otras palabras, que "la sobreposición de la semejanza a la contigüidad" permite construir un tipo de mensajes doblemente configurados, es decir, ambiguos, no ya por inciertos o confusos, sino porque pueden aplicarse, sin contradicción, a diferentes sentidos.

Parece indudable que los postulados del maestro ruso a los que hemos aludido proporcionan una respuesta eminentemente lingüística al problema central de la poética, a saber: "¿qué es lo que hace de un mensaje verbal una obra de arte?" Como ya lo advertía el propio Jakobson, el hecho de que en los textos poéticos se actualice sistemáticamente el paralelismo de las unidades fónicas, gramaticales y léxicas que lo constituyen hace más profunda "la dicotomía fundamental entre los signos y los objetos" y, consecuentemente, que tanto el mensaje como los demás factores implicados en la comunicación verbal (emitente, destinatario, código, referente) se desdoblen o multipliquen.

De ahí también que Jakobson afirmase, por una parte, que "cuando trata de la lengua poética, la lingüística no puede limitarse al campo de la poesía" y, por otra, que "muchos rasgos poéticos [del texto] no sólo pertenecen a la ciencia del lenguaje, sino a la teoría de los signos en su conjunto, es decir, a la semiótica general", por cuanto que todas las variedades del lenguaje —y no sólo la poética— "poseen muchos caracteres en común con otros sistemas de signos o, inclusive, con el conjunto de tales sistemas".

En un trabajo posterior al que acabo de referirme ("El lenguaje en relación con otros medios de comunicación", 1968), Jakobson se planteó "las cuestiones cruciales que incumben a la relación de los mensajes dados con el universo del discurso", cuestiones que en "Lingüística y poética" sólo quedaron apuntadas (cf. Jakobson, 1976, pp. 97 y ss.).

Concebida la lingüística como "el estudio de la comunicación de los mensajes verbales", era ya necesario vincularla con la semiótica o "estudio de la comunicación de todas las clases de mensajes", y ello no sólo con el fin de clasificar los sistemas de signos que concurren en una comunidad social y los tipos de mensajes que a cada uno corresponden, sino —además— para determinar "el lugar que los mensajes dados ocupan en el contexto de los mensajes que los rodean, ya sea que éstos pertenezcan al mismo intercambio de enunciados, al pasado remoto o al futuro anticipado" y, sobre todo, para establecer "la distinción entre los mensajes homogéneos que utilizan un solo sistema semiótico y los mensajes sincréticos que se apoyan en una combinación o fusión de diferentes sistemas semióticos".[1]

Fundándose en las dos dicotomías (contigüidad/similaridad, efectivo/asignado) en las que Peirce (1974) basaba su clasificación de los signos, Jakobson estableció los siguientes tipos de relaciones entre *signans* y *signatum*:

a) contigüidad efectiva (o relación indicial),
b) similaridad efectiva (o relación icónica) y
c) contigüidad asignada (o relación simbólica).

Pero el juego de dicotomías peirceanas permite, según Jakobson, una cuarta variedad:

d) similaridad asignada,

que es la que corresponde a la llamada "semiosis introversiva", característica de la música, y en la cual "el mensaje que se significa a sí mismo, está indisolublemente ligado con la función estética de los sistemas de signos".

Con todo, no es sólo en la música y en la pintura y escultura no figurativas donde la semiosis introversiva juega un papel dominante; en la poesía y en el arte visual figurativo, la semiosis introversiva, "que desempeña siempre un papel cardinal, coexiste y 'coactúa' con una semiosis extraversiva".

Desafortunadamente, Jakobson no creyó oportuno extraer otras conclusiones de la peculiar coactuación de los dos tipos de semiosis en los mensajes poéticos; sin embargo, parece posi-

---

[1] Al referirse a los "mensajes sincréticos", Jakobson parece sólo haber tenido en cuenta aquellos que —como los "poemas cantados"— se fundan en la combinación explícita de dos sistemas semióticos de diferente naturaleza (*cf.* Jakobson, 1976). Más adelante insistiremos en otros tipos de sincretismos semióticos.

ble asumir, en concordancia con sus postulados, que este tipo de coactuación determina el carácter ambiguo de los textos poéticos, y más si consideramos que, al decir de Jakobson, las lenguas naturales, a diferencia de otros sistemas semióticos, están dotadas de una "sensibilidad al contexto" que permite a las significaciones genéricas de los signos verbales "particularizarse e individualizarse bajo la presión de los contextos cambiantes o de situaciones no verbalizadas pero verbalizables". Volveremos sobre estas ideas de Jakobson más adelante.

2. En algunos ensayos precedentes, y ateniéndome en lo fundamental a los postulados de Louis Hjelmslev, he intentado analizar la estructura de aquella clase de semióticas que llamamos textos literarios.[2] Permítaseme ahora retomar algunos de los problemas allí tratados y discutir algunas de sus posibles soluciones.

Para Hjelmslev, como se recordará, deben cumplirse dos etapas en el análisis de todo texto; la primera consiste en dividirlo en dos partes: la línea de la expresión y la línea del contenido "que tienen solidaridad mutua a través de la función de signo" (cf. Hjelmslev, 1971); en la segunda etapa se continuará analizando cada parte por separado, de modo que "la primera desmembración de un sistema lingüístico" nos conduzca al establecimiento de sus dos paradigmas más inclusivos: el plano de la expresión y el plano del contenido. En principio, asentaba Hjelmslev, ambos planos "pueden describirse exhaustiva y coherentemente como si estuvieran estructurados de modo análogo, de tal manera que en ambos planos se prevén categorías que se definen de modo totalmente idéntico".

En efecto, el análisis de las semióticas denotativas, es decir, de aquel tipo de semióticas ninguno de cuyos planos es una semiótica, pone de manifiesto la estructura análoga de la expresión y del contenido, ya que sus funtivos —expresión y contenido— resultan solidarios en el proceso y complementarios en el sistema. Pero el mismo Hjelmslev reconoció que no debemos actuar como si el único objeto de la teoría lingüística fueran las semióticas denotativas, puesto que "hay también semióticas

[2] Cf. supra, caps. I y II.

cuyo plano de expresión es una semiótica y semióticas cuyo plano de contenido es una semiótica", es decir, semióticas connotativas y metasemióticas.

Por su parte, el análisis de las semióticas connotativas revela una peculiar relación entre sus funtivos por cuanto que, en tal tipo de procesos, "el plano de la expresión viene dado por el plano del contenido y el plano de la expresión de una semiótica denotativa", de suerte que —añadiremos— se crea una evidente tensión entre el plano del contenido de la semiótica denotativa que funciona como expresión y el plano del contenido de la semiótica connotativa. Ateniéndonos a la terminología de Greimas (1971), podríamos decir que el contenido de la semiótica denotativa es semánticamente homogéneo o isotópico, en tanto que el contenido de la semiótica connotativa no lo es, puesto que en él se actualiza una isotopía distinta de la que se manifiesta en el contenido de la semiótica denotativa que constituye su plano de expresión. La tensión entre ambos contenidos reside no tanto en el hecho de que la isotopía de la semiótica denotativa haya de quedar suspendida por la isotopía del contenido de la semiótica connotativa, sino en que tal suspensión implica una conmutación parcial de ambos contenidos, esto es, el sincretismo o cobertura (cf. Hjelmslev, 1971, pp. 125 y ss.) entre uno o más de los semas que forman parte del contenido de ambas semióticas. De esta manera, *las semióticas connotativas instauran una equivalencia entre partes de miembros pertenecientes a diferentes paradigmas.*

Así, por ejemplo, si el contenido "rostro" se halla en condiciones de seleccionar como expresión a la semiótica denotativa /rosa/ es a causa de que al menos uno de los semas o interpretantes parciales de esta última puede aparecer como rasgo contextual del contenido "rostro". En efecto, el *Diccionario de Autoridades* define la primera acepción de *rosa* como "flor muy hermosa y de suavísimo olor", es decir, como una semiótica denotativa en la cual "rosa" es un miembro (o derivado) de la clase 'flor', en tanto que registra como tercera acepción: "rostro fresco, hermoso y de buen colorido", especialmente en las mujeres, esto es, como una semiótica connotativa en la cual se actualizan derivados tanto de la clase 'flor' como de la clase 'humano'.

Al ser seleccionada como funtivo de la expresión, la semiótica denotativa /rosa/ suspende de su contenido el sema nuclear "botón abierto de árboles y plantas" (*ibidem*) pero conserva los semas que lo determinan: "hermosura", "color", "fragancia", etcétera, algunos de los cuales son susceptibles de articularse con el núcleo sémico de "rostro". Sustentada en esta dialéctica de suspensión y sincretismo —los retóricos dirían de supresiones y adiciones— toda semiótica connotativa (considerada no como signo aislado sino en cuanto proceso textual) establece una equivalencia entre partes de dos contenidos lingüísticos pertenecientes a distintos paradigmas léxicos.

Advertía Hjelmslev que tanto la definición de semiótica como los diversos tipos de semiosis propuestos en los veinte primeros capítulos de sus *Prolegómenos* parten del establecimiento de un modelo simple (semiótico opuesto a no semiótico) que opera "partiendo de la premisa de que el texto dado muestra una homogeneidad estructural". Sin embargo, observaba también el maestro danés, esta premisa "no es válida en la práctica" por cuanto que deja de considerar la existencia de semióticas individuales que no se expresarían "en un texto compuesto en una semiótica definida" sino en una mezcla de dos o más semióticas. De hecho, "cualquier texto que no sea de extensión tan pequeña que no dé base suficiente para deducir un sistema generalizable a otros textos, suele contener derivados que se basan en sistemas diferentes", de manera que varias partes o partes de partes de un texto pueden manifestar componentes que pertenezcan a series paradigmáticas distintas.

El análisis de la semiótica connotativa ha puesto de relieve, de un lado, la presencia de connotadores como partes de los funtivos, es decir, de derivados de sistemas diferentes que, en un texto dado, contraen sincretismo y, de otro, que en cuanto esos derivados puedan ser deducidos permitirán a los funtivos de una semiótica connotativa ser mutuamente sustituibles. Las operaciones que permiten reducir a una sola las dos isotopías de la semiótica connotativa son las metasemióticas o semióticas científicas cuyo plano de contenido es otra semiótica.

Asumiremos, por lo tanto, que las metasemióticas constituyen procesos de desambiguación del tipo *rosa* [← "hermosura"] ← *rostro* que, al eliminar el sincretismo introducido por los connotadores, resuelve el contenido biisotópico de la semiótica connotativa en un enunciado isotópico: *rostro* ↔ "rostro" [+ "hermosura" + etc.]. Sin embargo, no todas las metasemióticas son operaciones por cuyo medio se deducen los connotadores de una semiótica connotativa; cabe pensar en cierto tipo de metasemióticas que no resuelvan el sincretismo de una semiótica connotativa objeto en términos de una semiótica denotativa, sino en términos de otra semiótica connotativa, esto es, generando un nuevo sincretismo.

Partiendo de lo dicho, y apoyándonos en Hjelmslev, hemos dado el nombre de *semiologías* al tipo de semióticas que tienen una semiótica connotativa por expresión y una metasemiótica no científica por contenido, y postularemos que es esta estructura la que permite la producción de enunciados pluriisotópicos y, en todo caso, de textos literarios.

En *Agudeza y arte de ingenio* decía Baltasar Gracián que la agudeza consiste en "una primorosa concordancia, en una armónica correlación entre dos o tres cognoscibles extremos expresada por un acto de entendimiento" y, entre tantos otros ejemplos, aducía estos versos de Góngora:

> Cada vez que la miraba
> salía un sol por su frente
> de tantos rayos vestido
> como cabellos contiene.

En efecto, el texto gongorino —en el que nos basaremos aquí para ilustrar el análisis de la estructura semiológica de los textos literarios— contiene dos parejas de correlatos (*sol-frente* y *rayos-cabellos*) compuestos por miembros pertenecientes —de suyo— a dos paradigmas léxicos bien diferenciados; en otras palabras, establece un sincretismo o cobertura entre la serie *sol-rayos* y la serie *frente-cabellos*. ¿Qué es lo que permite el establecimiento del sincretismo *sol-frente* (o *sol-rostro*, una vez deducida la sinécdoque manifestada por *frente*)? La copresencia en ambos lexemas de un sema homologable, "belleza", que es el contenido de la semiótica connotativa y, por lo tanto, del primer nivel isotópico del texto.

Ahora bien, el hecho de haber sido seleccionado el lexema /sol/ como expresión del contenido "belleza" y no, pongamos por caso, el lexema /rosa/, también susceptible de expresarlo, implica que sol permite actualizar como contenido de la semiótica connotativa un valor que no es actualizable por medio de rosa; en otras palabras, que la relación sol ← "rostro" no agota la significación sol ← "belleza" = rostro, que descubriría una de sus reducciones metasemióticas. El segundo valor connotado por sol puede manifestarse gracias a la peculiar estructura de la semiología que, como hemos indicado, tiene por expresión una semiótica connotativa y por contenido una metasemiótica no científica.

El análisis de la semiótica connotativa y su plano de la expresión nos ha permitido deducir de sol el connotador "belleza"; el análisis de la metasemiótica no científica del contenido de la semiología podrá revelar la presencia de otro connotador perteneciente a una jerarquía paradigmática distinta de aquella a la que pertenece el connotador "belleza".

La comparación de la mujer joven y hermosa con el astro solar es un tópico manido, sólo en apariencia carente de profundidad semántica; sin embargo, tal homología no resulta de la mera aplicación de una hipérbole ya lexicalizada por el uso, sino que, al contrario, el recurso a la hipérbole permite el establecimiento de una "armónica correlación" entre valores de paradigmas antitéticos: el de lo "celeste" o "divino" y el de lo "terrestre" o "humano", cuya estructura —aun teniendo que manifestarse a través de valores lingüísticos— rebasa los marcos de los sistemas semióticos que la interpretan.

En nuestro ejemplo, sol no es únicamente la expresión connotativa de "belleza" —referida a una joven y, en particular, a su rostro—, sino además expresión metasemiótica de "divinidad". La actualización de este segundo valor semántico implica que la semiótica connotativa que constituye el plano de expresión de la semiología sea interpretada como signo de otra jerarquía paradigmática por una metasemiótica no científica que establezca la correlación sol ← "belleza" —| "divinidad" en el contenido de la semiología.

El siguiente esquema (cf. Lepschy, 1968, pp. xxi-xxii) puede representar el múltiple sincretismo que hemos descubierto en la estructura del texto semiológico:

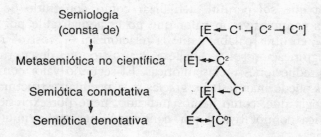

Semiología (consta de) $\quad$ $[E \leftarrow C^1 \dashv C^2 \dashv C^n]$

Metasemiótica no científica $\quad$ $[E] \leftrightarrow C^2$

Semiótica connotativa $\quad$ $[E] \leftarrow C^1$

Semiótica denotativa $\quad$ $E \leftrightarrow [C^0]$

Aplicando a nuestro ejemplo el esquema precedente obtendremos el siguiente gráfico:

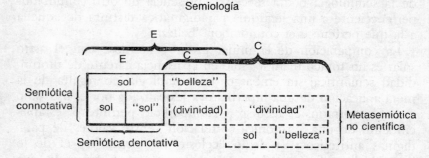

Semiología

En síntesis, el efecto polisemántico o de "ambigüedad referencial", característico de los textos que llamamos poéticos, es producido por una *estructura semiológica que permite a una misma sintagmática actualizar de manera simultánea diversos valores pertenecientes a paradigmáticas diferentes* o, diciéndolo con las nociones de Jakobson a las que antes se aludió, a la coactuación de una semiosis introversiva (la que en nuestro ejemplo remite de *sol* a "belleza" y de *sol* ← "belleza" a *sol* —| "divinidad") y una extraversiva, que remite a entidades no semióticas pero semiotizables (por una parte, al *tú* de la persona amada o admirada y, por otra, a los sistemas religiosos, estéticos, etc., de una comunidad social), es decir, a la compatibilidad de los signos verbales con los contenidos de las series ideológicas que éstos interpretan.

En el siguiente apartado nos ocuparemos de esas dos instancias del discurso: su relación con el sistema semiótico que lo determina y su relación con los *signata* o referentes.

3. En un ensayo memorable ("Semiología de la lengua"), Émile Benveniste (1977, pp. 42 y ss.) formuló las posibilidades de relación entre sistemas semióticos, es decir, entre sistemas de significación de la misma o de diferente naturaleza, pero igualmente basados en la arbitrariedad del signo; son éstas:

a) *La relación de engendramiento*, que se da "entre dos sistemas distintos y contemporáneos, pero de igual naturaleza, el segundo de los cuales está construido a partir del primero" (ex. gr., el alfabeto Braille engendrado por el alfabeto normal);

b) *la relación de homología* "que establece una correlación entre las partes de dos sistemas semióticos" de diferente naturaleza (ex. gr., la que establece Panofsky entre la arquitectura gótica y el pensamiento escolástico), pero que —a diferencia de la de engendramiento— no es una relación "verificada, sino instaurada en virtud de conexiones que se descubren o establecen entre dos sistemas distintos", y

c) *la relación de interpretancia* que se instituye entre un sistema interpretante y un sistema interpretado y permite repartir "los sistemas en sistemas que se articulan, porque manifiestan su propia semiótica, y sistemas que son articulados y cuya semiótica no aparece sino a través de la reja de otro modo de expresión".

Dejaremos de lado la primera de las relaciones intersemióticas señaladas por Benveniste con el fin de examinar las dos últimas.

La relación de interpretancia, siendo —como es— fundamental desde el punto de vista de la lengua, supone que ésta es el único sistema semiótico capaz de "conferir [...] a otros conjuntos la calidad de sistemas significantes, informándolos de la relación de signo" y la que, en definitiva, modela semióticamente a los demás sistemas sociales, carentes —por así decirlo—

de una "lengua" capaz de describir sus categorías y su funcionamiento.

¿A qué se debe esta propiedad característica, exclusiva de los sistemas lingüísticos? Al hecho —señala Benveniste— de que tales sistemas están investidos de una *doble significancia* o propiedad de significar, esto es, a que poseen tanto la capacidad de describirse a sí mismos como la de servir de interpretantes a otros sistemas sociales, cualquiera que sea la naturaleza de estos últimos. De modo, pues, que por articular su significancia en dos dimensiones distintas pero complementarias, será preciso reconocer que la lengua es el único sistema capaz de especificar el "sentido" de los demás sistemas sociales.

A este respecto, Benveniste distinguió entre el modo de significancia *semiótico*, el que permite a la lengua describir su propio funcionamiento, y el *semántico*, a través del cual los elementos del sistema se articulan en discurso. Lo semiótico se orienta hacia el signo (que "funda la posibilidad de todo intercambio y de toda comunicación", pero que —en sí mismo— "es independiente de toda referencia"), en tanto que el semántico "carga por necesidad con el conjunto de referentes", vale decir, se identifica con el universo del discurso.

Partiendo de las distinciones propuestas por Benveniste, será posible asumir que tanto la relación de interpretancia como la de homología se cumplen efectivamente en la llamada significancia semántica de la lengua, por cuanto que las correlaciones entre las partes de dos sistemas semióticos han de ser actualizadas por medio de textos o discursos.

Ahora bien, es obvio que, tratándose de textos de lengua, las correlaciones homológicas entre partes de sistemas pertenecientes a distintos dominios de la naturaleza o de la vida social habrán de ajustarse al modelo semiótico que les imponga una lengua determinada o, dicho diversamente, que los sistemas lingüísticos producen, entre otros, una clase de discursos en los cuales quedan instauradas como homólogas partes de dos —o más de dos— conjuntos diferentes. No escapó a Benveniste la dificultad de descubrir este tipo particular de relaciones homológicas, ya que la naturaleza de las correlaciones establecidas en el discurso puede variar considerablemente y ser "intuitiva o razonada, sustancial o estructural, conceptual o poética". Así, por ejemplo, las correspondencias establecidas por Baudelaire entre perfumes, colores y sonidos "sólo son del autor", es decir, del texto, y "nada garantiza por adelantado la validez de esta relación, nada limita su extensión".

Puede advertirse, consecuentemente, una fundamental diferencia entre las relaciones de interpretancia (concebidas como el modelado semiótico que la lengua impone a los sistemas carentes de semiótica propia) y las relaciones de homología, en las cuales un sistema lingüístico modela valores pertenecientes a dos o más sistemas diferentes y los interpreta por medio de un mismo proceso discursivo. Quiere decirse, pues, que en los discursos de esta clase, la actualización de las correlaciones entre partes de sistemas diferentes se da necesariamente a partir de la articulación de unidades de la lengua (o signos), con lo cual se hace patente el carácter eminentemente ambiguo de los textos así construidos y, por otra parte, la dificultad de verificar la naturaleza de las relaciones de homología que se instauran dentro de cada discurso específico (o de un determinado corpus textual).

En general, los diversos tipos de relación intersemiótica suelen ser analizados en textos de carácter denotativo, en los cuales un sistema de lengua sirve de interpretante a un solo sistema de diversa índole; esto es, en discursos fundados en convenciones que el emitente y el destinatario de un mensaje asumen de manera semejante. Pero cuando pasamos a discernir esas relaciones intersemióticas en textos artísticos, las cosas cambian de manera radical.

Observó Benveniste que en las obras de arte, el autor "crea su propia semiótica: instituye sus oposiciones en rasgos que él mismo hace significantes en su orden", razón por la cual "las relaciones significantes del 'lenguaje' artístico hay que descubrirlas dentro de una composición"; ello le permitió distinguir "los sistemas en que la significancia está impresa por el autor de la obra" de "los sistemas donde la significancia es expresada por los elementos primeros en estado aislado, independientemente de los enlaces que puedan contraer".

Tal distinción resulta inobjetable si comparamos un texto de lengua con —pongamos por caso— una obra pictórica. En ésta, el autor amalgama colores que sólo en la composición "se organizan y adquieren, técnicamente hablando, una 'significación'", en tanto que las unidades primarias que organiza una obra de arte verbal son signos dotados de doble significancia y aprehensibles precisamente en cuanto portadores de ella, causa por la cual los signos lingüísticos constituyen —como ya había señalado Hjelmslev— una verdadera red semiótica, a partir de cuyo modelo habrán de ordenarse las equivalencias y oposiciones semánticas que se instauren en cada texto artístico particular.

Quiere afirmarse, pues, que toda obra de arte verbal, inmediatamente fundada en unidades (los signos) pertenecientes a un sistema dotado de doble significancia, se realiza como un proceso semiótico que repite, de manera especular, esa característica esencial del sistema que lo rige; esto es, que el texto desdobla —teóricamente, *ad infinitum*— la dicotomía señalada por Benveniste entre lo semiótico y lo semántico.

Así las cosas, deberemos establecer las condiciones que hacen posible este fenómeno de desdoblamiento especular. Diremos en primer término, que todo discurso verbal —artístico o no— actualiza diversos aspectos de la organización semiótica de una lengua dada, a partir de la cual se instaura una dimensión semántica particular, que —ya se ha dicho— constituye la principal función de la lengua, esto es, su relación de interpretancia respecto de otros sistemas o dominios sociales. En segundo lugar, aceptaremos con Benveniste que el discurso artístico organiza los signos de la lengua estableciendo nuevas oposiciones entre ellos y concediéndoles valores de interpretación no habituales, es decir, fundando sus propias jerarquías semióticas.

Ahora bien, las relaciones de homología y de interpretancia, por más diferentes que se presenten al análisis, no pueden ser consideradas como excluyentes. En efecto, para que pueda establecerse una determinada correlación entre "partes de sistemas semióticos" pertenecientes a dominios diferentes será preciso que dichas partes o segmentos aparezcan interpretados por medio de un mismo sistema semiótico que garantice la pertinencia de las homologías establecidas por el discurso. De ahí, en tercer lugar, que la interrelación en un mismo texto de las funciones de interpretancia y de homología amplíe considerablemente la dimensión semántica del texto, haciendo aparecer como simultáneos y correlativos aspectos de órdenes diversos que —en otro tipo de procesos discursivos— serían postulables como discretos y/o concurrentes, pero no como correlativos. Y es precisamente la simultaneidad con que aparecen actualizados dentro de un discurso verbal partes de dos o más sistemas diferentes la causa del carácter ambiguo, polisemántico, que reconocemos en los textos poéticos.

Sintetizando lo expuesto, podría decirse que un discurso artístico se define como un texto en el cual se actualizan simultáneamente (o, en términos de Jakobson, coactúan) las funciones de interpretancia y de homología, causa por la cual éste queda investido de una doble significancia semiótica (la que corresponde al sistema lingüístico interpretante y la fundada por las oposiciones que el propio texto hace significantes) y una doble —o múltiple— significancia semántica instaurada por las correlaciones homológicas entre las partes de los sistemas interpretados.

Con todo, la anterior definición no logra aún dar cuenta de un problema teórico fundamental, el relativo al modo semántico de significancia y, por ende, a la naturaleza de los órdenes o sistemas sociales que los discursos interpretan y ponen en correlación. No es fácil intentar un bosquejo de tan ingente problema; sin embargo, no podemos prescindir de algunas acotaciones que contribuyen a matizar la definición de texto artístico o poético que antes hemos propuesto. Nos limitaremos a salir al paso de una concepción simplista de las relaciones de interpretancia.

Cuando aceptamos —con Hjelmslev y con Benveniste— que la lengua es el único medio de análisis de la sociedad, no queremos afirmar que las estructuras semióticas de la lengua determinen, sin más, las estructuras sociales, sino que éstas son interpretadas por una lengua y estructuradas de conformidad con su propio sistema semiótico.[3] De esta manera, pues, existe

[3] En el artículo "Estructura de la lengua y de la sociedad", Benveniste (1977, pp. 97 y ss.) afirmaba que si bien en el nivel "histórico" lengua y sociedad no son isomorfas, esto es, no tienen estructuras coincidentes, en el "nivel fun-

un interpretante formal (el sistema semiótico de que se trate) y un interpretado sustancial (los conjuntos de prácticas sociales); pero existe también una práctica discursiva que establece la conexión o pertenencia de determinadas funciones sociales con determinadas formas de contenido lingüístico. Sin duda, las posibilidades de formalización de la sustancia social se realizan con arreglo tanto a las condiciones que impone el sistema semiótico interpretante como a esa tradición discursiva que, entre las infinitas posibilidades de actualizar ciertas relaciones de homología, ha optado por preferir —e institucionalizar— sólo algunas.

Así, cuando creemos enfrentarnos con las sustancias o referentes sociales interpretados en un texto concreto, estamos —de hecho— ante la reinterpretación de "discursos" en los que previamente quedó establecido el modelado semiótico de tales sustancias. Consecuentemente, las relaciones de homología establecen series de correlatos, no ya entre un sistema semiótico y una clase de referentes sustanciales, sino entre los valores de un sistema semiótico dado y los valores semánticos instaurados por una previa formalización discursiva de las sustancias sociales en cuestión.[4]

De ello se sigue que la doble —o múltiple— significancia semántica de los textos poéticos sea el resultado de que éstos asumen como sustancia del contenido, no una sustancia amorfa (en el sentido de Hjelmslev) sino una sustancia previamente interpretada (formada) en discursos, a la cual cada nuevo texto puede conceder nuevas modalidades de interpretación y, a partir de éstas, establecer correlaciones más o menos inéditas.

damental podemos advertir en el acto homologías. Algunos caracteres son comunes a una y otra, a la lengua y a la sociedad —repito— en ese nivel". De manera, pues, que la lengua ha de ser considerada "solamente como un medio de análisis de la sociedad", en cuanto se establezca entre ellas una relación de interpretante a interpretado.

[4] Decía Hjelmslev en "La estratificación del lenguaje" que en cuanto "se procede al análisis científico de la 'sustancia', esta sustancia se convierte forzosamente en 'forma': cierto que de un grado diferente, pero 'forma' al fin y al cabo, cuyo complemento es también una 'sustancia' que comprende una vez más los residuos que no han sido aceptados como marcas constitutivas de definiciones. Ello quiere decir que en este sentido general 'forma' y 'sustancia' son términos relativos, no términos *absolutos*" (*vid.*, Hjelmslev, 1972, p. 63).

Como se ve, el análisis de un texto poético ha de atender a las siguientes condiciones semiológicas:

1. La doble significancia semiótica que se deriva:
   a) del sistema de la lengua interpretante y
   b) del subsistema de interpretaciones instaurado por cada texto o clase de textos, en cuanto éstos constituyen los datos que permiten deducir una paradigmática especial.
2. La doble —o múltiple— significancia semántica instaurada en un texto por la homologación de partes de dos o más sistemas sociales interpretados por medio de 1, es decir, por las correlaciones que se establezcan entre partes o miembros de paradigmáticas especiales.

Concluyendo, diremos que el tipo de estructuras semiológicas de las que hemos intentado dar cuenta corresponde —grosso modo— a la de los textos poéticos; que éstos constituyen aparatos semiológicos —como los representados en los esquemas de la página 76— por cuyo medio la doble significancia de la lengua genera procesos caracterizados por la interrelación de las funciones de interpretancia y de homología, interralaciones que dan origen al desdoblamiento sucesivo de la significancia semántica o, con otras palabras, a la llamada ambigüedad referencial.

4. A manera de corolario de las nociones teóricas expuestas hasta aquí, podrá ser útil intentar la aplicación de nuestras hipótesis al análisis de algún texto literario concreto. Sea éste una de las *Novelas ejemplares* de Cervantes.

El origen de *El celoso extremeño* —señaló Américo Castro (1960)— "se hallaría en las afectivas evocaciones suscitadas por el nombre de Isabela y en la vivencia de la antipatía encarnada en un nombre: 'Filipo' [...] de Carrizales", pareja que Cervantes asociaría con la real de Felipe II e Isabel de Valois. "La casa de Carrizales —apuntó también Américo Castro— es un ingenioso artefacto en el cual se expresa el alma del personaje", y la visible realidad del edificio "está sostenida por el simbolismo poético de la morada de los celos", de modo que se establece una "congruencia ideal entre los auténticos celos [...] y las metáforas o alegorías de la cueva oscura y de la casa hermética, sin vistas al mundo".

También Joaquín Casalduero —por sólo citar otro ilustre cervantista— afirmó que, leyendo la novela del celoso extremado, "lo que sorprende es el edificio absurdo y las absurdas precauciones que se toman para encerrar a una mujer". El edificio —continuaba Casalduero— es "un convento sin espíritu, sepultura para la juventud de Leonora y para el honor de Carrizales" (Casalduero, 1969).

Está claro, pues, que tanto Castro como Casalduero aludieron a la multiplicidad de sentidos simultáneamente actualizados por diferentes pasajes del texto cervantino. Casalduero hizo hincapié en lo que nosotros —aplicando las nociones de Benveniste— hemos llamado relaciones homológicas; una de ellas es la que se establece entre partes de dos sistemas culturales (la institución del matrimonio y la caracterización psíquico-cronológica) cuyos valores aparecen ordenados en la práctica social por medio de parejas antitéticas del tipo "honra"/"deshonra", "juventud"/"vejez", etc., y que, sin embargo, el texto cervantino comienza articulando como sinónimos ("juventud" = "vejez") o, en todo caso, contraviniendo el mecanismo social de sus correlaciones.[5] La otra relación homológica es la establecida por Cervantes entre el edificio mundano y la morada religiosa ("domus aedes"/"religiosorum domus"), igualmente antitéticas en la práctica social y sinónimas al comienzo de la novela.

Por su parte, Américo Castro advirtió en su análisis de *El celoso extremeño* las siguientes series de correlatos: la primera, entre los miembros de una serie histórica (Felipe II e Isabel de

---

[5] En Curtius (1955, pp. 149 y ss.) puede encontrarse una sintética exposición de los tópicos del niño que posee la madurez del anciano y del "anciano niño", cuyo pelo canoso era considerado "símbolo gráfico de la sabiduría". Cervantes, como se ve, usó de la oposición *puer / senex* para construir ciertas *adynata* que, de conformidad con la tradición antigua, no sólo le sirvieran para expresar una censura a las costumbres de la época, sino para penetrar en una oscura zona del espíritu en la que se manifiesta el ansia de regeneración de la persona humana por medio de las relaciones de contrariedad y semejanza que se descubren entre la juventud y la vejez.

Valois) y los de una serie artística (Filipo e Isabela-Leonora); otra, entre partes de un sistema de caracterización moral y psíquica (los celos) y partes de un sistema de interpretación homológica (la casa de los celos o la cueva oscura). Pero sin duda, aún pueden rastrearse otras conexiones intersemióticas en aquellos pasajes en los que Cervantes describe tanto la casa del viejo Carrizales como los afanes de su espíritu perturbado, conexiones que —al igual que las anteriormente señaladas— nos permitirán considerar las homologías instauradas en el texto como principio unificador de dos o más sistemas sociales en el interior de un mismo proceso discursivo.

Cuenta Cervantes que la primera señal que dio Filipo de su condición de celoso "fue no querer que sastre alguno tomase la medida a su esposa de los muchos vestidos que pensaba hacerle", donde "medir" o "tantear" aluden, sin mucho misterio, al comercio sexual. La segunda muestra fue "no querer juntarse con su esposa hasta tenerle puesta casa aparte"; de la que adquirió Carrizales, "cerró todas las ventanas que miraban a la calle y dioles vista al cielo, y lo mismo hizo de todas las otras de la casa"; por si no bastase, "levantó las paredes de las azuteas, de tal manera, que el que entraba en la casa había de mirar al cielo por línea recta [...]; hizo torno en la casapuerta que respondía al patio".

En los párrafos citados se pone claramente de manifiesto la correlación instaurada entre la institución del matrimonio y el desposorio espiritual a partir de las equivalencias que, por medio de metonimias y de sinécdoques, establece el texto entre valores de dichos sistemas que, sin embargo, son asumidos como antitéticos en la práctica social: "calle"/"cielo", "casa"/cielo", "casa"/"torno". Pero las relaciones de homología intersemiótica no se detienen aquí; en efecto, en cuanto la joven esposa y sus criadas y esclavas quedan recluidas en la casa, "les hizo Carrizales un sermón a todas encargándoles la guarda de Leonora, y que por ninguna vía ni en ningún modo dejasen entrar a nadie de la segunda puerta adentro"; así lo prometieron todas, "y la nueva esposa, encogiendo los hombros, bajó la cabeza, y dijo que ella no tenía otra voluntad que la de su esposo y señor". Y aún añade Cervantes: "desta manera pasaron un año de *noviciado*

y hicieron profesión de aquella vida, determinándose de llevarla
hasta el fin de las suyas".

Como se ve, Cervantes construyó, a partir de una tenaz *coin-
cidentia oppositorum,* la equivalencia semántica entre dos dimensiones extremas de la actividad humana, la mundana y la
sagrada. Una vez establecidos como semejantes los espacios que
corresponden a cada una de dichas actividades ('casa' = 'convento'), el "sermón" de Carrizales sirve para introducir una
nueva homología entre la actividad de la "nueva esposa" y la
que corresponde a las novicias, es decir, entre el inicio del matrimonio y la iniciación en la vida religiosa.

Antes de proseguir este análisis, breve y parcial, será conve-
niente hacer referencia a las condiciones que han debido cumplirse en el ámbito del relato y que justifican no sólo la pertinencia de las homologías instauradas, sino su adecuación a la
sustancia social interpretada. Una de esas condiciones es, sin
duda, la perturbación del viejo Carrizales, su actitud conflictiva
ante los valores sustentados por la comunidad o, para decirlo
con Américo Castro, la posibilidad contemplada por Filipo de
"eludir la estructura divino-natural de la vida" y, consecuentemente, su intento de suplantar con razonamientos y con obras
"la inflexible realidad ordenada por Dios".

Otra condición será la metamorfosis espiritual de Carrizales
—análoga a tantas otras sufridas por los personajes cervantinos—,
que siendo en sus años mozos un dilapidador, en esencia del
todo semejante al *virote* Loaysa, se torna en su vejez un misógino a quien de sólo pensar en el matrimonio "le comenzaban
a ofender los celos, a fatigar las sospechas y a sobresaltar las
imaginaciones". Pero por designio de la Providencia o, como
prefiere decir Cervantes, por tentación del "sagaz perturbador
del género humano", el imaginoso misógino habrá de topar con
una doncella, tan doncella y tan hermosa, que el viejo ya no será
poderoso para defenderse del temido matrimonio y, así, conce-
birá la posibilidad de llevar a cabo un desposorio en el cual
queden prácticamente abolidos los límites entre lo celestial y lo
humano. Con este insensato acuerdo, Carrizales se construye
una casa-convento en la cual convivir maritalmente con una es-
posa-virgen; casa y esposa, convento y novicia de la que él sólo

cree poseer la llave maestra o, mejor, la clave del designio que ha formado en su espíritu.

Un propósito tan extremado como ese sólo podía realizarse contando con la fortuna amasada por Carrizales en las Indias, pero ese aspecto material es apenas una de las condiciones impuestas por la verosimilitud del relato; lo que Cervantes parece haberse propuesto es el establecimiento de homologías mucho más profundas entre sistemas de representación de la realidad.

En efecto, la construcción de una morada impenetrable, aislada lo más posible del mundo y al amparo de sus fuerzas disgregadoras, no menos que el intento de que en ese espacio secreto tenga lugar una transmutación radical de los órdenes impuestos por la divinidad, aparecen como correlato de los misterios de la cueva iniciática. La caverna —según ha señalado René Guénon— representa la conjunción del cielo con la tierra y, lejos de constituir un lugar tenebroso, "está iluminada interiormente, de modo que, al contrario, la oscuridad reina fuera de ella, pues el mundo profano se asimila naturalmente a las tinieblas exteriores". De manera semejante, la casa de Carrizales pretenderá también alcanzar un cierto carácter de armónica autosuficiencia, que evocó a Américo Castro la idea de un "harén monógamo"; pero, además, la casa de Carrizales es un simulacro de paraíso terrenal, de una Tierra Santa donde el anciano intenta conseguir, para sí y para su esposa, un estado de complacencia casi angélica y, en este sentido, resulta igualmente patente la homología con la cueva iniciática, en la que tiene lugar el "segundo nacimiento" o reintegración del hombre a su estado primordial, que es el de la condición divina.

Por lo demás —y ateniéndonos a Guénon (1969) y a Mircea Eliade (1972)— es preciso recordar que el laberinto se halla estrechamente vinculado con la cueva iniciática, puesto que no sólo defiende el espacio sagrado de cualquier intromisión de los profanos, sino que constituye, en sí mismo, el "lugar de las pruebas previas" que deberán cumplir los que se sientan llamados a penetrar en el espacio mágico-religioso de la cueva. Tácticamente considerada, la casa de Carrizales es un verdadero laberinto pétreo que oculta el "centro" donde tendrá lugar la esperada reunión de lo mundano con lo sagrado; visto mágicamente, el laberinto representa las etapas virtuales de iniciación que deben cumplir los neófitos para que les sea dable penetrar victoriosamente en lo sagrado.

Ahora bien, como advierte el mismo Eliade, la dificultad que existe para penetrar en los espacios sagrados puede convertirse —en la peculiar dialéctica que les es propia— en un fácil acceso; de suerte que lo que para Carrizales es un laberinto protector, para Loaysa resultará sólo un obstáculo que dificulta, y hace aún más deseable, la posesión de Leonora.

IV. LA ESTRUCTURA DEL TEXTO SEMIOLÓGICO

1. En los capítulos precedentes he procurado dar cuenta de la naturaleza de aquella clase de textos que convenimos en llamar poéticos o literarios. Fundándome —sobre todo— en las ideas de Jakobson, Hjelmslev y Benveniste me ha parecido posible construir un modelo teórico de la compleja estructura semántica que caracteriza esa clase de procesos verbales y los distingue de otros tipos de comportamiento lingüístico.

Para alcanzar una representación conceptual del funcionamiento del texto poético, por más esquemática o elemental que ella sea, será necesario superar la noción saussuriana del signo lingüístico. Como ya señalaba Émile Benveniste (1977, pp. 68-69), si bien el signo

> corresponde en efecto a las unidades significantes de la lengua, no puede erigírsele en principio único de la lengua en su funcionamiento discursivo [...] En realidad, el mundo del signo es cerrado. Del signo a la frase no hay transición ni por sintagmación ni de otra manera. Los separa un hiato. Hay pues que admitir que la lengua comprende dos dominios distintos, cada uno de los cuales requiere de su propio aparato conceptual. Para el que llamamos semiótico, la teoría saussuriana del signo lingüístico servirá de base para la investigación. El dominio semántico, en cambio, debe ser reconocido como separado. Tendrá necesidad de un aparato nuevo de conceptos y definiciones.

También para Louis Hjelmslev (1971, p. 31), una teoría de la lengua que tenga por fin "dotarnos de un modo de proceder con el cual pueda comprenderse un texto dado mediante una descripción autoconsecuente y exhaustiva", deberá establecer una neta diferencia entre la estructura de los signos (las partes o *figuras* que entran en la constitución de las unidades lingüísticas) y la estructura de la significación, que "sólo surge en contextos situacionales explícitos"; en otras palabras, deberá reconocer la distancia que media entre los procesos o textos y el sistema "en que se basan todos los textos de la misma naturaleza".

> En su punto de partida [afirmaba Hjelmslev], la teoría lingüística se estableció como inmanente, siendo la constancia, el sistema y la función interna sus metas únicas, aparentemente a costa de la fluctuación y del matiz, de la vida y la realidad física y fenomenológica concretas. Una restricción temporal del campo visual fue el precio que hubo que pagar para arrancarle al lenguaje mismo su secreto [...]. La teoría lingüística se inclina por necesidad interior a reconocer no solamente el sistema lingüístico, en su esquema y en su uso, en su totalidad y en su individualidad, sino también al hombre y a la sociedad humana que hay tras el lenguaje, y a la esfera toda del conocimiento humano a través del lenguaje (*cf.* 1971, p. 176).

Como es bien sabido, fue el propio Hjelmslev quien, al postular que las lenguas no son sistemas de signos puros, sino *sistemas de figuras* que pueden usarse para construir signos, estableció los principios de un análisis estructural que no se limita a considerar las relaciones de dependencia mutua entre el plano de la expresión y el plano del contenido de los signos (las llamadas relaciones de solidaridad sintagmática y de complementaridad paradigmática), sino que atiende —además— a las llamadas dependencias unilaterales (las relaciones de selección y combinación sintagmáticas y de especificación y autonomía paradigmáticas).

Partiendo de Hjelmslev, he distinguido en los capítulos que anteceden los siguientes tipos de semióticas (o funciones de signo): a) semióticas denotativas, en las que sus dos funtivos —o términos de la función de signo— se implican mutuamente; b) semióticas connotativas, en las cuales el funtivo de la expresión es una semiótica denotativa; c) metasemióticas, cuyo contenido es una semiótica y d) semiologías, cuya expresión es una semiótica connotativa y cuyo contenido es una metasemiótica. Comparadas con los demás tipos de semióticas, las semiologías revelan la subyacencia de dos (o más) sistemas de diferente naturaleza en el mismo proceso textual, es decir, que el análisis del contenido del *texto semiológico* pondrá de manifiesto la subyacencia de otros sistemas de la comunidad social (a los que podemos dar, grosso modo, el nombre de ideologías), sistemas que, por carecer de organización semiótica particular, han de ser interpretados por medio de lenguas.[1]

Esa peculiar estructura del texto semiológico, que hace posible la manifestación simultánea de valores pertenecientes a diferentes sistemas simbólicos de una comunidad histórica, confirma, una vez más, las limitaciones de los análisis lingüísticos del texto, en cuanto que consideren a éste desde la perspectiva de la invariancia del sistema de la lengua natural, y hace ver la necesidad de un análisis semiológico del discurso (poético o de cualquier otra índole) capaz de dar cuenta de la actualización de valores pertenecientes a diversas jerarquías paradigmáticas en una misma cadena sintagmática o, dicho diversamente, de la subyacencia de sistemas de diferente naturaleza y función en un discurso verbal que les sirve de interpretante.

Intentaré, en lo que sigue, desarrollar esta hipótesis, pero será oportuno detenernos antes en un breve examen de la naturaleza semiótica de los procesos lingüísticos.

2. El análisis de las figuras que intervienen en la construcción del signo y la prueba de la conmutación a que pueden someterse tanto las entidades del plano de la expresión como las del plano del contenido, permitió a Hjelmslev, primero, hacer una fundamental distinción entre sistemas lingüísticos (los sistemas semióticos biplanares) y los "sistemas simbólicos" monoplanares,[2] cuyas unidades significativas no son susceptibles de descomponerse en figuras y, en segundo término, establecer en las semióticas lingüísticas diferentes tipos de relación entre la expresión y el contenido de los signos y los procesos textuales, a que se aludió más arriba.

Como se recordará, Saussure consideró una única clase de conexiones entre el significante y el significado de los signos, que "están íntimamente unidos y se reclaman recíprocamente", esto es, mantienen una relación de solidaridad sintagmática y

---

[1] Cf. Émile Benveniste, 1977, p. 31, y supra, cap. III.

[2] Louis Hjelmslev (1971, p. 158) llamó "sistemas simbólicos" a aquellas estructuras que son interpretables pero no biplanares.

de complementaridad paradigmática; de suerte que "ya sea que busquemos el sentido de la palabra latina arbor o la palabra con que el latín designaba el concepto 'árbol', esta conexión consagrada por la lengua nos parecerá la única conforme con la realidad" (Curso, p. 128). En un nivel muy general de consideraciones, la dependencia mutua del significante y el significado es necesaria para establecer la diferencia entre lo semiótico y lo no semiótico; pero en cuanto atendamos al funcionamiento de los signos, no ya como unidades léxicas aisladas, sino en sus actualizaciones concretas (los textos), no tardaremos en descubrir que las conexiones consagradas por un sistema lingüístico —o, por mejor decir, por el subsistema denotativo de una lengua determinada— no son las únicas que nos parecen "conformes con la realidad".

En efecto, la expresión *árbol* no aparece siempre conectada con el contenido "árbol" —esto es, la "planta que ya tiene tronco grande y produce ramas y hojas", como define el *Diccionario de Autoridades*—, ya que sobre esta relación básica de complementaridad paradigmática, el signo *árbol* puede ser empleado como significante de otros contenidos que lo seleccionen como expresión; de manera, pues, que si la conexión *árbol seco* ↔ "árbol seco" constituye un ejemplo de uso denotativo, en el cual el significante y el significado se implican mutuamente tanto en el nivel de las designaciones lingüísticas como en el de las entidades representadas, la conexión *árbol seco* ← "vara de alguacil" constituye un caso de implicación unilateral o connotativa, y no por ello el signo estará menos conforme con la "realidad", tal como ésta resultaba designable en el uso germanesco del español y como hace constar también el *Diccionario de Autoridades*.

En el primero de los ejemplos aducidos, el significante *árbol seco* es el funtivo de la expresión que corresponde al contenido complementario "árbol seco", en tanto que en el segundo ejemplo, la semiótica denotativa *árbol seco* ↔ "árbol seco" ha sido especificada como expresión del contenido "vara del alguacil" o, dicho diversamente, que una función de signo (una semiótica) es susceptible de funcionar como funtivo de la expresión de un contenido "x", que puede seleccionarla como significante suyo.

Ahora bien, ¿por qué es necesario distinguir las relaciones de complementaridad de las de especificación?, y ¿qué es lo que nos permite afirmar que un miembro A, perteneciente a una clase paradigmática a, puede —bajo ciertas condiciones— funcionar como expresión de un miembro A de las clases x, y o z?

Diremos, en primer lugar, que las relaciones de interdependencia establecen un tipo básico de conexión semiótica en la cual ni la expresión ni el contenido del signo son semióticas; en segundo lugar, que sólo a partir de esas conexiones de complementaridad paradigmática entre los valores léxicos de una lengua y los objetos o "sustancias" reales conformadas por dicha lengua, es posible especificar una semiótica denotativa como expresión de un contenido que la seleccione como a tal expresión. En los ejemplos citados, el análisis de la semiótica denotativa *árbol seco* ↔ "árbol seco" revela la presencia de un sema, 'vara', que aparece combinado con los semas 'rama', 'hoja', etc., sema que, por su parte, puede construirse léxicamente como $vara_1$ ↔ "ramo delgado y liso de algún árbol o planta"; $vara_2$ ↔ "instrumento que se usa para medir"; $vara_3$ ↔ "insignia de alguna jurisdicción"; $vara_n$ ↔ "x", es decir, capaz de dar lugar a sucesivas semióticas denotativas susceptibles de ser seleccionadas como expresión de contenidos que no sean sus complementarios paradigmáticos. Así, cuando el contenido (invariante) de $vara_3$ se expresa por medio de una variante de la semiótica denotativa $vara_1$, como ocurre en el ejemplo *árbol seco* ← "vara del alguacil", estamos ante una semiótica connotativa, es decir, frente a la selección de una semiótica denotativa [A ↔ a] por parte de un contenido semiótico [B ↔ b] que la especifique como su expresión: A[↔ a] ← B[↔ b]. De manera, pues, que si las relaciones de interdependencia y determinación se confirman empíricamente, será necesario formalizarlas por medio de modelos conceptuales que nos permitan operar teóricamente sobre las diversas clases de estructuras semántico-discursivas.

Postularemos, consecuentemente, que la relación de interdependencia entre los funtivos de las semióticas denotativas ha de asumirse como la estructura a partir de la cual es posible la construcción de las semióticas connotativas, que se diferencian de aquéllas en que su "plano de la expresión viene dado por el plano del contenido y el plano de la expresión de una semiótica denotativa" (Hjelmslev, 1971, p. 166); de ello resulta que las relaciones entre los funtivos de las semióticas connotativas sean de selección en el plano sintagmático y de especificación en el paradigmático. Pero, ¿cuáles son, en general, las condiciones que permiten a una semiótica denotativa funcionar como expresión de un contenido que no es paradigmáticamente su complementario? Decía Hjelmslev que, al analizar un texto, debemos atender a las entidades de ambos planos, de manera de poder registrar la correlación que en un plano tiene relación con la correlación en el otro; cuando se advierte esa relación hablamos de *conmutación* entre las invariantes de la expresión y del contenido; designamos como *conmutación suspendida* o *cobertura* la falta de mutación entre dos invariantes; en fin, "a la categoría que se establece por la cobertura la llamamos (en ambos planos de la lengua) *sincretismo*".

Como ya hemos visto, en el ejemplo *árbol seco* ← "vara del alguacil" ocurre un desplazamiento de invariantes; sin embargo, el cambio del paradigma "planta" al paradigma "insignia" no ha ocasionado un cambio correlativo en la expresión. El hecho de que un miembro o variante del paradigma de la expresión (*árbol seco*, en nuestro ejemplo) no cambie al cambiar la invariante del contenido, supone la presencia de un sincretismo (o conmutación suspendida), que puede ser resuelto introduciendo en el análisis "la variedad del sincretismo que no contrae la cobertura que establece el sincretismo" (Hjelmeslev, 1971, p 129). Vale decir que si, a pesar de la mutación suspendida, podemos explicar /árbol seco/ como "planta" en un texto dado y como "insignia" en otro, es porque en el texto examinado se ha establecido una analogía sémica entre partes del contenido de ambas variantes y porque esa analogía permite seleccionar una función de signo (*árbol seco* ↔ "árbol seco") como expresión de un contenido diferente, en cuanto el sema —o figura del contenido— en que se basa la selección de la expresión sea especificado como semema "vara del alguacil", es decir, como la totalidad de ese contenido. Sintetizando, podríamos afirmar que toda semiótica connotativa manifiesta un contenido B que selecciona como expresión parte de un contenido A de una semiótica denotativa, y que esa parte A₁ del contenido A permite establecer el sincretismo de B y A, es decir, la relación connotativa *árbol seco* [↔ "árbol seco"] ← "vara del alguacil".[3]

3. Atendamos ahora a las ideas de Charles Sanders Peirce y veamos en qué medida pueden sernos útiles para la formulación de modelos semióticos. Para Peirce, el signo o *representamen* es el primer correlato de una relación triádica, cuyo segundo correlato es el *objeto*, idea o fundamento del representamen, y cuyo tercer correlato es el *interpretante* o signo equivalente al representamen. Esta relación triádica, decía Peirce, es "genuina", por cuanto que

> sus tres miembros están ligados entre sí de modo tal que no se trata de un complejo de relaciones diádicas. Esta es la razón por la cual el interpretante, o Tercero, no puede estar en una relación diádica con el Objeto, sino que debe estar en tal relación con él que sea como la relación que tiene el Representamen mismo. Pero la relación triádica en la cual se encuentra el Tercero no puede ser solamente similar a aquella en la que se encuentra el Primero [...] el Tercero debe tener la relación mencionada y, por lo tanto, debe ser capaz de establecer otro Tercero que le sea propio;

[3] Como se ve, el sentido que damos aquí al término *connotación* diverge del que le otorga André Martinet (1981), es decir, el de "reacciones individuales, íntimas y a veces inconscientes ante los signos lingüísticos"; y ello por cuanto que no es nuestro propósito ocuparnos de las asociaciones idiosincráticas que cada hablante (o, mejor, cada destinatario) puede establecer entre un determinado signo y una determinada experiencia personal, y por ser ésta una cuestión que difícilmente podría abordarse desde la perspectiva de una semiología de la lengua, entre cuyas tareas no cabe la de indagar las asociaciones extratextuales que cada individuo pueda o quiera establecer entre ciertas unidades léxicas y ciertos acontecimientos de su propia existencia. Esta manera de entender la connotación recuerda más bien las reacciones de los sujetos sometidos a la prueba de Rorschach, por medio de la cual no se "descubre" la estructura de la "mancha" propuesta a un sujeto, sino la estructura de la personalidad del sujeto mismo.

Siendo que aquí entendemos por *connotación* cierto tipo de estructuras semióticas de carácter general, cada vez que empleemos este término lo hacemos para designar una clase semántica de textos y no una serie de posibles asociaciones idiosincráticas entre parte de esos textos y parte de la experiencia individual de sus destinatarios.

pero además debe tener una segunda relación triádica en la cual
el Representamen, o mejor dicho, la relación del Representamen
con su Objeto, sea Objeto suyo (del Tercero), y deba ser capaz
de determinar un Tercero de esta relación. Todo esto también
debe ser igualmente cierto acerca de los terceros del Tercero, y así
sucesivamente, en una sucesión infinita (Peirce, 1979, p. 45).

G. G. Granger [4] ha esquematizado de la siguiente manera el
complejo de relaciones triádicas del signo postuladas por Peirce:

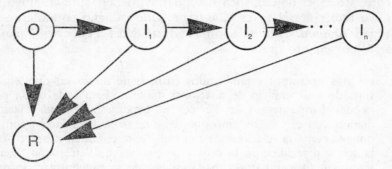

Si interpretamos los valores del esquema como sigue:

$$O = \text{``árbol''}$$
$$R = \textit{árbol}$$
$$I_1 = \textit{planta}; \quad I_2 = \textit{vegetal}, \text{ etc.,}$$

éste podrá representar la estructura de la semiótica denotativa
que hemos tomado por ejemplo, en cuanto que el contenido de
la relación $O \leftrightarrow R \leftrightarrow I_1$ sea también el contenido de las rela-
ciones $I_1 \leftrightarrow R \leftrightarrow O$, $I_2 \leftrightarrow R \leftrightarrow O$, etc.; es decir, en cuanto el
representamen y sus sucesivos interpretantes metasemióticos se
manifiesten como variantes de un mismo objeto: la relación
invariante $\textit{árbol} \leftrightarrow \text{``árbol''}$.

Ahora bien, si a partir del modelo de Peirce-Granger quisiéramos representar la clase de relaciones triádicas que corresponden a una semiótica connotativa como la de nuestro ejemplo, el
esquema sufriría cambios de consideración, pues dichas relacio-

[4] Cf. J. J. Nattiez, 1974, pp. 3 y ss.

nes triádicas ya no se mantendrían dentro de una misma invariancia paradigmática, sino que —en una primera etapa del análisis que luego intentaremos concretar— actualizarían miembros de dos diferentes líneas de invariancia paradigmática, como muestra el siguiente diagrama:

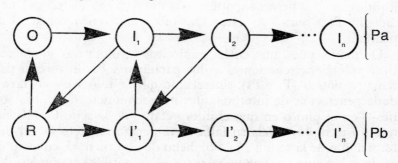

Interpretando esos valores como sigue:

$$O = \text{"vara del alguacil"}$$
$$R = \textit{árbol seco} \; (\neq \text{"árbol seco"})$$
$$I_1 = \text{"vara"}; \; I_2 = \text{"ramo"}; \; \text{etc. (Pa)}$$
$$I'_1 = \text{"vara"}; \; I'_2 = \text{"insignia"}; \; \text{etc. (Pb)}$$

nos percataremos de que ya no es posible reconstruir el mismo tipo de relaciones advertidas en el modelo de la semiótica denotativa, por cuanto que las relaciones $I'_1 \to I_1 \to R$ (es decir, "vara" → "vara" → *árbol seco*); $I_1 \to I_2 \to I'_1$ ("vara" → "ramo" → "vara") e $I_2 \to I'_1 \to I_1$ ("ramo" → "vara" → "vara") revelan la ambigüedad de los interpretantes I_1 e I'_1 y, por ende, un sincretismo no resuelto en la relación manifestada $R \to O$.

Consecuentemente, si queremos resolver dicho sincretismo ya no podremos seguir estableciendo la secuencia de interpretantes metasemióticos sobre una sola línea de invariancia paradigmática (P_a) —como en efecto pudimos hacer en el caso de la semiótica denotativa—, sino que tendremos que introducir una segunda línea de invariancia paradigmática (P_b), alguno de cuyos miembros pueda ser seleccionado como interpretante no ambiguo de O.

Se advierte, pues, que si los interpretantes I_1 e I'_1 descubren el sincretismo que en la semiótica connotativa de nuestro ejemplo contraen la expresión (*árbol seco* ↔ "árbol seco") y el contenido ("vara del alguacil"), los interpretantes I_2 e I'_2 resuelven dicho sincretismo, esto es, establecen una variante ("insignia") perteneciente a un paradigma P_b ("vara" = "insignia de alguna jurisdicción") y desechan otras variantes ("ramo", etc.) del paradigma P_a ("vara" = "rama que brota del tronco del árbol o planta").

De modo, pues, que en las semióticas connotativas se sincretizan valores pertenecientes a dos paradigmas de un mismo sistema semiótico (P_a y P_b), sincretismo que se resuelve —a través de la generación de interpretantes metasemióticos de ambas series— en el punto en que el interpretante de la serie P_b (I'_2 en nuestro ejemplo) revela su falta de mutación respecto de un interpretante de la serie P_a (I_2) o, dicho de otra manera, en cuanto se descubre una conmutación suspendida entre el contenido de la semiótica denotativa de la expresión y el contenido de la semiótica connotativa: *árbol seco* ↔ "árbol seco" [≠ *árbol seco*] ← "insignia".

4. He dado el nombre de semiología a aquella clase de textos en los que se combinan variantes pertenecientes a paradigmáticas de diferente naturaleza, esto es, a la constelación de valores de dos (o más de dos) sistemas de la comunidad social. En tal clase de textos, algunas de sus partes, o partes de esas partes, manifiestan derivados de sistemas simbólicos que —en última instancia— han de ser interpretados (modelados) por medio de semióticas lingüísticas.

Un texto semiológico se caracteriza por tener como expresión una semiótica connotativa y como contenido una metasemiótica no científica, es decir, una semiótica que no es una operación por cuyo medio quede resuelto un sincretismo, sino una metasemiótica que genera un nuevo sincretismo entre el contenido de la semiótica connotativa que le sirve de expresión y los contenidos homologados por la propia metasemiótica no científica. Así, el modelo de esa clase de textos permitirá dar cuenta de los derivados de sistemas simbólico-ideológicos cohesionados con los valores del sistema lingüístico interpretante y, al extender el análisis, de un aspecto básico de la estructura de los textos artísticos.

Con el fin de hacer menos abrupto cuanto hemos dicho, bien valdrá la pena recordar el modelo de texto semiológico del que nos hemos servido en otra ocasión:

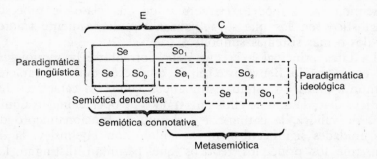

En el diagrama que antecede, la semiótica denotativa de la expresión $(Se \leftrightarrow So_0)$ aparece seleccionada por el contenido (So_1) de la semiótica connotativa, que pertenece a un paradigma lingüístico distinto de So_0; a su vez, So_1 —cuya expresión, de ser enunciada denotativamente, sería Se_1— es susceptible de ser especificado como expresión por un contenido So_2 perteneciente a una paradigmática ideológica que selecciona la relación connotativa $(So_9 \leftarrow So_1)$ como su interpretante lingüístico, de modo tal que la relación $Se_1 [\leftrightarrow So_0] \leftarrow So_1 \rightarrow\! So_2$, que constituye el contenido de la semiología, tiene el carácter de una metasemiótica no científica, que habrá de ser objeto de sucesivas interpretaciones.

El sincretismo de esos dos contenidos especificados —habida cuenta de que una de las especificaciones opera entre miembros pertenecientes a dos paradigmas lingüísticos y la otra entre miembros de una paradigmática lingüística y miembros de una paradigmática ideológica— da como resultado una clase de textos, la semiología, cuya expresión es la expresión y el contenido de una semiótica connotativa y cuyo contenido es una metasemiótica no científica. La manifestación simultánea de ambos contenidos en un mismo proceso sintagmático instaura un nuevo sincretismo, pero esta vez no analógico, como el de la connotación, sino homológico, por cuanto que se instaura entre miembros de sistemas de diferente naturaleza.

5. Antes de seguir adelante, convendrá precisar las nociones recubiertas por el término *semiología*, a saber: *semiología*$_1$ o ciencia de todos los sistemas de signos de una comunidad histórica y *semiología*$_2$ o modelo estructural de una clase de procesos lingüísticos en los que se actualizan simultáneamente valores de dos o más sistemas simbólicos.

La tarea principal a la que debe enfrentarse la *semiología*$_1$ es, como señaló Benveniste, la de establecer tanto el carácter común a todos los sistemas simbólicos, como los caracteres distintivos de cada uno de ellos (sus modos de operación, sus dominios de validez, la naturaleza y el tipo de funcionamiento de sus unidades significantes) o, diciéndolo con Hjelmslev, la de construir los principios teóricos que permitan distinguir los sistemas biplanares (las lenguas) de los sistemas interpretables (los juegos, por ejemplo) que no son biplanares, esto es, que no permiten la división de sus unidades sígnicas en figuras de la expresión y figuras del contenido.

Pero una vez señaladas esas características generales, el problema más urgente que plantea la *semiología*$_1$ es el de discernir los diferentes tipos de relación que los sistemas simbólicos contraen entre sí y, en nuestro caso, el de precisar las condiciones semióticas (lingüísticas) que hacen posible la interrelación discursiva de sistemas de diferente naturaleza. Fundándonos en Benveniste hemos podido postular tres diferentes modos de relación entre sistemas simbólicos: de engendramiento, de interpretancia y de homología. En el primero, un sistema engendra otro sistema contemporáneo y de igual naturaleza; en el segundo, un sistema interpreta a otro sistema de la misma o de diferente naturaleza; en el tercero un sistema interpretante establece correlaciones homológicas entre dos o más sistemas de naturaleza diferente y de distintos dominios de validez.[5]

Quede claro que, tanto para Hjelmslev como para Benveniste, las lenguas son los únicos sistemas dotados de doble significan-

---

[5] *Cf.* Benveniste, 1977, pp. 54 y ss. y *supra*, cap. III.

cia (semiótica y semántica) y que, por ende, son también los únicos capaces de transponer a sus propios términos, es decir, de interpretar, tanto a las demás lenguas como a los restantes sistemas simbólicos; dicho diversamente, que sólo las lenguas pueden conferir "a otros conjuntos la calidad de sistemas, informándolos de la relación de signo" y, por tal razón, las lenguas constituyen "la estructura modeladora de la que las otras estructuras reproducen los rasgos y el modo de acción" (Benveniste, 1977, p. 66).

Con todo, el carácter de las relaciones de homología que un sistema interpretante instaura entre dos o más sistemas diferentes no se halla aún claramente definido. Por nuestra parte, creemos que el concepto de semiología₂ puede echar alguna luz sobre el problema.

Decía Benveniste que la relación de homología "no es verificada, sino instaurada en virtud de conexiones que se descubren o establecen entre sistemas distintos" y que la "naturaleza de la homología puede variar, [ser] intuitiva o razonada, sustancial o estructural, conceptual o poética"; en suma, que: 1) la "homología instaurada servirá de principio unificador entre dos dominios y se limitará a ese papel funcional" o 2) "creará una nueva especie de valores semióticos". Cuando se trate del primer caso, es decir, cuando la relación de homología constituye un principio de unificación entre diversos sistemas o dominios diferentemente jerarquizados por otras instituciones sociales, diremos que se trata de semiologías ideológicas; cuando, además, la relación homológica genere nuevos valores semánticos que no sean transferibles de un texto a otro, hablaremos de semiologías artísticas; aquí nos referimos sólo a las semiologías ideológicas que, por lo demás, constituyen la base de las semiologías artísticas.

6. Si, como ha señalado Jeanne Martinet (1976, p. 82), la existencia de "sistemas de signos independientes del análisis de la realidad que una lengua presupone" no resulta comprometida por el hecho de que para dar cuenta de tales sistemas tengamos que recurrir forzosamente a los signos de una lengua, no habrá inconveniente en aceptar que —pongamos por caso— los textos alquímicos constituyen un buen ejemplo de relaciones homo-

lógicas instauradas entre partes de sistemas o dominios diferentes, y que del conjunto de tales textos puede deducirse un sistema ideológico tal como ha sido modelado por diversos sistemas semióticos interpretantes.

La alquimia, como se sabe, establece correlaciones homológicas entre "mundos" o dominios diferentes: el de Dios, el de la naturaleza y el del hombre, y ello con arreglo a un principio unificador según el cual hay un solo Ser —o "materia prima"— que se manifiesta en formas infinitamente variadas.[6] En lo que sigue, y por obvias razones de economía, haremos caso omiso de los problemas diacrónicos y regionales de la alquimia y la trataremos en un corte sincrónico muy simplificado, como una "ars magna" que engloba: a) una doctrina filosófica hermética, es decir, un particular modelo del mundo, b) una práctica metalúrgica y c) una práctica mística que se corresponden con el modelo de a). Nos valdremos del siguiente cuadro para representar, verticalmente, los miembros de cada uno de los órdenes o dominios que los textos alquímicos ponen en correlación homológica, a saber: el paradigma de los metales y los minerales, el de los planetas y el del hombre; horizontalmente serán legibles las "correspondencias" elementales "descubiertas" entre los miembros de cada una de las series:

Pa	Pb	Pc
plata	Luna	alma
mercurio	Mercurio	materia prima ("anima mundi")
cobre	Venus	pasión
oro	Sol	espíritu ("Dios")
hierro	Marte	osadía
estaño	Júpiter	voluntad
plomo	Saturno	entendimiento

Como se recordará, la primitiva concepción de la materia —que es aquella de la que parten los alquimistas— era antropomórfica.

[6] Cf. F. Sherwood Taylor, 1957.

Para el pensamiento simbólico [ha escrito Mircea Eliade (1959)] el mundo no sólo está "vivo", sino también "abierto"; un objeto no es nunca el tal objeto y nada más (como sucede con el conocimiento moderno), sino que es también signo o receptáculo de algo más, de una realidad que trasciende el plano del ser de aquel objeto.

De ahí, pues, que los textos alquímicos establezcan correlaciones, primero, entre la serie de los metales y la de los planetas y, después, entre estos correlatos iniciales y los componentes de la serie humana; en otras palabras, que los metales no sólo se homologan con los organismos que "crecen en la Tierra como un embrión en el seno materno", sino con el ser humano mismo. Además "por el hecho de que los procesos alquímicos se desarrollan en el interior del cuerpo del adepto, la 'perfectibilidad' y la transmutación de los metales corresponden, en realidad, a la perfección y transmutación del hombre".

En síntesis, la descripción de la obra alquímica en sus fases "menor" y "mayor" se presenta como una interpretación lingüística (y, en otras ocasiones, iconográfica o verbal e icónica a la vez) de un proceso químico en el cual la transformación de los metales se vincula con la "dominación" de los planetas sobre cada una de las etapas de las obras; a su vez, esta primera correlación se instaura como interpretante de una segunda serie homológica en la cual las operaciones metalúrgicas (la transmutación de los metales "innobles" en oro) se relacionan con el proceso de perfeccionamiento del alma.

Pongamos un ejemplo. La primera etapa de la "obra menor", dominada por Saturno, concluye con el ennegrecimiento de la materia (o nigredo) y se corresponde, en la "obra mayor", con lo que Basilio Valentino llama la destrucción de "toda la carne que ha nacido en la tierra", la cual, volviendo a ser tierra, esto es, muriendo, quedará dispuesta para recibir el "hálito de la vida celestial" (del oro-sol). La segunda etapa de la "obra menor" (o albedo), dominada por Júpiter, constituye el inicio de la "cristalización" que, en la "obra mayor", culminará en la conversión definitiva del cuerpo (o materia) en espíritu. Tal como escribía Artefio:

las naturalezas se transmutan recíprocamente, pues el cuerpo se integra en el espíritu y éste convierte al cuerpo en un espíritu colorado y blanco (puro)..., lo cuece (al cuerpo) en nuestra agua blanca (es decir, el mercurio) hasta que se disuelve y ennegrece. Una larga cocción le hace perder luego su negrura y, finalmente, el cuerpo disuelto se eleva con el alma blanca, se mezcla con ella y ambas quedan estrechamente abrazadas, que nunca más pueden separarse, y entonces el espíritu se une al cuerpo en verdadera armonía y ambos forman una misma cosa inmutable. Esto es la disolución del cuerpo y la fijación del espíritu, y ambos son una misma obra.[7]

La función unificadora del texto que acabamos de transcribir reside precisamente en las correlaciones homológicas instauradas por el sistema alquímico entre dominios que las ciencias u otras ideologías jerarquizan de diversa manera, y a estas correlaciones sistemáticas se ajustan —mutatis mutandis— todos los textos del Corpus Hermeticum.

Podremos esquematizar ahora las relaciones características de un texto semiológico sobre la base del modelo de Peirce del que antes nos servimos para dar cuenta de la estructura de las semióticas connotativas. A diferencia de estas últimas, en que las relaciones triádicas entre Objeto, Representamen e Interpretantes se desarrollan, en una primera etapa del análisis, sobre dos líneas de invariancia paradigmática (es decir, parten de un sincretismo que habrá de ser resuelto por un interpretante metasemiótico que opere una conmutación efectiva entre el plano de la expresión y el plano del contenido); en las semiologías el sincretismo se mantiene constantemente sobre tres (o más) líneas de invariancia paradigmática, que no son conmutables en ninguna etapa del análisis, sino compatibles (id. est, homologables) a todo lo largo del proceso lingüístico (semiótico).

Según puede advertirse en el diagrama de la p. 105, el sincretismo de R no es reductible metasemióticamente —como ocurría en la semiótica connotativa— a una sola línea de invariancia paradigmática, puesto que el Objeto de R ya no es interpretable como miembro de un paradigma lingüístico determinado

---

[7] *Cito* por Titus Burckhardt, 1972, p. 246.

sino como signo de una relación homológica entre miembros de diferentes sistemas o dominios, relación que es igualmente expresable tanto por R como por cualquiera de los interpretantes de las series Pa, Pb, Pc, etcétera.

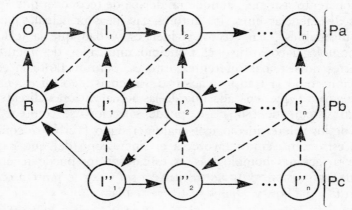

Interpretación:

O = correlación de miembros de Pa — Pb — Pc, etc.
R = *Oro*
I_1 = "oro"; I_2 = "metal", etc.
I'_1 = "sol"; I'_2 = "planeta principal", etc.
I''_1 = "espíritu"; I''_2 = "Dios", etc.

Consecuencia de lo anterior es que en el análisis del texto semiológico no se llegará a ningún punto en el cual pueda tener lugar una conmutación efectiva entre el plano del contenido y el plano de la expresión, puesto que todos los interpretantes manifiestan el mismo sincretismo que se actualizó en R, o, dicho de otra manera, ninguno de los interpretantes es una metasemiótica científica. De ahí, también, que cualquiera que sea el nudo triádico en el que nos detengamos, éste nos remitirá a todos y cada uno de los nudos restantes. Si, por ejemplo, tomamos el nudo $I_1 \to I_2 \to I'_1$ (es decir, "oro" → "metal" → "sol"), nos remitirá al nudo $I'_1 \to I'_2 \to I''_1$ ("sol" → "planeta principal" → "espíritu") y al nudo $I''_1 \to I''_2 \to I'_2$ ("espíritu" → "Dios" → "planeta principal"), y así sucesivamente hasta registrar —si extendemos el análisis— todos los correlatos que determinan la estructura del sistema alquímico.

Serge Hutin (1962) se sorprendía de que ese "conjunto de doctrinas diversas [que componen la alquimia] se presenta como un coherente sistema", aunque no dejaba de reconocer que "pese a las divergencias entre los autores, las ideas principales persisten invariables". En efecto, si bien es verdad que la relación de homología constituye el principio unificador de miembros o partes de sistemas diferentes, esto es, permite tanto la construcción como la transformación de sistemas ideológicos, no es menos cierto que, en cada una de las actualizaciones discursivas de un sistema de esta clase, puede seleccionarse como expresión de los valores ideológicos cualquier signo (verbal o icónico) cuya estructura sémica favorezca el sincretismo del que parten las correlaciones homológicas. A este respecto, puede recordarse que, en ocasiones, *Apolo* sustituye a *sol* y por lo tanto a *oro*, a *espíritu* y a *Dios*, y *Diana* sustituye a *plata*, *luna* y *alma*, etc., y que —ya entrando en las etapas de la obra— la *nigredo*, que alude tanto al ennegrecimiento de la materia como a la muerte del cuerpo, se expresa por medio del signo icónico *cuervo*, y la volatilización de los ácidos y su correlato, la espiritualización del cuerpo, se representan o designan por medio del *águila*.

Este sincretismo continuo y, prácticamente, inagotable no sólo caracteriza a las semiologías ideológicas, sino que es —en gran medida— lo que las asemeja a las semiologías artísticas. Con todo, lo que en aquéllas supone una relativa libertad para establecer el sincretismo base de la homología, por cuanto que éste ha de mantenerse estrictamente apegado a las invariantes semiológicas en las que se funda el sistema; en las semiologías artísticas, la libertad para seleccionar los sincretismos de la expresión va aparejada con el cambio (transformación) de las relaciones homológicas establecidas paradigmáticamente dentro de un determinado sistema ideológico, es decir, conduce a la construcción de un sistema *sui generis* —tanto semiótica como ideológicamente considerado— que sólo rige en el texto que, a la vez, lo instaura y manifiesta.

V. LA SEMANTIZACIÓN DE LOS COMPONENTES MÍNIMOS DEL SIGNO

1. EN LA ponencia presentada al VI Congreso Internacional de Lingüistas (París, 1949), Roman Jakobson insistía en la necesidad de superar la tendencia de los neogramáticos a examinar aisladamente cada uno de los factores de la lengua. En efecto —decía—

un análisis de cualquier signo lingüístico sólo puede llevarse a cabo a condición de que se examine su aspecto sensible a la luz de su aspecto inteligible (el *signans* a la luz del *signatum*) y viceversa [...] Ambos campos tienen que ser plenamente incorporados a la ciencia del lenguaje: los sonidos de la lengua tienen que analizarse de modo coherente en relación con el significado, y éste, a su vez, tiene que analizarse con referencia a la forma del sonido ("Los aspectos fonémicos y gramaticales de la lengua en sus interrelaciones", en Jakobson, 1975, pp. 217 y ss.).[1]

De manera, pues, que un análisis estructural —fundado en la concepción del signo como una entidad generada por la conexión de un significado con un significante— deberá tomar en cuenta, como quería Saussure, la interrelación de las partes entre sí y la relación de éstas con el todo.[2] Ya sea que analicemos el sonido o el significado de un signo, descubriremos que

---

[1] En *Six leçons sur le son et le sens*, 1976, p. 24 (pero leídas en Nueva York en 1942), decía Jakobson que la escuela de los llamados neogramáticos, cuyo predominio se extendió hasta la primera Guerra Mundial, "ha excluido decididamente de nuestra ciencia toda cuestión de finalidad. Se buscaba el origen de los fenómenos lingüísticos, pero se desconocían obstinadamente sus fines. Se estudiaba el lenguaje sin ninguna preocupación por saber qué necesidades culturales satisface".

[2] Al referirse al mecanismo de la lengua, Saussure postulaba que "la totalidad vale por sus partes, las partes valen también en virtud de su lugar en la totalidad, y por eso la relación sintagmática de la parte y del todo es tan importante como la de las partes entre sí" (*vid.*, Saussure, 1945, pp. 214 y siguientes).

ambos factores presentan "dos aspectos de una totalidad indivisible" (una lengua dada), cuyas unidades semánticas mínimas "sólo pueden establecerse con relación a las unidades formales mínimas y, viceversa, las unidades formales mínimas no pueden determinarse sin hacer referencia a sus correlatos semánticos" (Jakobson, 1975, p. 220).

Con el fin de mostrar la solidaridad entre los "sonidos del discurso" y la estructura gramatical, Jakobson aducía el ejemplo de la rima, recurso habitualmente definido como "una correspondencia de los sonidos finales" que, sin embargo, no sólo implica una semejanza fónica, sino —además— una equivalencia de las funciones gramaticales de las palabras enlazadas por la rima y una "relación semántica entre las unidades rimadas" ("Lingüística y poética", en Jakobson, 1975, p. 377).

En un trabajo posterior,[3] dedicado a examinar los puntos de vista de Franz Boas acerca de la información semántica de que son portadoras las diferentes categorías gramaticales, Jakobson declaraba su oposición a la "teoría totalmente no semántica de la estructura gramatical" elaborada por Noam Chomsky (1970) y, concretamente, a la presunta agramaticalidad del ya famoso enunciado *Colorless green ideas sleep furiously*.[4] Sólo las expresiones enteramente desgramaticalizadas —argumentaba Jakobson— son absurdas o carentes de sentido, puesto que sólo "la verdadera agramaticalidad priva de información semántica a una expresión". Obviamente, ese no es el caso de las "ideas verdes e incoloras [que] duermen furiosamente", ni de expresiones tales como "la cuadratura del círculo" o "las peras del olmo", ya que todas esas relaciones gramaticales crean enunciados significativos, independientemente del carácter ficticio o absurdo de las entidades a las que se refieren.[5]

---

[3] "La significación gramatical según Boas", en Jakobson, 1975, pp. 333 y siguientes.

[4] *Cf.* "La estructura del fonema", en Jakobson, 1975, pp. 97 y *ss.*

[5] Conviene recordar que en las versiones más dsarrolladas de la gramática generativo-transformacional, la llamada estructura *patente* (esto es, la reductible a los componentes fonológicos y sintácticos del enunciado) aparece semánticamente determinada por la estructura *latente,* de suerte que —según Chomsky— "toda la información utilizada en la interpretación semántica

Años más tarde, otro ilustre estructuralista, Émile Benveniste (1971, pp. 118 y ss.), presentó al IX Congreso Internacional de Lingüistas (Cambridge, 1962) su fundamental trabajo acerca de "los niveles del análisis lingüístico"; allí señalaba que todo procedimiento analítico debe delimitar los *elementos* del signo a través de las *relaciones* que los unen. La noción de *nivel* —que es un operador esencial para distinguir los componentes mínimos del signo— no debe llevarnos a considerar que significante y significado sean dos entidades aisladas no reintegrables en su función semiótica; por el contrario —asentaba Benveniste— "forma y sentido deben definirse el uno por el otro y deben, juntos, articularse en toda la extensión de la lengua".[6]

En fin, que la lamentable tendencia a aislar la fonética de la gramática —y ambas de la semántica— como si se tratara de ámbitos independientes, no menos que la propensión a examinar separadamente los componentes mínimos, constriñéndolos a sus respectivos niveles analíticos, han quedado definitivamente superadas por la lingüística actual.

Vistas así las cosas, podremos asumir que las unidades mínimas del signo han de ser analizadas de modo coherente con relación al significado, o dicho de otro modo, que no sólo los morfemas, sino también los fonemas, participan —en cuanto tales— del efecto de significación del signo, ya que —en determinados contextos— pueden ser aptos para manifestar contenidos sémicos correlativos u homologables con los expresados por los lexemas y por las unidades sígnicas de mayor extensión (frases, oraciones, etc.). Consecuentemente, postularemos que la capacidad del signo para disociarse en componentes de nivel

---

debe ser presentada en el componente sintáctico" (*vid.*, Noam Chomsky, 1970). Se desprende de ello que la gramática chomskyana no deja enteramente de lado las interrelaciones entre los componentes fonémicos, gramaticales y semánticos, y así lo han postulado Katz y Fodor en una teoría semántica según la cual la interpretación de los enunciados por parte de los destinatarios "es determinada por las relaciones gramaticales y semánticas que se dan dentro de las oraciones del discurso y entre ellas" (*vid.*, Jerrold J. Katz y Jerry A. Fodor, 1976).

[6] Entiende Benveniste por "componentes mínimos" los que resultan de la segmentación que procede hacia niveles inferiores del signo constituido. Es éste precisamente el sentido en que utilizamos aquí tal expresión.

inferior (fonémico y morfémico) y, al propio tiempo, para integrarse en unidades de nivel superior (frases, oraciones, etc.) constituye una manifestación restringida de un fenómeno de mayor amplitud, a saber: la facultad que poseen los signos para asociarse con otros signos en series correlativas virtuales (las series paradigmáticas) y, al propio tiempo, para combinarse con otros signos en secuencias actuales (las relaciones sintagmáticas).

De acuerdo con Iuri Lotman (1973, p. 53), cabe designar como *semantización* de las unidades mínimas del signo esa capacidad de los morfemas y de los fonemas para "impregnarse" de valores semánticos, capacidad que —por otra parte— aparece como una función característica de los textos poéticos, en los cuales

en vez de una delimitación neta de los elementos semánticos, se produce un entrecruzamiento complejo: un elemento sintagmático perteneciente a un nivel de la jerarquía del texto se convierte en un elemento semántico de otro nivel.

2. Antes de seguir adelante, conviene replantear el concepto de doble articulación de la lengua, puesto que el fenómeno de la semantización de las unidades de nivel inferior parece ser una consecuencia de esa peculiaridad estructural de todo signo lingüístico.

Como se recordará, André Martinet (1968) ha definido la primera articulación diciendo que "es aquella con arreglo a la cual todo hecho de experiencia que se haya de transmitir [. . .] se analiza en una sucesión de unidades dotadas de una forma vocal y de un sentido", es decir, los signos mínimos o *monemas* que, a su vez, están compuestos por unidades de la segunda articulación o *fonemas*. "Gracias a la segunda articulación —prosigue Martinet— las lenguas pueden limitarse a algunas decenas de producciones fónicas distintas para obtener la forma vocálica de las unidades de la primera articulación", o sean los signos, cuyo significante está compuesto por unidades que, en sí mismas, carecen de significado. Por su parte, los monemas se dividen en dos tipos, según sea su modo particular de significación: los *lexe-*

mas, portadores de información semántica, y los *morfemas,* cuyo significado es gramatical o funcional.

Así, por ejemplo, en el signo /*como*/ se distinguen cuatro fonemas (/k/, /o/, /m/, /o/) y dos monemas, el lexema *com-,* que designa una cierta acción, y el morfema -*o,* que indica tanto la persona que habla como el tiempo en que se realiza la acción designada por el lexema.

Con todo, si redujésemos la segunda articulación a la mera combinatoria de las unidades fónicas que entran en la composición de un significante, dejaríamos de tomar en cuenta la función semiótica que éste tiene asignada, es decir, la de vincular cierta secuencia de rasgos distintivos con un significado o conjunto de rasgos significativos. La prueba de la conmutación muestra claramente que cada diversa combinación de unidades fónicas es solidaria con un significado específico.[7] Si en el signo /*como*/ sustituyéramos /k/ por /t/, no sólo ocasionaría un cambio de significante, sino que —obviamente— daría lugar a otro signo /*tomo*/ cuyo contenido léxico sería del todo diferente, por más que ambos signos poseyeran en común el morfema -*o,* y, por ende, transmitieran un mismo tipo de información gramatical.

Será necesario, pues, que entendamos la segunda articulación no sólo como una producción de carácter fónico, es decir, como la selección y combinación de las unidades distintivas que componen el significante, sino —además— como una simultánea producción de carácter sémico, esto es, como la selección y agrupamiento de unidades significativas (los semas) que conforman el significado. Haciéndolo así, no sólo superaremos el aislamiento analítico de dos entidades mutuamente dependientes, sino que nos será posible postular que la segunda articulación se refiere a la selección y combinación (o agrupación) de las unidades mínimas que configuran el signo, tanto en la línea de la expresión como en la del contenido, y que el concepto de pri-

---

[7] Señalaba Hjelmslev que "para establecer dos fonemas basta saber que su sustitución mutua puede llevar consigo un cambio de contenido, sea cual sea [. . .]. Igualmente, para establecer dos cantidades de contenido basta saber que su sustitución mutua puede comportar un cambio de la expresión, sea cual sea" (*vid.,* "La estructura morfológica", en Hjelmslev, 1972, pp. 147 y *ss.*).

mera articulación ha de referirse tanto a la selección del signo entre sus equivalentes paradigmáticos como a su combinación y oposición con otros signos en la cadena sintagmática.[8]

Ahora bien, la segunda articulación del signo —no menos que la capacidad de éste para asociarse con otros signos equivalentes— pertenece al sistema de la lengua (o paradigmática), a cuyo cargo corre establecer tanto las dependencias mutuas entre significados y significantes, como las reglas y matrices de combinación de unos signos con otros; en cambio, la primera articulación pertenece al habla, esto es, a la facultad de los individuos para seleccionar y combinar los signos de la lengua de acuerdo con sus propósitos específicos de comunicación. Es por ello que las clases de conexiones y combinaciones establecidas por los códigos de la lengua puedan ser alteradas en el discurso, aunque no pueda serlo —en modo alguno— el principio mismo de la función del signo.

En los actos concretos de habla suele ocurrir que la agrupación sémica del contenido de un signo se vea remodelada por causa de la suspensión de algunas de sus unidades significativas, por el predominio que se conceda a otra u otras o por la adición de nuevos semas. Es, dicho brevemente, el fenómeno de la connotación.[9] Por otra parte, tanto las unidades distintivas como las significativas de un determinado signo pueden relacionarse expresamente, dentro de una cadena sintagmática, con alguno de los términos que le son correlativos en las series paradigmáticas, de manera tal que la composición fónica y/o sémica de un signo dado sea capaz de propiciar la inclusión en la cadena discursiva de otros signos con los cuales comparta algunas unidades distintivas y/o significativas. Se trata, en síntesis, del fenómeno de los tropos y las figuras, en cuyo conjunto se engloban los re-

[8] "La palabra es siempre para nosotros una cierta unidad semántica [...]; en cuanto cierto grupo de sonidos puede ser clasificado como palabra, propende a un significado unitario" (vid., "La estructura del fonema" en Jakobson, 1975, página 108).

[9] No entenderemos aquí por connotación de un término todo lo que éste evoca para cada uno de los usuarios de una lengua (cf. André Marinet, "Connotation, poésie, culture" en To honor Roman Jakobson, II, pp. 1228 y ss.), sino la suspensión y/o adición de semas en el contenido establecido (denotación) de un término articulado (vid., infra, capítulo IV).

cursos característicos de la función poética, entre los cuales —como veremos— las asociaciones fono-semánticas desempeñan un importante papel.

3. Todas las peculiaridades discursivas de los mensajes poéticos son una consecuencia extrema de la estructura dicotómica del signo, vale decir, del carácter a la vez arbitrario y necesario de la vinculación entre significante y significado, así como de su capacidad para insertarse —alternativa o simultáneamente— en dos clases de jerarquías: la equivalencia y la secuencia o, empleando la terminología de Hjelmslev, el sistema y el proceso.

Decía Saussure que un signo dado "es como el centro de una constelación donde convergen otros términos coordinados cuya suma es indefinida", y, en efecto, estas series de términos coordinados en el paradigma se generan o bien por asociación de las unidades distintivas o bien por asociación de las unidades significativas (semánticas y gramaticales).[10]

Pero este tipo de correlaciones asociativas no sólo se producen en nuestra mente a partir de un término aisladamente considerado, también dos o más términos efectivamente combinados en una cadena sintagmática pueden fundar su relación en vinculaciones paradigmáticas; así, al actualizarse en el mensaje los miembros pertenecientes a una o más series asociativas, se pone de manifiesto la acción simultánea de los principios de equivalencia y de contigüidad. Esta manera peculiar de construcción del

---

[10] Recuérdese el diagrama utilizado por el propio Saussure:

discurso corresponde a la función poética, definida por Jakobson como el resultado de proyectar el principio de equivalencia del eje de la selección sobre el eje de la combinación; se sigue de ello que "la equivalencia del sonido, proyectada en la secuencia como su principio constitutivo, implica inevitablemente una equivalencia semántica" y que, "en poesía, no sólo la secuencia fonemática, sino asimismo cualquier secuencia de unidades semánticas tiende a formar una ecuación".[11]

Tomemos a manera de ejemplo los siguientes versos de sor Juana Inés de la Cruz:

> Detente, sombra de mi bien esquivo,
> imagen del hechizo que más quiero,
> bella ilusión por quien alegre muero,
> dulce ficción por quien penosa vivo...

Muy abreviadamente, podemos observar en ellos las siguientes series de correlaciones (equivalencias verticales) que se manifiestan sobre la coordinación (combinaciones horizontales) de los términos correspondientes:

Correlaciones paradigmáticas

Sémicas	Morfémicas	Fónicas	
sombra	de mi [bien]	esquivo	
imagen	del [hechizo]		
			quiero
ilusión bella	por quien [alegre muero]	ilusión	muero
ficción dulce	por quien [penosa vivo]	ficción	
		vivo	

Parece evidente que en la primera serie de asociaciones sémicas, todos los términos (sombra: imagen: ilusión: ficción) comparten

---

[11] Cf. Jakobson, 1975, p. 382 (vid. Pascual Buxó, 1978).

los semas de 'apariencia' y 'engaño' y, además, todos desempeñan la función de sujetos del verbo *detente*; los términos coordinados en la segunda serie sémica (*bella:dulce*) comparten el sema 'grato' así como la función de ser epítetos de sustantivos sujetos (*ilusión: ficción*). La primera serie de correlaciones morfémicas (*de mi* [bien], *del* [hechizo]) recalca la semejanza funcional de dos términos semánticamente opuestos (*bien/hechizo*), cuyos peculiares valores ideológicos luego trataremos de precisar. Algo semejante ocurre en la segunda serie, ya que la igualdad de funciones sintácticas determinadas por los morfemas (*por quien. . . , por quien. . .*) hace resaltar la contraposición semántica de los verbos regidos (*muero/vivo*), así como la de sus correspondientes modificadores (*alegre/penosa*). Por lo que se refiere a las equivalencias fónicas, la primera serie (*esquivo: vivo*) destaca la oposición sémica de estos dos términos enlazados por la rima; en la segunda serie, en cambio, dos términos que se asemejan semánticamente (*ilusión: ficción*) aparecen también relacionados por la rima interior; en la tercera serie, a la semejanza fónica y morfémica de los otros dos términos enlazados por la rima exterior (*quiero: muero*) corresponde su contraste semántico.

No se engañaba Saussure cuando, refiriéndose al funcionamiento simultáneo de las dos formas de agrupamiento (el paradigmático y el sintagmático), afirmaba que "la coordinación en el espacio contribuye a crear coordinaciones asociativas y éstas a su vez son necesarias para el análisis de las partes del sintagma".[12] Y a tal punto es así, que en los versos de sor Juana que hemos tomado por ejemplo, los términos coordinados en la secuencia podrían reagruparse en diferentes series asociativas, pues —de hecho— todas las correlaciones que hemos destacado se generaron a partir de una base sémica común (representada por el archisemema 'amor') y, lo que es realmente importante, a partir de los valores ideológicos que lo especifican, valores que po-

---

[12] Saussure, 1945, pp. 215-216. Y añadía: "En realidad la idea conjura no una forma, sino todo un sistema latente, gracias al cual se obtienen las oposiciones necesarias para la constitución del signo" o, dicho de otro modo, que en la construcción del discurso "están en juego tanto los agrupamientos asociativos como los tipos sintagmáticos".

drían ser verbalizados por medio de series antinómicas del tipo: "perfección espiritual" / "atractivo físico", "verdad / "engaño", "virtud" / "pecado", etc.

A partir del archisemema 'amor' y de su oposición ideológica primaria (alma = "perfección espiritual" / cuerpo = "atractivo físico") podemos intentar un reagrupamiento de los términos que aparecen coordinados en el soneto de sor Juana. En el siguiente esquema, los signos + y — aluden al carácter positivo o negativo (aceptable o reprobable) que un sistema ideológico dado (el catolicismo postridentino, en este caso) concede a los términos de las oposiciones, la barra diagonal indica la oposición de los valores dentro de ese sistema particular, y la doble flecha, la equivalencia de valores que hace posible su inserción simultánea en ambas series asociativas; por su parte, las flechas cruzadas indican la oposición quiasmática entre dos verbos y sus respectivos modificadores adjetivos (*alegre muero / penosa vivo*), relación que —en última instancia— da cuenta no sólo de los efectos contradictorios de la pasión amorosa, sino de la inextricable trama vital en que los opuestos coinciden o, si se prefiere, de la permutabilidad entre los valores espirituales y los valores físicos del "amor" dentro de un paradigma ideológico (cultural) que establece oposiciones primarias entre lo 'celeste' y lo 'terrestre', lo 'espiritual' y lo 'corporal', etc. He aquí, pues, el esquema en que los términos asociados en el texto de sor Juana se reagrupan de acuerdo con sus correlaciones dentro de un paradigma ideológico específico:

'Amor'

+ / —

("perfección espiritual" / "atractivo físico")

[mi] *bien* / *hechizo*

sombra ↔ *imagen*

[bella] *ilusión* ↔ [*dulce*] *ficción*

[por quien]

alegre / *penosa*

muero / *vivo*

4. De lo dicho hasta aquí parece posible concluir:

a) que la semantización de las unidades inferiores del signo es una consecuencia de la segunda articulación de la lengua, entendida ésta como la selección y combinación de unidades distintivas (fonemas) y su expresa conexión con un determinado agrupamiento de unidades significativas (semas y gramemas); esto es, que la semantización de esa clase de unidades se funda en el carácter solidario de los dos factores del signo, cuyo significante y cuyo significado realizan simultáneamente valores pertenecientes a jerarquías distintas y complementarias;

b) que la semantización de las unidades mínimas del signo constituye una manifestación propia de aquel tipo de discursos construidos de manera tal que las partes de la cadena sintagmática se ordenan atendiendo tanto a las regularidades combinatorias como a las semejanzas o desigualdades de sus componentes; es decir, a partir de la acción simultánea de dos principios jerárquicos diferentes: la equivalencia y la contigüidad; de ahí,

c) la posibilidad de postular dos tipos extremos de discurso o, si se prefiere, dos funciones textuales extremas: uno, en el que se tiende a eliminar del proceso enunciativo todo rastro de las selecciones paradigmáticas basadas en la equivalencia de los signos; otro en el cual las cadenas sintagmáticas se construyen no sólo de acuerdo con las regularidades combinatorias, sino —además— con arreglo a las equivalencias de sus miembros y a la simetría de sus partes. En el primer tipo de discursos (cuya función preponderante sería la práctica o "referencial") los valores semánticos se fijan a partir de las sucesivas oposiciones de los signos en la cadena enunciativa; de aquí que tiendan a excluir cualquier clase de paralelismo entre sus componentes y, por ende, cualquier tipo de correlación paradigmática explícita entre ellos. En los textos del segundo tipo (cuya función dominante sería la poética), los valores semánticos se generan por la acción simultánea de la equivalencia y la combinación, vale decir, por el manifiesto paralelismo de los signos (de sus componentes y de sus funciones) actualizados en la cadena sintagmática.

En general, tanto la semantización de las unidades inferiores del signo como el remodelamiento o transformación de las agrupaciones sémicas (o sememas) tienen un propósito comunicativo bien definido: el de permitir a los signos de la lengua manifestar contenidos que rebasan y reordenan las jerarquías de valores lingüísticos y, en consecuencia, que cada texto pueda instaurar las condiciones semióticas más adecuadas (tanto estratégica como temáticamente) a la manifestación de un universo semántico particular.

VI. NECESIDAD "MORAL" DE LA METÁFORA

CONTRAPUNTO DE JOSÉ GÓMEZ HERMOSILLA

VOLVEMOS, una y otra vez, sobre la misma cuestión: ¿qué condiciones semióticas (lingüísticas) permiten que un signo (la relación solidaria entre un significado y un significante) pueda funcionar como expresión de otro significado? O, dicho en otros términos, más conformes con la tradición retórica: ¿por qué razón podemos postular dos usos extremos del lenguaje: el recto y el figurado? O, en fin, ¿a qué necesidad semántica responde esa operación de traslado que llamamos metáfora y que, en palabras antiguas y actuales, consiste en dar a una cosa el nombre con que la lengua designa corrientemente otra?

Como se recordará, en el planteamiento aristotélico del problema, el signo (la palabra) puede ser considerado desde dos posibles perpectivas: como *onoma*, en cuanto se atienda a la constitución léxica de las unidades significativas, y como *logos*, en cuanto esas unidades se consideren articuladas en un proceso discursivo. Como unidad léxica, el signo puede ser a) un nombre o sonido vocal que posee una significación convencional, sin hacer referencia al tiempo, y en el cual ninguna de sus partes posee significación por sí misma o b) un verbo, que agrega a su propia significación léxica la significación del tiempo, por más que, al igual que el nombre, ninguna de sus partes signifique nada por separado.[1]

El estudio de los tropos, esto es, de los procedimientos semióticos mediante los cuales puede efectuarse la traslación de los sentidos (y los referentes) de los signos, se ha vinculado tradicionalmente a la perspectiva onomasiológica de la palabra aislada y, como es evidente, se ha basado en la oposición entre una significación convencional y ordinaria y otra nueva o acuñada conforme a las modalidades relacionales del género, la especie y la analogía; relaciones que, por otra parte, se establecen confusamente ya sea entre las "ideas" que las palabras manifiestan

---

[1] *Cf.* Aristóteles, 1973, y Paul Ricoeur, 1975.

(sus significados), ya sea entre los objetos a que las palabras se refieren, y aun suele considerarse a tales objetos, no como "cosas" significadas dentro de una situación comunicativa concreta, sino en una suerte de estaticidad protosemiótica, en cuya representación no parece intervenir ningún locutor individual como sujeto de aserciones que tienen lugar en el tiempo y respecto del tiempo, sino sólo como representante de una entidad lingüística supraindividual y permanente.

Convendrá que nos detengamos en esta perspectiva onomasiológica de los tropos y en las necesidades semánticas a las que, desde tal perspectiva, el lenguaje figurado parece responder. Apelaremos al *Arte de hablar en prosa y en verso* de José Gómez Hermosilla, escrito en el primer tercio del siglo xix y ejemplo recuperable de una reflexión postaristotélica y empirista sobre la función de los tropos y sus especies. De conformidad con Gómez Hermosilla —con la tradición neoclásica que este autor continúa y, en algunos aspectos, rectifica—, si bien es verdad que todo tropo consiste en el cambio de sentido de una palabra, no todo cambio de sentido constituye un tropo. Veremos por qué.

Las traslaciones de sentido resultan, según Gómez Hermosilla (que en esto sigue principalmente a Cicerón y Quintiliano), de tres tipos de *necesidades*: una, a la que llama *gramatical*, y responde a la precisión de dar a la serie entera el nombre del primer individuo conocido de ella, o a una especie el nombre de otra; otra, a la que llama *ideológica*, y "hace que [...] ciertos nombres que significan objetos materiales se trasladen a objetos inmateriales (v. gr. *corazón*, palabra "que habiendo significado primeramente la entraña material conocida con ese nombre, pasó [...] a designar la parte moral del hombre, las pasiones").

A estas dos especies de *necesidad*, "que pueden llamarse de la lengua más que del escritor", como asienta Gómez Hermosilla, deberá añadirse la del escritor mismo si queremos "conocer completamente todo lo que ha dado origen al sentido figurado"; y en esta distinción entre lo institucional y lo individual (entre la lengua y el habla saussurianas) residiría el que las traslaciones de sentido tengan verdaderamente el carácter de tropos. Así, cuando el escritor (el hablante) establece una conexión entre el nombre del "objeto primitivamente designado por las palabras y la de otro u otros a que se extienden o trasladan", no siempre responde a una necesidad de la lengua comunitaria por medio de cuyos signos son expresables todos los "objetos" presentes en la conciencia de ese cuerpo social; en suma, no intentará dar satisfacción a una verdadera necesidad gramatical o ideológica del sistema de lengua, sino a una necesidad *moral* que, al decir de Gómez Hermosilla, "hace que los signos de las ideas coasociadas se substituyan por otras" y ello no únicamente en virtud de que "muchas veces las ideas accesorias" son "para nosotros más interesantes que las otras", sino porque cada hablante puede desear "comunicar a los otros las ideas, no de cualquier modo, sino con la misma fuerza y energía [...] con que en aquel momento se presentan a nuestra imaginación".

De manera, pues, que si bien todos los cambios de sentido se fundan en las categorías aristotélicas de la coexistencia, la sucesión o la semejanza de objetos o ideas, no todas las traslaciones pueden ser consideradas como tropos, por cuanto que no en todas ellas se ponen de manifiesto, al mismo tiempo que la idea o sentido principal del signo, aquellas ideas coasociadas "que más fuertemente nos conmueven", ya que tal cosa sólo ocurre —según nuestro autor— en ciertas *traslaciones ideológicas* y en todas las *morales*.

Ahora bien, así como la traslación ideológica supone una deficiencia del sistema lingüístico, que puede carecer de un signo necesario para la recta designación de ciertos "objetos inmateriales" (fenómeno al que la retórica tradicional daba el nombre de *inopia*), el *tropo moral* supone una tensión o desacuerdo entre los signos instituidos por la lengua comunitaria y los signos de tal lengua empleados por un sujeto hablante de conformidad primordial con su intención o voluntad semántica; y este desacuerdo permite descubrir una neta oposición entre lo léxicamente significado y lo discursivamente significable, es decir, entre los signos y los esquemas de la lengua —por una parte— y las necesidades semánticas (comunicativas y expresivas) de cada locutor en su discurso, por la otra.

Aunque, como es obvio, Gómez Hermosilla no pudo haber

planteado la cuestión en los términos en que acabamos de hacerlo, es evidente también que tuvo clara conciencia de que la llamada necesidad *moral* de los tropos es una necesidad real de los sujetos hablantes, por más que nuestro autor haya subsumido al sujeto individual en una figura genérica, esto es, en un sujeto paradigmático y plural (un "nosotros") sobre cuyas actuaciones lingüísticas dijo muy poca cosa. Así, tratando de la metáfora, se refirió a cierto fenómeno psíquico según el cual "las ideas de los objetos que tienen entre sí alguna semejanza están unidos y enlazados en nuestro ánimo de un modo que para nosotros es tan desconocido como constante es el hecho", y, además, en que "también es un hecho que esta presencia simultánea de las dos ideas hace que necesaria y aun involuntariamente observemos aquello en que convienen ambos objetos", iniciando así un desplazamiento en la consideración de la metáfora desde la perspectiva onomasiológica (en que incluyó los tropos cuando éstos respondían a necesidades de tipo gramatical o ideológico) a la perspectiva del *logos*, del discurso individual y concreto. Más aún, si tomamos en cuenta que para nuestro autor la sinécdoque y la metonimia —basadas en la premisa de la coexistencia o la sucesión real de los objetos designados— no dan lugar a verdaderos cambios de sentido, sino sólo a la extensión o reducción de éste; sinécdoque y metonimia se corresponderán, pues, con las necesidades gramaticales e ideológicas de la lengua y no con la necesidad *moral* del hablante, a la que da respuesta la metáfora.

Y es que Gómez Hermosilla consideró que muchos, si no todos los casos de sinécdoque y metonimia (como, por ejemplo, el cambio de singular por plural, de la expresión del continente por la del contenido, etcétera), "no son realmente tropos, sino licencias de sintaxis" y que muchas metonimias (como poner el consiguiente por el antecedente o la causa por el efecto) no pasan de ser elipsis o trasnominaciones en las que no se supone el empleo del "signo de una idea" por el signo de otra, sino sólo que "la palabra que se dice trasladada designa, en todo o en parte, el objeto que suele designar en su acepción literal, lo cual no se verifica en las metáforas" (p. 229). Éstas, en cambio, implican siempre la sustitución del "signo de una idea" por el signo de otra idea semejante, de suerte que los objetos así designados queden también instaurados como semejantes, y aun "sin hacer la comparación entre ellos, como en el símil formal, se puede poner el nombre del uno en lugar del nombre del otro".

Si, para continuar este distante contrapunto semiótico con Gómez Hermosilla, interpretáramos las "ideas" que las palabras expresan como el contenido conceptual de un signo, es decir, el *designatum* o clase de objetos, propiedades, etc., a que se aplica tal signo; y si entendemos por los "objetos" a que los signos se refieren, los posibles *denotata* (o variables individuales y libres) de su *designatum* invariante, podremos exponer en lo que sigue de qué manera nuestro autor parece haber visto más claramente que muchos otros tratadistas de su tiempo —y aun del nuestro— la diferencia existente entre traslación sinecdóquica o metonímica y traslación metafórica.

En una sinécdoque como "Tantas velas han salido de Cádiz" —decía Gómez Hermosilla— la palabra /velas/ designa todavía una parte del navío así llamada, y cuando decimos por metonimia "Vivir del trabajo", esta palabra /trabajo/ "significa ahora más de lo que significa ordinariamente", pues aparte de su acepción literal, designa también la ganancia que resulta de tal acción. Fundándonos en la terminología que acabamos de proponer, diremos que en los enunciados traslaticios aducidos por Gómez Hermosilla no se ha alterado la relación semiótica general:

$$\text{signans} \longrightarrow \text{designatum} \longrightarrow \text{denotatum,}$$

sino únicamente la relación entre *designatum* y *denotatum*, de suerte que en la sinécdoque y en la metonimia el *signans* sustituyente (/velas/, /trabajo/) mantiene su *designatum* invariante, pero asume como *denotatum*, no ya una variable individual de dicha invariante de significación, sino un miembro de otro *designatum* que, como a tal, le correspondería otro *signans*. Dicho diversamente, el signo que se actualiza por sinécdoque o metonimia no tiene como *denotatum* una variable individual de su *designatum*, sino una variable de otro *designatum* susceptible de incluir entre sus *denotata* los *denotata* del signo sustituido, de tal manera que ambos objetos puedan configurar un par ordenado que satisfaga una constante predicativa del tipo "x es parte de z", "z incluye a x", "x antecede a z", etc. El siguiente diagrama nos permitirá visualizar mejor las relaciones de que intentamos dar cuenta:

Sentido recto:

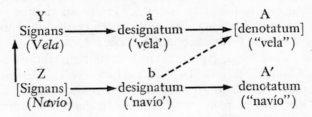

Sentido figurado (sinécdoque y metonimia):

donde el *denotatum* A' sustituye al *denotatum* A, en cuanto A y A' sean capaces de llenar —como sujeto y predicado respectivamente— los blancos de la constante predicativa "...es parte de...", es decir, den lugar a una proposición verdadera.

En consecuencia de lo anterior, la traslación de sentido de los signos que se verifica en la sinécdoque o en la metonimia es el resultado de representar como objeto de un *designatum* a ('vela'), no ya una de sus variables individuales (A),[2] sino una variable A' de un *designatum* b ('navío') que, al satisfacer las condiciones de una constante predicativa como la mencionada, permite la sustitución lógica del *signans* Z por el *signans* Y, esto es, en cuanto —bajo determinadas suposiciones— el *designatum* de Z incluya todos los *denotata* de Y.

De manera muy diferente, decía Gómez Hermosilla, se comportan las metáforas, pues en ellas "la palabra que empleamos para expresar una idea distinta de la que ella primitivamente significa, designa aquélla *tan exclusivamente, que sólo respecto de*

[2] V. gr. *foque, mesana, maestra,* etcétera.

ella puede ser verdadero lo que se enuncia, y así con razón se dice entonces que las palabras, perdiendo su acepción ordinaria, toman *momentáneamente* otra, lo cual no sucede en las sinécdoques y metonimias" (p. 229).[3] En efecto, continuaba nuestro autor, "cuando por metáfora llamamos a un Ministro la *columna* del Estado, la voz columna no significa ya un cilindro o rollo de madera o piedra, que es el objeto que designa tomada en su acepción literal, sino el hombre que gobierna bien un Estado".

Retornando a nuestra terminología, trataremos de discernir la estructura semántica de la metáfora a partir de su comparación con la estructura que hemos visto corresponderle a la sinécdoque y a la metonimia. En estas últimas, como dijimos, se altera únicamente la relación contraída entre el *designatum* y el *denotatum* del signo sustituyente, esto es, entre la instauración semiótica (lingüística) de una clase o dominio de objetos y la designación semántica de esa clase de objetos en un acto particular de habla; en la metáfora, en cambio, lo que parece alterarse es la relación entre los *designata* de los signos que constituyen el par ordenado de la proposición.

Si, como anotaba Gómez Hermosilla, al signo metafórico /columna/ del ejemplo citado ya no parece quedarle nada de su significación literal o primitiva, quedaría entonces convertido en un *signans* con *designatum* vacío del que resultaría, lógicamente, una proposición falsa. Con todo —por paradójico que parezca— se trata de una proposición verdadera, *id est*, que satisface la constante predicativa cuantificada según la cual hay por lo menos un /ministro/ del que puede afirmarse que "es la columna del Estado".

Pero entonces ¿qué condiciones semánticas propias de ese contexto comunicativo hacen posible la sustitución del *signans* /ministro/ por el *signans* /columna/ [del Estado] o, como decía Gómez Hermosilla, permite que "momentáneamente" tome el uno el sentido del otro? A nuestro parecer, esa condición semántica reside en el hecho de que una metáfora no implica —como la sinécdoque y la metonimia— una suspensión en la relación

---

[3] Las cursivas son nuestras.

designatum ⟶ *denotatum* de un signo sustituyente, sino la inclusión de los *designata* de ambos signos (sustituyente y sustituido) en el *designatum* de un tercer *signans* capaz de interpretar los *denotata* de cada uno de los miembros del par ordenado <*ministro, columna*>.

Tal condición semántica ya no es de índole onomasiológica, esto es, propia de los signos instaurados por convención léxica, sino de carácter discursivo, esto es, construidos en un acto concreto de habla. Intentaremos precisarlo con la ayuda del siguiente esquema de la metáfora:

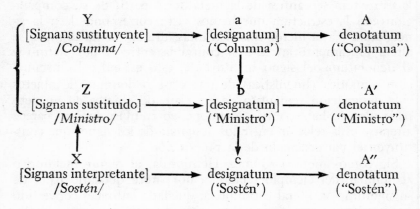

Cuando consideramos los signos /*ministro*/ y /*columna*/ en sus sentidos rectos, esto es, en aquellos contextos en los que uno y otro manifiestan la pertenencia de sus *denotata* a diferentes clases de objetos, resulta evidente que los *denotata* de uno y otro no pueden constituirse como miembros del par ordenado por la constante predicativa "a = b" que, consecuentemente, resultaría una proposición inaceptable. Pero si, a pesar de ello, relacionamos ambos signos en una proposición tal como "El buen Ministro es la columna del Estado", podemos inferir o bien que dicha proposición es, además de falsa, insensata o —como decía Gómez Hermosilla— que en ella el signo /*columna*/ pierde "momentáneamente" su acepción recta, y designa, verdadera y "exactamente" la idea de "ministro", de ese particular "ministro" del que se predica que es el "sostén" del Estado.

Ahora bien, las constantes predicativas en las cuales aparecen las sinécdoques y las metonimias pertenecen a contextos "reales" y, por consecuencia, dan lugar a proposiciones verificables; dicha verificación ha de tomar en cuenta un cambio de relación entre el *designatum* y el *denotatum* del signo sustituyente, tal como quedó expuesto más arriba, de modo que sean siempre y propiamente las "naves" las que salgan de Cádiz y no las "velas", y las "ganancias" que me reporta el "trabajo", y no el trabajo mismo, las que me proporcionan el sustento. Las metáforas, en cambio, aparecen en contextos "ficticios", esto es, sujetos a las condiciones de aceptabilidad semántica expresamente instauradas en cada discurso. De ahí que ya no nos hallemos ante cambios de sentido de las palabras como tales (aislada o léxicamente consideradas), sino ante la construcción de un contexto *ad hoc* que haga posible la inclusión de los *denotata* de dos signos relacionados, tácita o explícitamente, en el *designatum* de un tercer *signans*, interpretante de los *designata* de cada uno de los miembros del par ordenado.

Quizá haya sido Baltasar Gracián quien, tratando de la agudeza, haya dado la más económica definición de la metáfora: "una armoniosa concordancia, una armónica correlación entre dos cognoscibles extremos expresada por un acto del entendimiento". Pero para que tal armónica correlación pueda sustentarse razonablemente será menester que los objetos que la metáfora hace concordar al extremo de que uno de ellos sustituya enteramente al otro puedan incluirse como *denotata* del *designatum* de un tercer signo que los interprete a ambos. Y así, Gómez Hermosilla, para quien "Un buen Ministro es la columna del Estado" era ejemplo de metáfora simple, citaba otra versión en forma de metáfora continuada: "un buen ministro es la columna que sostiene el edificio del Estado", donde hacía explícito el signo conector interpretante (*que sostiene*).

Este *signans* conector —latente o actualizado— constituye la pieza angular de la relación "analógica" en que se funda la metáfora, donde la identificación de dos signos y dos objetos reposa en la posibilidad lógica de incluir a ambos *signantia* como *denotata* (variables individuales o libres) de un signo interpretante. Y es este tercer signo, que de hecho se instaura

como significante simultáneo de dos *signantia*, sobre el que
reposan, no sólo las posibilidades semánticas del discurso, sino
la satisfacción de aquella necesidad *moral* del escritor, que no
aspira a comunicar sus ideas de cualquier modo, sino "con la
misma fuerza y energía con que en aquel momento se presentan
a nuestra imaginación".

VII. LAS ARTICULACIONES SEMÁNTICAS DEL TEXTO LITERARIO

EXAMINADAS EN EL "AJEDREZ" DE BORGES

1. En su ponencia presentada en el Coloquio internacional de poética de Varsovia, hace ahora veinte años, decía Roman Jakobson que

> a pesar de ciertas formaciones fronterizas, que constituyen una transición entre dos dominios, existe en la lengua una diferencia muy neta entre dos clases de conceptos —conceptos materiales y conceptos relacionales— o, en términos más técnicos, entre el nivel léxico y el nivel gramatical de la lengua (Jakobson, 1973, página 219).

En efecto, las partes del discurso no sólo constituyen categorías intrínsecas del código lingüístico, sino que reflejan —para decirlo con Edward Sapir (1954)— "no tanto nuestra capacidad intuitiva para analizar la realidad, cuanto nuestra aptitud para construir esa realidad conforme a diversos modelos formales". Así, el carácter prescriptivo de los conceptos gramaticales plantea un problema ciertamente complejo: el de las relaciones entre la función referencial o cognoscitiva de los enunciados verbales y las "ficciones lingüísticas" que, al decir de Jeremy Bentham, deben exclusivamente al lenguaje "su imposible y, sin embargo, indispensable existencia".

¿Puede dudarse —se preguntaba Jakobson— del verdadero carácter significativo de los conceptos gramaticales? ¿No les atribuimos acaso un efectivo estatuto de verosimilitud? Desde cierto punto de vista —el de los gramáticos atentos exclusivamente a los aspectos formales no semánticos de los datos lingüísticos— podría sostenerse que las modificaciones que puedan introducirse en el nivel estrictamente "relacional" de un enunciado no provocarán ningún cambio en la "sustancia" concreta, esto es, en las entidades extralingüísticas a las que el discurso hace referencia. Si nos ceñimos, pues, a ese marco "relacional", la alteración del orden de los componentes de un enunciado (por ejemplo "A rige a B" reescrito como "B rige a A"), no entraña ninguna modificación sustancial de los *signata* A y B, sino únicamente de las funciones gramaticales de sus *signantia*.

Sin embargo, las partes del discurso (los sujetos, los objetos, las acciones), al tiempo que constituyen invariantes semióticas, entidades formales de un determinado sistema de signos, designan los comportamientos de una realidad concreta que, como recordaba Jakobson, pueden ser analizados de modo muy diverso por diferentes formas léxicas y gramaticales: en términos de actores y de acciones y, dentro de ellas, como cosas y como propiedades. De suerte, pues, que la lengua no sólo permite analizar la realidad con arreglo a sus códigos o convenciones semióticas particulares, sino que la existencia de tales códigos puede dar pie a la construcción de una realidad "autónoma" (que quizá sería mejor llamar "textual") cuyo soporte inmediato es la lengua misma y cuyo carácter "ficticio" depende menos del conocimiento que el hablante tenga del mundo real que de su capacidad para comprender, reproducir o transformar el "mundo", en cuanto éste sea experimentado como el efecto de las representaciones lingüístico-ideológicas que le han sido asignadas por una determinada comunidad cultural.

La poesía, entendida ahora como un conjunto de propiedades distintivas de cierta clase de textos —no nos importe por el momento el carácter efectivo o asignado de dichas propiedades— es, o diremos provisionalmente que es, una especie de "ficción lingüística" en la cual las entidades formales de un sistema semiótico son asumidas como estrictametne solidarias con las sustancias concretas representadas por su intermedio o, dicho de otro modo, como si la estructuración semiótica de la realidad, elaborada de conformidad con los modelos de la lengua (y, por supuesto, con los textos paradigmáticos de una cultura) fuese en un todo equivalente a la estructura de la sustancia real, con independencia del estatuto que otros sistemas semióticos (v. gr. científicos) atribuyan a las mismas sustancias. Podría afirmarse, consecuentemente, que un texto es "autónomo" o "dependiente" respecto de la realidad referida en la medida que la representación semántica de ésta sea convencionalmente formalizada como una entidad homóloga (*i. e.* correlativa) o como una entidad interpretante (*i. e.* sustitutiva).

Tendremos que volver sobre este arduo problema y su problemática formulación. Por el momento, aún será necesario detenernos en el aludido ensayo de Jakobson, puesto que en él se afirma que es en los textos que, conforme a la tradición de los formalistas rusos, llamamos "autónomos" donde "se hace perfectamente evidente que los conceptos gramaticales [...] encuentran sus más amplias posibilidades de aplicación", y ello —además— por cuanto que la poesía es "la manifestación más formalizada del lenguaje".

Ciertamente, y ateniéndonos a los postulados jakobsonianos, la recurrencia de las "figuras gramaticales", fónicas y morfémicas constituyen diferentes manifestaciones del paralelismo, "principio constitutivo de la obra poética" que el propio Jakobson definió como el resultado de proyectar el principio de equivalencia del eje de la selección sobre la combinación, esto es, como consecuencia de construir el mensaje verbal con arreglo simultáneo a dos jerarquías u órdenes diferentes: el paradigma y el sintagma. De allí que, como afirma el mismo Jakobson, "en poesía toda semejanza perceptible de sonidos sea evaluada con relación a la semejanza y/o desemejanza del significado" y que —añadiremos nosotros— se establezca una equivalencia entre la "sustancia" referida y la formalización lingüística de dicha sustancia o, si se prefiere decirlo diversamente, una correlación homológica entre la forma y la sustancia del contenido de un determinado proceso semiótico.

2. En numerosos trabajos, Jakobson dedicó muy particular atención al *parallelismus membrorum*, recurso retórico que, según su decir, pone de resalto "la idea que se hace el locutor acerca de las equivalencias gramaticales" y que, junto con la clase de licencias poéticas que caen dentro del paralelismo, puede proporcionarnos las claves para un estudio sistemático de la interacción de los niveles fónico, morfológico-sintáctico y léxico en los textos poéticos. Como se recordará, el maestro ruso ha sostenido —y probado— que en poesía la semejanza de los componentes actualizados en un determinado nivel discursivo

se sobrepone a la organización sintagmática del mismo y que, en esa clase de mensajes verbales, "la equivalencia es promovida al rango constitutivo de la secuencia", de manera tal que no sólo la iteración de unidades fónicas o léxicas da lugar a construcciones paralelísticas, también las figuras gramaticales (ya sea que se trate de morfemas o de matrices sintácticas) contraen relaciones de equivalencia (por semejanza o por oposición), al grado de que tal especie de paralelismos, no menos que el generado por la interacción de los niveles fónico y léxico, constituyen una de las bases estructurales del texto poético, pues tales fenómenos del plano de la expresión determinan una "reevaluación integral del discurso y de todos sus elementos, cualquiera que sea la naturaleza de éstos".

En consecuencia, los paralelismos gramaticales no deben ser atendidos únicamente desde el punto de vista de la oposición de las llamadas "estructuras de frase" (que pertenecen a la significancia semiótica, o del sistema de lengua, como la ha definido Benveniste) con las "frases particulares" (que son parte de la significancia semántica o del universo del discurso), puesto que el *parallelismus membrorum* rebasa el nivel de la sobreimposición de las figuras "geométricas" de la articulación gramatical y del mero establecimiento de las "semejanzas verticales" y las "semejanzas horizontales" en un texto determinado e interactúa con las figuras producidas en los demás niveles.

Las relaciones contraídas entre los *membra* iniciales, centrales y terminales de un texto poético, no solamente muestran una configuración "arquitectónica" del texto en cuestión, sino que permiten al lector atento percibir las correlaciones homológicas pertinentes entre las estructuras semióticas y las estructuras semánticas. Jakobson ha insistido también en el hecho de que toda equivalencia fónica "proyectada sobre la secuencia [. . .] implica inevitablemente la equivalencia semántica"; del mismo modo, y por las mismas razones, *las equivalencias gramaticales producen efectos semánticos secundarios en correlación con los efectos de sentido generados en el nivel de las articulaciones léxico-sintagmáticas.*

A ese efecto de sentido de las "figuras gramaticales" parece haber aludido Jakobson cuando, al tratar de un canto checo de principios del siglo xıv, el *Zisskiana cantio*, no se redujo a comparar "las funciones de la gramática en poesía y las relaciones geométricas en la pintura", sino que subrayó la necesidad de investigar la manera como la combinación de procedimientos gramaticales hizo posible que "el placer poético, comunicado por las estructuras verbales convenientemente proporcionadas, se trocara en un poder de mando que conduce a una acción directa", o, si se prefiere decirlo con otras palabras, pasara de los efectos estéticos del texto a los efectos pragmáticos sobre los destinatarios.

Por lo que a este trabajo se refiere, me propongo atender específicamente a la semantización de las figuras gramaticales en ciertos textos de Jorge Luis Borges (los sonetos del "Ajedrez") y dejaré de considerar las respuestas pragmáticas que dichos textos pueden suscitar en cada uno de sus lectores; quiere decirse, por lo tanto, que tomaré este análisis, no como un comportamiento idiosincrático, sino como un comportamiento general o susceptible de generalización.

3. Sin embargo, antes de entrar en el texto de Borges, conviene decir algo más acerca del fenómeno al que se quiere aludir por medio del término *semantización*; esto es, acerca de aquella capacidad que poseen tanto los componentes mínimos del signo (los fonemas) como los signos llamados sincategoremáticos (los morfemas gramaticales) y las matrices sintácticas del sistema de la lengua natural para "impregnarse" de valores semánticos; valores que se establecen en correlación con los componentes de los demás niveles discursivos en aquella clase de textos construidos de conformidad con el principio del paralelismo.[1]

Iuri Lotman, quien en su *Estructura del texto artístico* reelaboró algunos de los postulados de Jakobson, ha sostenido que la obra de arte verbal "posee su propio lenguaje, que no coincide con la lengua natural, sino que se superpone a ella",[2] de modo que el texto literario manifiesta un sistema semiótico particular dotado de sus propios signos y reglas de combinación que le permiten trasmitir una cierta clase de informaciones que

---

[1] *Cf. supra*, cap. v.
[2] Lotman, 1973. *Vid.* Bibliografía.

no resultan trasmisibles por otros medios. Este "sistema modelizante secundario", al utilizar la lengua natural como materia
prima, determina un diferente funcionamiento de los signos de
ésta, en la medida en que suspende su carácter simbólico convencional y les concede un carácter icónico.

> Los signos icónicos [dice Lotman] están constituidos de acuerdo
> con el principio de una relación de dependencia entre la expre-
> sión y el contenido [...] Se comprende que, en estas condiciones,
> se produzca en el texto artístico la semantización de los elemen-
> tos extra-semánticos (sintácticos) de la lengua natural. En lugar
> de una delimitación neta de los elementos semánticos, se produ-
> ce un entrecruzamiento complejo: un elemento sintagmático de
> un nivel de la jerarquía del texto artístico se semantiza a otro
> nivel.

De ahí que para Lotman todos los elementos de un texto
artístico sean "elementos semánticos" y que, en consecuencia,
el concepto de texto sea idéntico al concepto de signo; si bien
ello no implique, por supuesto, que siendo el texto literario un
solo signo, no continúe siendo un texto (una secuencia articulada de signos). Así, el texto "conserva la división en palabras-
signos del sistema lingüístico general", pero por causa de la
simultánea transformación de los signos lingüísticos generales
en elementos del signo artístico, se desarrolla un proceso in-
verso: la semantización de los elementos del sistema de la lengua natural (los fonemas y los morfemas) que, "insertos en re-
peticiones conformes", se convierten en signos de ellos mismos.
Examinemos brevemente este punto de particular importancia: el concepto lotmaniano de la iconicidad del signo artístico.
Como es bien sabido, Charles Sanders Peirce (1974), en su
clasificación de los signos, definió el icono como un signo o
Representamen que "puede representar a su objeto predomi-
nantemente por su similaridad, con prescindencia de su modo
de ser"; y dentro de los iconos distinguió las imágenes, que
comparten cualidades simples con su objeto; los diagramas, que
representan las relaciones análogas entre sus propias partes y
las partes del objeto, y las metáforas que "representan el carác-

ter representativo de un Representamen representando un paralelismo con alguna otra cosa". La diferencia entre una imagen y un diagrama respecto de una metáfora se halla en que esta última no representa una conexión con el "modo de ser" del objeto, sino un paralelismo entre el modo de representar de dos símbolos (es decir, de dos palabras, de dos sintagmas, etcétera), aun cuando cada uno de ellos sea Representamen de distintos objetos o, para decirlo con el propio Peirce, "aun cuando no hubiese parecido sensorial entre él y su objeto, y hubiera solamente una analogía entre las respectivas relaciones de las partes de cada uno"; de modo, pues, que un icono metafórico instituye una relación entre dos símbolos cuya analogía en aspectos de sus respectivos objetos o contenidos semánticos, representa un paralelismo con otro objeto que no queda incluido entre los *designata* de los signos separadamente considerados.[3]

Se comprenderá así que, al estudiar las conexiones de la lengua con otros sistemas de comunicación, Jakobson haya postulado entre *signans* y *signatum* (entre Representamen y Objeto) un tipo de relación icónica ya no fundada en la "similaridad efectiva", sino en la "similaridad asignada", es decir, una relación doblemente mediatizada entre signo y objeto, relación que se establece con base en la analogía estructural del contenido de dos signos y no en una analogía efectiva (sensible) entre las partes de un signo y las partes de su objeto, como ocurre en las imágenes y —parcialmente— en los diagramas.

Habida cuenta de lo dicho, podremos postular que el carácter icónico atribuido por Lotman al signo artístico es el que corresponde a una metáfora (en el sentido de Peirce) o a una semejanza icónica (en el sentido de Jakobson), de suerte que —en nuestro modo particular de ver— el sistema modelizante secundario de texto artístico resulta de

a) la relación icónica instaurada entre signos de una jerarquía lingüística dada, relación que descubre como su objeto o *designatum* una entidad formalizada por otra jerarquía semió-

---

[3] *Cf. supra*, cap. VI

tica de una comunidad cultural, de la que el sistema lingüístico constituye sólo uno de sus posibles interpretantes, y
b) que esa relación icónica entre dos signos de un sistema modelizante primario (una lengua natural) al instaurar un paralelismo o analogía entre las respectivas relaciones de cada
signo con su objeto particular, representa un paralelismo
con un objeto que no es el *designatum* de ninguno de los
signos que contraen la relación icónica, sino un tercer objeto susceptible de ser representado metafóricamente, *i. e.*,
mediante una representación del modo de representar de
otro signo.

Dicho diversamente, y adecuando nuestra definición a la terminología de Lotman, un signo del sistema lingüístico general
(S_1), al ser utilizado como base del sistema modelizante secundario, establece una relación icónica con un signo de este
segundo sistema (S_2), relación que representa a un objeto (designable como S_3) que, a su vez, forma parte de otro u otros
sistemas de una comunidad cultural. La interacción de estos
tres signos pertenecientes a tres jerarquías diferentes dentro de
un mismo proceso de lengua, instaura lo que Lotman ha llamado el "núcleo semántico común a los diferentes sistemas" que
se intersecan en el texto artístico; ese "núcleo" que es "percibido
como la significación" del texto, permite "la salida de los límites de las estructuras de signos al mundo de los objetos", los
cuales —no está por demás señalarlo desde ahora— deberán seguir siendo modelados conforme a sucesivas transcodificaciones.

Podemos retomar ya nuestra anterior definición del carácter
"ficticio" o "autónomo" del texto artístico, diciendo que lo que
antes designamos como una homología entre las sustancias reales concretas y su representación semiótica (lingüística) es consecuencia del carácter icónico-metafórico que adquieren los signos del sistema lingüístico general al ser remodelados por el
sistema retórico-literario, cuyo procedimiento invariante básico
es el paralelismo, según lo ha descrito Jakobson.

Habida cuenta de todo ello, será posible definir el fenómeno
de la semantización de las unidades inferiores de la lengua natural (fonemas y morfemas) y de las "estructuras de frase", como

los efectos de significación homológica de los signos icónico-metafóricos, por cuyo intermedio el contenido de los textos artísticos se estructura en diversos niveles o instancias. Así, al quedar instaurada una relación icónica entre dos símbolos o unidades lingüísticas (o entre segmentos del signo total que es la obra de arte), las equivalencias de las partes de éstos representan un paralelismo con "relación a alguna otra cosa" (Peirce), siendo esta "otra cosa" el "núcleo semántico común a los diferentes sistemas" (Lotman) que interaccionan en el texto. De ahí que, para decirlo con palabras de Lotman, "la equivalencia de elementos no equivalentes obliga a suponer que los signos que poseen diversos referentes en el nivel lingüístico, en el nivel del sistema secundario poseen un referente común".

4. Al frente de su libro de poemas *El otro, el mismo*, Borges inscribió una imposible dedicatoria al difunto Leopoldo Lugones:

Cambiamos una cuantas palabras y le doy este libro [...]. Ello no ocurrió nunca, pero esta vez usted vuelve las páginas y lee con aprobación algún verso, acaso porque en él ha reconocido su propia voz [...]. Mi vanidad y mi nostalgia han armado una escena imposible. Así será (me digo), pero mañana yo también habré muerto y se confundirán nuestros tiempos y la cronología se perderá en un orbe de símbolos y de algún modo será justo afirmar que yo le he traído este libro y que usted lo ha aceptado (*cf.* Borges, 1968).

Lo que el tiempo borra y confunde —podría haber escrito Borges— lo reinstauran los signos, que también son del tiempo, pero a los que el tiempo concede una fugacidad menos urgente. Así, la "música" o el "rumor", esto es, los signos que de algún modo retienen los irreparables "días del hombre", rescatan al hombre del "ultraje" del tiempo. Pero no sólo las palabras de la poesía "transforman las penas verdaderas" en una especie de señales permanentes, también los objetos del mundo (el río, el sueño, o los nombres que apresan ese sueño y ese río) son parte de una jerarquía de símbolos: su sola presencia nos los muestra como elementos de un lenguaje más vasto y eficaz; los objetos son también signos que se representan a sí mismos y, además, símbolos con los que podemos representar otros objetos. Nombres y cosas son "el otro" y "el mismo":

> Todas las cosas son palabras del
> Idioma en que Alguien o Algo, noche y día,
> Escribe esa infinita algarabía
> Que es la historia del mundo...

escribió Borges en "Una brújula", y este modo de ver las cosas como signos o símbolos de otras cosas y de otros signos es el único medio de que el hombre dispone para nombrar lo "innombrable". Aquello que lo trasciende y domina, que lo inscribe en esa trama "de polvo y tiempo y sueño y agonías" que es su vida, repetida por cada uno y por los demás, hasta convertirlos a todos en signos temporales del tiempo. La imposible permanencia de "el mismo" podrá ser recuperada en la de "el otro" y la menguada concreción de un objeto (de la misma palabra que es lo que nombra y también lo que no nombra) podrá abarcar —expresar— la trama entera del universo.

Así lo dijo Borges en "El Aleph":

> vi una pequeña esfera tornasolada, de casi inalterable fulgor. Al principio la vi giratoria; luego comprendí que ese movimiento era una ilusión producida por los vertiginosos espectáculos que encerraba. Cada cosa (la luna del espejo, digamos) era infinitas cosas, porque yo claramente las veía desde todos los puntos del universo [...],

y así habremos de entenderlo nosotros por lo que toca a la escritura borgesiana y a su tema primordial: la inmóvil sucesión del tiempo y la permutabilidad de objetos y palabras, de símbolos y cosas.

"Ajedrez" —título de dos sonetos incluidos en *El otro, el mismo*— constituyen, a nuestro modo de ver, otras tantas variaciones de lo que el mismo Borges hubiera podido llamar la trama "del tiempo y del destino" o, mejor, de la materia deleznable y sin embargo imperecedera de que están construidos. Dice así el primer soneto de

Ajedrez

En su grave rincón, los jugadores
Rigen las lentas piezas. El tablero
Los demora hasta el alba en su severo
Ámbito en que se odian dos colores.

Adentro irradian mágicos rigores
Las formas: torre homérica, ligero
Caballo, armada reina, rey postrero,
Oblicuo alfil y peones agresores.

Cuando los jugadores se hayan ido,
Cuando el tiempo los haya consumido,
Ciertamente no habrá cesado el rito.

En el oriente se encendió esta guerra
Cuyo anfiteatro es hoy toda la Tierra.
Como el otro, este juego es infinito.

Ya hemos dicho que las formas gramaticales del sistema de la lengua natural, y que carecen en ella de significación semántica, en cuanto aparecen actualizadas en las "regularidades conformes" del sistema modelizante secundario, manifiestan contenidos semánticos equivalentes con los manifestados por los componentes léxicos del texto en cuestión. Dicho aun de otra manera, que por medio del *parallelismus membrorum* no sólo se actualizan valores gramaticales (o "relacionales") del sistema lingüístico interpretante, sino que tales "figuras", al contribuir al establecimiento de expresas relaciones de equivalencia de los "conceptos materiales" de dicho sistema, quedan instauradas como signos del sistema modelizante secundario que rige la significancia semántica del texto; en breve, del paradigma o paradigmas ideológicos que subyacen en el proceso de transcodificación que determinan —en última instancia— su sentido global. Este sentido "nuclear" o último no puede serle asignado de antemano a ningún texto; es, por el contrario, resultado de una serie de sincretismos que interesan a todos sus niveles y que sólo podrá ser cabalmente deducido en cuanto se haya completado el análisis del mismo y de sus contextos ideológicos más amplios. En nuestro caso concreto, algunas de las citas de Borges transcritas más arriba —y otras a las que después acudiremos— nos permitirán orientarnos hacia ese sentido "nuclear" del soneto que nos ocupa.

El primer cuarteto de "Ajedrez" I consta de dos oraciones (una simple y otra compuesta); esquematizaremos su estructura en el siguiente cuadro:

1. *En su grave rincón* → *los jugadores* →
   (c. c.)   (sujeto anim.)

2. *rigen*   →   *las lentas piezas* //   *El tablero*   →
   (verbo act.)   (c. d. inan.)   (sujeto inan.)
   trans. pres.
   indic.)

3. *los* [jugadores] → *demora* → *hasta el alba* →
   (c. d. anim.)   (verbo act.   (c. c.)
                       trans. pres.
                       indic.)

4. *en su severo ámbito* → *en que se odian* → *dos colores.*
   (c. c.)   (verbo act.   (sujeto
                             reflex.   inan.)
                             pres. indic.)

En la primera oración, el sujeto es animado (*los jugadores*), en tanto que en la segunda es inanimado (*el tablero*); en ambas el verbo es activo transitivo y conjugado en presente de indicativo, pero el complemento directo u objeto del primero (*rigen*) es un sustantivo inanimado en plural (*las lentas piezas*), mientras que el objeto del verbo principal de la segunda oración (*demora*) tiene por objeto directo un pronombre (*los*) que se refiere a *jugadores*, sustantivo animado. Ambas oraciones poseen un complemento circunstancial, de lugar en la primera (*en su grave rincón*); de tiempo en la segunda (*hasta el alba*); pero en tanto que el complemento circunstancial de la primera oración es por relación al verbo, el de la segunda es por atribución.

Este sumario análisis gramatical diría muy poco respecto del texto de Borges si no fuese por el hecho de que nos permite asentar ciertas correlaciones que en él se establecen entre el nivel de los "conceptos relacionales" y el de los "conceptos materiales". En efecto, el hecho de ser sustantivos animados o inanimados diferencia a los sujetos de una y otra oración, pero la circunstancia de que el sujeto de la segunda (*tablero*) sea una metonimia del objeto directo de la primera (*las piezas*) los hace semánticamente equivalentes; equivalencia que, por otro lado, aparece actualizada entre el sujeto de la primera oración (*los jugadores*) y el objeto de la segunda (*los* [*jugadores*]), de modo que dos componentes léxicos semánticamente equivalentes han invertido sus funciones gramaticales en una y otra oración, dando así origen a una estructura quiasmática que puede ser representada por medio del siguiente diagrama:

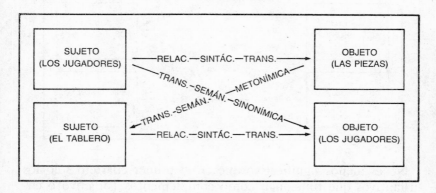

Si atendemos ahora a la proposición subordinada de la segunda oración, advertiremos que el verbo transitivo de aquélla, ya no es activo, sino reflexivo (*se odian*), es decir, que determina la coincidencia entre el sujeto y el objeto de la misma acción. Por medio de *dos colores* se establecen, en efecto, tres pares equivalentes: *jugadores* = *piezas*, *tablero* = *piezas*, *jugadores* = *tablero*, en cuanto que los *dos colores*, además de sujeto y objeto en la oración recíproco-reflexiva, constituyen aspectos de la sustancia de la expresión de *piezas* y de *tablero* y, por lo tanto, deben ser considerados como signos icónicos de los conjuntos opuestos en el juego del ajedrez y, consecuentemente, como metáfora de los *jugadores*.

De ahí que el sujeto-objeto plural del verbo reflexivo *se odian* proporcione, por causa de su misma función gramatical, una reiterada información sobre el fenómeno de la reversibilidad de los sujetos y los objetos en esa primera estrofa del soneto de Borges. De conformidad con todo lo cual el esquema anterior debe ser ampliado de la manera que se muestra en el siguiente diagrama:

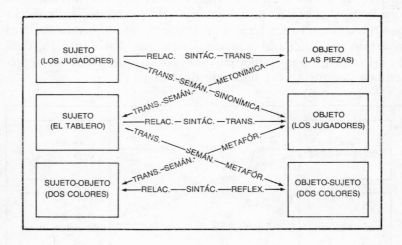

No es menos significativo que en el primer cuarteto sólo los sustantivos que funcionan como complementos (objetivo o circunstancial) aparezcan modificados por epítetos: *grave* rincón, *lentas* piezas, *severo* ámbito; en tanto que los sustantivos sujeto aparecen sin modificación alguna; es decir, que las unidades léxicas que designan el espacio o "ámbito" donde ejercen sus acciones los sujetos oracionales están todas articuladas con epítetos semánticamente equivalentes (por cuanto que todos ellos son susceptibles de ser incluidos en el complejo conceptual de lo "rigurosamente meditado o mediatizado"); pero, por otra parte, todos esos epítetos constituyen casos de hipálage, que verifican el desplazamiento de un adjetivo —que semánticamente corresponde al sustantivo sujeto de cada oración— para articularlo con un sustantivo complemento. En efecto, tanto *grave* como *lento* son propiedades atribuibles rectamente a *los jugadores* y no al *rincón* o a *las piezas*; esto es, a las acciones de los sujetos y no a las propiedades del espacio en que éstos se recluyen ni a los objetos que "rigen"; *severo* corresponde semánticamente al sujeto "juego" (designado por la metonimia de *tablero*) y no a su espacio físico (*ámbito*) ni a los jugadores-objeto "demorados" por el *tablero*-juego. Con todo lo cual torna a actualizarse en el texto borgesiano la semantización de las "figuras gramaticales" relativas a la complementación adnominal.

En oposición a la primera estrofa —que consta de dos oraciones—, la segunda sólo tiene una; pero si en la primera cada sustantivo sujeto (*jugadores, tablero, colores*) era regido por su propio verbo (*rigen, demora, se odian*), en la segunda un solo verbo (*irradian*) rige a un sujeto plural (*las formas*) que se multiplica en una enumeración de miembros sinonímicos por medio de la oposición al sustantivo genérico *formas* de los específicos: *torre, caballo, reina, rey, alfil* y *peones*. Así, el objeto genérico de la primera oración del primer cuarteto (*las piezas*) pasa a ser el sujeto múltiple de la única oración de la segunda estrofa, cada una de cuyas denominaciones aparece articulada con un epíteto simétrico: torre *homérica*, *ligero* caballo, *armada* reina, rey *postrero*, *oblicuo* alfil y peones *agresores*.

Por otro lado, si tomamos en cuenta que el segundo cuarteto se inicia con un adverbio anafórico (*adentro*) que remite al conjunto trimembre *jugadores-tablero-colores* (integrado por los tres sujetos de la primera estrofa), al quedar ambas estrofas semánticamente vinculadas por medio de la anáfora, se constituye un nuevo paradigma trimembre, cuyos componentes correlativos son: *piezas-formas-rigores*, i. e., una serie en la cual el objeto *piezas* pasa de ser denominado por medio de las representaciones icónicas de cada una de sus figuras (*torre, caballo, reina...*) a ser designado metafóricamente, esto es, aludiendo tanto a su "forma de expresión" como a su función en el juego y, en consecuencia, al riguroso código que lo rige. (Veremos luego cómo esos dos paradigmas textuales permiten la aparición de un tercer conjunto trimembre: *juego-rito-guerra* que, a nuestro parecer, revela una de las claves semántico-ideológicas del poema.)

Detengámonos, sin embargo, en otras peculiaridades de la segunda estrofa que pueden sernos útiles para precisar lo que hasta ahora llevamos dicho; concretamente sobre el verbo *irradian* (cuyo contenido semántico central puede ser definido como "emisión de rayos de luz o energía") y su complemento *mágicos rigores* (a los que provisionalmente podemos dar el significado de "leyes ignotas"). Consecuentemente, las piezas se representan a sí mismas —como figuras emblemáticas y como valores del ajedrez— pero, al mismo tiempo, se "proyectan" sobre otra "cosa" para significarla. Con todo, en ese segundo cuarteto de "Ajedrez", la posición hiperbática de *formas* (sujeto gramatical pospuesto a la actualización del complemento directo *mágicos rigores*) y la enumeración de las formas sinonímicas del sujeto (*torre, caballo, reina...*), pospuestos a la enunciación del complemento del verbo *irradian*, provoca una ambigüedad semántica: las *formas* sujeto son, al mismo tiempo, los *mágicos rigores* que ellas mismas "irradian", ambigüedad que, por lo demás, halla sustento en la reversibilidad de los sujetos y los objetos gramaticales de la que ya hemos dado cuenta al analizar la primera estrofa.

Importa subrayar cómo a partir del subsistema semántico instaurado por los epítetos de la segunda estrofa se desarrolla, en correspondencia con la primera, una secuencia de hipálages que, sin embargo, no son de la misma clase semántica que la de los epítetos del primer cuarteto. En efecto, si en éste los adjetivos que atribuyen propiedades a los sustantivos núcleos de los complementos pueden ser considerados como un desplazamiento de cualidades entre los sujetos gramaticales y sus objetos, aquí —en la segunda estrofa— los epítetos se hallan en correlación con valores formalizados por otro sistema: el del "juego" de la vida social. No podemos referirnos ahora al carácter emblemático de las figuras del ajedrez, pero es evidente que, en su conjunto, representan un modelo ancestral del mundo según el cual la sociedad humana —en correspondencia con la estructura del mundo celeste— se articula en tres grupos netamente delimitados en sus funciones: los guerreros, las sacerdotes y los pastores.[4]

En relación con nuestro propósito, sólo interesa señalar el desdoblamiento referencial de los epítetos que, en la segunda estrofa de "Ajedrez" I, al igual que en la primera de "Ajedrez" II, manifiestan el carácter ambiguo (la polivalencia semántica) del juego y de sus elementos o, si se prefiere decirlo con otros términos, su condición de iconos metafóricos a los que les es dable representar, al mismo tiempo que "esta" realidad del sistema del ajedrez, "otra" u otras realidades a las que el juego puede ser homologado; es decir, un modelo del mundo que se estructura como un juego regido por leyes a la vez inflexibles e ignotas; modelo que constituye el "núcleo" semántico-ideológico del texto de Borges.

El primer terceto de "Ajedrez" I consta de una oración compuesta cuyas oraciones subordinadas, antepuestas a la oración principal, ocupan con perfecta simetría morfológica los dos primeros versos de la estrofa, quedando la oración subordinante en el último verso:

> Cuando los jugadores se hayan ido,
> Cuando el tiempo los haya consumido,
> Ciertamente no habrá cesado el rito.

Al estricto paralelismo morfológico y versal de las dos proposiciones subordinadas (introducidas ambas por el adverbio temporal *cuando* que, además, funciona como nexo anafórico respecto de sus antecedentes de las estrofas anteriores) corresponde la marcada oposición funcional de sus componentes gramaticales. En la primera, el verbo activo reflexivo reitera el carácter de sujeto y objeto que desempeñan, simultáneamente, *los jugadores*, situación análoga a la que les correspondía en el último verso de la primera estrofa; pero en la segunda subordinada de este primer terceto, *los jugadores* ya no son sujeto y objeto de su propia acción, sino únicamente objeto directo de la acción del sujeto *tiempo*, enunciada por un verbo activo transitivo: *los haya consumido.*

---

[4] *Cf.* Georges Dumézil, 1970.

Refuerzan aún más la semantización de las figuras gramaticales de este texto de Borges las equivalencias contraídas por los verbos de las tres oraciones que componen el primer terceto. En todas ellas, los verbos aparecen conjugados en tiempos perfectos; pero si en las oraciones subordinadas los verbos están en pretérito perfecto de subjuntivo —por cuyo medio se expresa una acción concluida en un pasado relativo, es decir, determinado por una acción efectiva enunciada en indicativo—, el verbo de la oración subordinante, precisamente en futuro perfecto de indicativo, afirma —al negar su contingencia— el carácter permanente del *juego-rito*. Queda así establecida la equivalencia de "este" *rito incesante*.

La transformación metafórica del *juego* en *rito*, ya preanunciada por los "mágicos rigores" que "irradiaban" las *piezas-formas* del ajedrez en el segundo cuarteto, hace posible la instauración del tercer paradigma léxico al que ya hicimos referencia y que nos permitirá formular —en cuanto atendamos a la última estrofa del soneto— ese "núcleo" semántico que, al decir de Lotman, permite salir de los "límites de las estructuras de signos" y llegar al mundo de los "objetos" o, mejor, al modelo o modelos del mundo que subyacen en cada texto y determinan su organización semántico-ideológica. Recordemos lo que dice el terceto final de "Ajedrez" I:

> En el oriente se encedió esta guerra
> Cuyo anfiteatro es hoy toda la tierra.
> Como el otro, este juego es infinito.

Ahí, la dualidad *juego-rito* fundada en el terceto anterior, aparece completada por el último miembro de un nuevo paradigma trimembre: *guerra*, término que, además, engloba e identifica a los dos paradigmas léxicos antes mencionados: *jugadores-tablero-piezas*; *piezas-formas-rigores*. En efecto, en la primera estrofa de "Ajedrez" II, el juego, designado mediante la enumeración de las piezas que lo componen, es presentado como una "batalla", y en el primer terceto de ese soneto, *el jugador* se hace equivalente a las piezas por cuanto es "prisionero... de otro tablero de negras noches y de blancos días". También ahí se establece una correlación homológica entre sujeto y objeto gramaticales: las piezas y los jugadores, cuyas respectivas oposiciones "sobre lo negro y blanco del camino" están gobernadas por una voluntad que los trasciende: el "rigor adamantino [que] sujeta su albedrío y su jornada". Pero también sobre esa voluntad que "mueve" al jugador y a¡ "la pieza", se instala un poder supremo y desconocido, de suerte que tanto el destino del juego (de cada juego), del hombre (de cada hombre), y del mismo "rigor adamantino" que sujeta el juego y la vida, sólo son expresiones de un dios desconocido:

> Dios mueve al jugador, y éste, la pieza.
> ¿Qué dios detrás de Dios la trama empieza
> De polvo y tiempo y sueño y agonías?

Tanto "Ajedrez" I como "Ajedrez" II descubren, pues, un núcleo semántico-ideológico común y en el cual recalan todas las microestructuras semánticas de ambos textos: el modelo cabalístico del mundo según el cual el universo es regido por un ser misterioso de cuya actividad sólo puede hablarse por medio de metáforas. Tal como enseñan las doctrinas del Zóhar, existen tres (o más) mundos homólogos sobre los que actúa ese principio dominante (el En-Sof); uno de esos mundos, aquel que se encuentra en relación directa con el En-Sof, es inaccesible a la experiencia humana y, en consecuencia, totalmente innombrable. El otro, colocado debajo del primero, resulta accesible y permite al hombre el conocimiento de Dios bajo el aspecto de sus atributos. De hecho, ambos mundos no son más que uno solo, "el otro" es un reflejo de "el mismo", aunque ese En-Sof únicamente puede ser nombrado —i. e. conocido— por medio de los nombres de sus "reflejos" en "el otro".

La cábala —ha dicho Borges en la penúltima de sus Siete noches— no es sólo una pieza de museo, es un sistema que "puede servirnos para pensar, para tratar de comprender el universo". Según esta doctrina gnóstica,

> el universo es obra de una Deidad deficiente [...]. Es decir, de un Dios que no es el Dios. De un Dios que desciende lejanamen-

te de Dios [...]. ¿Por qué crea este mundo tan lleno de errores, tan lleno de dolor físico...? Porque la Divinidad ha ido disminuyéndose y al llegar a Jehová crea este mundo falible (*cf.* Borges, 1980).

Así pues, ese "núcleo semántico" al que remiten los signos del sistema lingüístico general, en cuanto hayan sido sometidos a las transcodificaciones efectuadas a partir del sistema modelizante retórico-literario, se halla —a su vez— regido por un tercer sistema de carácter ideológico a partir del cual los "objetos del mundo" adquieren una particular organización jerárquica; esto es, se articulan en un modelo formal de la realidad, cuya expresión ha de seguir —en todos los casos— amoldándose a las determinaciones de un sistema interpretante primario.

Con todo, el sistema o conjunto de sistemas de ese tercer nivel semiológico de modelación del texto,[5] es recuperable en la medida en que a la experiencia individual se sobreponga la experiencia comunitaria, quiero decir, la acción de un sistema traslingüístico —ideológico— por cuyo medio los "objetos del mundo" ya no se perciben como meros signos de un sistema semiótico, sino como entidades "naturales" que, por ello mismo, parecen no deber su "imposible existencia" a ningún sistema formal.

5. Sintetizando lo expuesto, diremos que el soneto de Borges —en realidad, cualquier texto literario— se constituye en las siguientes instancias o planos de interacción semiótica:

a) una lengua general cuyas formas (unidades lingüísticas, matrices de combinación, etcétera) son utilizadas como base de expresión por parte de

b) un sistema modelizante secundario (un sistema retórico de transcodificación) por obra del cual los signos del primer sistema suspenden su función simbólico-denotativa para asumir una función icónico-connotativa, esto es, para adquirir el carácter de representación de representaciones. En este segundo nivel de estructuración aparecen las marcas de semantización de las unidades mínimas y de las reglas de combinación

---

[5] *Cf. supra*, cap. IV.

del primer sistema modelizante, así como la construcción de los paradigmas léxicos particulares de cada texto.

La relación de *a* y de *b*, que determina una primera equivalencia entre el funcionamiento (o modo de significar) del sistema global y del sistema modelizante secundario, se constituye como interpretante de un *tercer sistema modelizante c*, a cuyo cargo corre proporcionar un modelo del mundo, *i. e.*, la organización de los dominios de la experiencia de una comunidad social. Este tercer sistema ideológico, representado por medio de las equivalencias instauradas en la actualización concreta de miembros de *a* transcodificados por *b*, constituye el "núcleo semántico común" que determina, en última instancia, el sentido del texto o la macroestructura semántica del mismo. Aislar dicho núcleo es la meta última del análisis textual, aunque no necesariamente el punto de arribo de las sucesivas "lecturas" del texto. Está claro que la interacción de *a* y de *b* puede dar origen a otra clase de enucleaciones del sentido, vale decir, de interpretaciones idiosincráticas superponibles, ya que —como observó Jakobson— las palabras "conservan el mismo significado general a través de la diversidad de los usos" y, por lo tanto, cada lector puede privilegiar uno solo de los niveles articulatorios del texto artístico en su proceso de descodificación.

No podemos entrar ya en la consideración de los sentidos que cada lector "descubre" en un determinado texto, puesto que ello implicaría hacerse cargo, no sólo de la presunta naturaleza textual de las respuestas idiosincráticas (respuestas que, en términos generales, aparecen como una actividad amorfa, es decir, presemiótica), sino pasar al terreno de las teorías de la recepción y de las "prácticas significantes", que no son materia de este ensayo.

Segunda Parte

VIII. LOS TRES SENTIDOS DE LA POESÍA

GARCILASO, GÓNGORA, QUEVEDO

1. HABRÁ entre los lectores de estas notas quienes conserven la memoria de León Hebreo y sus *Diálogos de amor*, leídos de cierto en la prosa rotunda de Garcilaso el Inca.[1] Más de uno recordará también que en ese vasto tejido del amor, de sus agentes y sus causas, el *philografo* sutilísimo halló lugar en que explayarse acerca de aquel género de verdades que los poetas fingen, o diciéndolo con nuestras pobres palabras actuales, para que el omnisciente Filón nos diese su propia teoría de la literatura.

Pero, ¿qué hace una teoría de las ficciones poéticas en ese tratado del amor infinito? Dejemos la respuesta —si hubiere una sola— para el lugar que le corresponde, esto es, al cabo de la exposición a la que entraremos en seguida.

Dice Filón a su interlocutora Sofía en el segundo de sus *Diálogos* que

> los poetas antiguos enredaron en sus poesías no una sola sino muchas intenciones, las cuales llaman sentidos. Ponen el primero de todos por sentido literal, como corteza exterior, la historia de algunas personas y de sus hechos notables dignos de memoria. Después, en la misma ficción, ponen como corteza más intrínseca, cerca de la medula, el sentido moral, útil a la vida activa de los hombres, aprobando los actos virtuosos y vituperando los viciosos. Allende de esto, debajo de las propias palabras, significan alguna verdadera inteligencia de las cosas naturales o celestiales, astrologales o teologales. Y algunas veces se encierran dentro en la fábula los dos o todos los otros sentidos científicos, como las medulas de la fruta dentro de sus cortezas. Estos sentidos medulados se llaman alegóricos.

Entendemos allí que las ficciones poéticas comportan, no uno, sino muchos sentidos y que el enhebramiento de éstos no ocu-

---

[1] La traducción del Inca Garcilaso se publicó en Madrid, en 1590; las citas de los *Diálogos de amor* proceden de: León Hebreo, 1947. *Vid.,* Bibliografía.

rre por modo sucesivo, sino integrativo o simultáneo; de suerte que los diversos referentes de una fábula o texto poético se ordenan a semejanza de las cortezas y pulpas de un mismo fruto.

Pero tal conjunción o interacción de sentidos en el cuerpo de un mismo poema no ha de concebirse —aunque se intente por muchos— como una particular confusión del discurso, siempre dispuesto a aceptar las intervenciones pertinentes o caprichosas de sus lectores. "Debajo de las propias palabras" y dentro de la misma fábula, dice Filón-Hebreo; esto es, de los "sentidos medulados" que el poeta ha hecho convivir con el sentido literal de la historia memorable. Tales sentidos, no realmente ocultos, sino interiores, constituyen una manifestación cifrada —alegórica— de ciertos conocimientos "científicos" o, por volver a las palabras que más entendemos, de algunas "verdades" que una comunidad cultural tiene por ciertas y averiguadas. En breve, contienen un modelo o esquema de representación del mundo que es propio de una sociedad determinada y al que remiten, en última instancia, los diversos sentidos "enredados" en la fábula.

Quiere saber Sofía las causas por las cuales los poetas "encierran en un cuento historial, verdadero o fingido, tantas y tan diversas sentencias" y, consecuentemente, de lo que nosotros llamaríamos el carácter simultáneo (constelado) de los diversos sentidos que tal clase de textos manifiestan.[2] Trataremos de sintetizar al máximo las respuestas de Filón. Los artificios de los poetas obedecen —entre otras de menor relevancia— a las siguientes razones: una, la inconveniencia de declarar "demasiadamente" la verdadera y profunda ciencia a los que no sean hábiles en ella y evitar, así, la corrupción de la misma; otra, que la brevedad es útil para retener las cosas en la memoria; otra más, que mezclando lo "deleitable y fabuloso con lo verdadero intelectual" se regala, primero, la "fragilidad humana", y entra, después, en la mente la verdadera ciencia; por último, que con

un mesmo manjar pudiese dar de comer a diversos convidados cosas de diversos sabores; porque las mentes bajas pueden tomar de la poesía solamente la historia [...]; las otras más levantadas comen,

[2] Vid., *supra* capítulo IV.

además de esto, el sentido moral, y otras más altas pueden comer, allende de esto, del manjar alegórico, no sólo de la filosofía natural, más también de la astrología y de la teología.

Pasemos por alto aquellos aspectos de la teoría de Hebreo que, o reiteran el dogma horaciano del enseñar deleitando, o —según los principios pitagóricos— conciben la trasmisión del conocimiento como un proceso hermético de comunicación entre iniciados, para quedarnos con una idea central: la del texto literario en cuanto producto de una triple codificación que permite a sus destinatarios —según el grado de competencia— quedar en la mera lectura de la fábula, alcanzar después la aplicación moral de la misma y tener acceso —finalmente— al conocimiento del mundo, tal como éste puede aparecer representado en los modelos analógicos instituidos por una determinada comunidad cultural.

No deben sorprendernos ciertas semejanzas de esta teoría secular con algunas de las más recientes concepciones de la obra literaria. En efecto, la ambigüedad o, por mejor decir, la polivalencia semántica de los textos poéticos ha sido reconocida, una y otra vez, como su rasgo más característico.[3] Tal género de ambigüedad no supone en ningún caso la confusión de sentidos, sino su pluralidad compatible; es decir, la capacidad que poseen los textos poéticos para incluir simultáneamente en un mismo proceso discursivo más de un conjunto de referentes compatibles.

No es éste el momento de rastrear las posibles semejanzas entre el pensamiento de León Hebreo y el de ciertos teóricos contemporáneos, ni las fuentes de las que uno y otros proceden; bastará subrayar que en los *Diálogos de amor* se postula una triple lectura de las ficciones poéticas que implica, en su nivel más profundo o "alegórico", la reproducción de un modelo del universo, y que ese modelo es el que permite la integración de los sentidos manifiestos en los diversos niveles de la fábula. Advirtamos, por otro lado, que se trata de un modelo cuyo armonioso sincretismo de tradiciones clásicas y gnósticas le aseguró una larga pervivencia. "Su huella —ha dicho Menéndez

[3] *Vid., supra* capítulo III.

Pelayo (1947)— persiste durante nuestra edad de oro en todos los que especularon acerca de la belleza abstractamente considerada" y, podríamos añadir, en cuantos cantaron o trataron los efectos del amor humano dentro de un amplio contexto cultural que —por lo que a las obras de arte se refiere— sólo empezará a modificarse realmente a partir del siglo xviii.

Hagamos una salvedad más: ese modelo del mundo no debe ser entendido como una construcción filosófica rigurosa y coherente en todas sus partes, sino —lo ha hecho ver así C. S. Lewis (1980)— "como un telón de fondo de las Artes". Dicho telón es, además, selectivo; se "apropia solamente de aquello que en el Modelo total es inteligible para el lego y de aquello que atrae de alguna manera la imaginación y los sentimientos"; por todo lo cual, "no siempre responde inmediatamente a los cambios producidos en el nivel científico y filosófico".

Pero veamos ya, a grandes rasgos, cuál es ese modelo del mundo expuesto y comentado en los *Diálogos de amor*. El hombre, afirma Filón, "es imagen de todo el universo"; éste —a su vez— es concebido como un "animal perfecto" compuesto de partes de las cuales los miembros del cuerpo humano resultan equivalentes. Sofía desea saber cómo el hombre sea simulacro "así del mundo inferior de la generación y la corrupción como del mundo celeste y del espiritual angélico o divino", y Filón responde que, en efecto, los tres mundos (el generable, el celeste y el intelectual) se contienen en el hombre, que es un mundo pequeño o microcosmos, cuyo cuerpo se divide en tres partes, "según el mundo", y que son, a saber: la más inferior, que va del diafragma hasta lo bajo de las piernas; la segunda, que corre de esa tela que divide el cuerpo hasta "las cañas de la garganta", y la tercera, que es la cabeza misma.

En la primera parte se contienen los miembros de la nutrición y de la generación y "es proporcionada al mundo inferior de la generación en el universo", donde los cuatro elementos (fuego, aire, agua y tierra) engendran las plantas, los animales y el hombre. En la segunda parte del cuerpo humano se hallan los miembros espirituales (el corazón y los pulmones) que se corresponden con "las dos lumbreras Sol y Luna"; y así como el mundo celeste sustenta con todos sus rayos este mundo inferior, participándole el calor vital, así el corazón y los pulmones sustentan al cuerpo por las arterias. "La cabeza del hombre —dice Filón— es simulacro del mundo espiritual, el cual [. . .] tiene tres grados: ánima, entendimiento y divinidad".

Siendo, pues, el universo un solo individuo y cada uno de sus miembros corporales o espirituales, eternos o corruptibles, parte de él, "el fin del todo es la unida perfección de todo el universo, señalada por el divino arquitecto". Y ¿como es posible —inquiere Sofía— que el hombre, hecho de elementos contrarios haya alcanzado "forma eterna e intelectual anexa a los cuerpos celestiales"? Porque, declara Filón, él "es tan igual y uniforme que une toda la contrariedad de los elementos y queda hecho un cuerpo remoto de toda contradicción [. . .], así como el cuerpo celeste está desnudo de todo contrario".

Habiendo "tanta eficacia de amor entre los cuerpos celestiales" y los perecederos humanos, no es en vano que los poetas finjan verdades acerca del amor de los dioses gentiles, por cuanto que en sus fábulas se encuentran representados —enhebrados en una misma ficción— los efectos correspondientes a cada uno de los tres mundos: el generativo (al que aludirán las "historias memorables"), el celeste (al que correspondería la utilidad moral deductible de la fábula) y el intelectivo (al que pertenece la inteligencia verdadera de las cosas del mundo). He aquí, a nuestro entender, el lugar que puede convenirle a una teoría de las ficciones literarias dentro del tratado del amor universal escrito por León Hebreo; y tanto más, cuanto que ya Menéndez Pelayo señalaba la "cuasi perfecta identidad que León Hebreo establece entre la Metafísica y la Poesía", a las que toca por igual "traer el conocimiento intelectivo y la luz divina, del mundo superior y eterno, al inferior corruptible".[4]

2. Entre tantos *loci communes* de la Antigüedad revitalizados por la poesía española del Siglo de Oro, el del *carpe diem* ocupa un lugar privilegiado, y la escueta formulación de dicho tópico en el epigrama de Ausonio ("Collige, virgo rosas dum flos novus et nova pubes...") constituye, sin duda, su inexcu-

---

[4] *Cf.* Menéndez Pelayo, 1947, pp. 21-22.

sable paradigma textual. A su vez, sendos sonetos de Garcilaso y Góngora, los que comienzan: "En tanto que de rosa y azucena / se muestra la color en vuestro gesto...", y "Mientras por competir con tu cabello, / oro bruñido al sol relumbra en vano...", proporcionan los ejemplos más notorios de lo que suele designarse como "la exaltación al goce de la vida" en tanto que perduren los dones de la juventud.

Por supuesto, Garcilaso y Góngora representan dos actitudes extremas en la historia hispánica de dicho tópico, pues cuando el primero sólo preanuncia los fatales efectos del tiempo sobre la belleza corporal

> (Marchitará la rosa el viento helado,
> todo lo mudará la edad ligera
> por no hazer mudanza en su costumbre...),

el segundo enumera tales efectos con implacable y minuciosa crudeza:

> [...] no sólo en plata o víola troncada
> se vuelva, mas tú y ello juntamente
> en tierra, en humo, en polvo, en sombra, en nada.

Con todo, ¿el tema de ambos sonetos es tan fácil de precisar? ¿Se trata sólo de un lugar común tan "natural" y "espontáneo" —como se acostumbra decir— que vuelve innecesaria cualquier otra consideración?

Los tópicos —decía Quintiliano— son las *sedes argumentorum*, es decir, las ideas fundamentales de todo discurso; pero es obvio que esas fórmulas cristalizadas no sólo tienen la función inmediata de aducir las pruebas lógicas de un determinado *argumentum*, sino la de vincular toda la argumentación a un modelo del mundo que garantice la aceptabilidad general de los *topoi* seleccionados y, por consiguiente, les acuerde el valor de una prueba. Perelman y Olbrechts-Tyteca (1976) señalan justamente que "la concepción de realidad puede variar grandemente según las concepciones filosóficas practicadas por cada individuo. Sin embargo, todo lo que en la argumentación pa-

rece referirse a la realidad es caracterizado como presumible-
mente válido para el auditorio universal".

Así, los lugares comunes presuponen un acuerdo social, el
mismo que hace posible a la multiplicidad de los casos o ejemplos integrarse y cohesionarse en un número definido de tipos
o, para retomar los términos de León Hebreo, permite que a la
diversidad de las fábulas corresponda una "verdadera inteligencia" del mundo, que es quien les otorga su sentido general o
último. Conviene recordar, por otra parte, que los constructos
ideológicos de la clase que llamamos modelos del mundo no
sólo tienen un carácter fragmentario y cumulativo, sino que
aceptan la incorporación de piezas provenientes de otras formaciones ideológicas, con la condición de que tales piezas puedan ser reevaluadas dentro de las jerarquías axiológicas del
modelo general que las incorpora, aunque sin perder por ello
su capacidad de referirse lateralmente al modelo del que origi-
nariamente formaron parte.

Así, por ejemplo, los dos primeros versos del soneto de Garcilaso aluden al rostro femenino por medio de los colores de
la rosa y la azucena. Considerada independientemente de su función cardinal dentro de ese texto, la imagen garcilasiana acarrea
un tópico antiquísimo: la descripción de la Aurora —y, por
extensión hiperbólica, de toda doncella hermosa y virginal— a
través de "esta mezcla de lirios y rosas en las mexillas de las
mugeres, que es lo blanco y lo rojo", como anotaba don José
Pellicer comentando un pasaje equivalente del *Polifemo*.[5] Justamente, en la octava XIV del poema gongorino se recrea el mismo
lugar común, aunque dentro de un marco diferente: el de la
comparación de la ninfa Galatea con una deidad superior (la
Aurora), de la cual, sin embargo, posee sus más relevantes atributos físicos:

> Purpúreas rosas sobre Galatea
> la Alba entre lilios cándidos deshoja;
> duda el amor cual más su color sea,
> o púrpura nevada o nieve roja.

[5] *Cf.* Antonio Vilanova, 1957.

En el soneto de Garcilaso, en cambio, la descripción del rostro femenino —aunque remita igualmente a ese paradigma grecolatino de la belleza— es utilizado como medio para significar una clase de analogías que, bajo determinadas suposiciones, pueden establecerse entre el ser humano y las entidades celestes. Y la "aceptación general" de tales correlaciones tiene su base en un modelo del mundo conforme al cual el hombre —creado a semejanza del universo— alcanza en lo corporal, si bien de manera pasajera, la perfección y la belleza de éste, consistente en una "armonial unión" de cosas diversas, puesto que —como afirmaba León Hebreo— "esta conformidad de la naturaleza es causa del amor de los cuerpos celestes, no solamente como diversas personas, sino como miembros de una persona sola".

Que en el texto de Garcilaso la función principal del tópico mencionado sea la que acabamos de enunciar, puede corroborarse en los últimos versos del primer cuarteto:

> En tanto que de rosa y azucena
> se muestra la color en vuestro gesto
> y que vuestro mirar, ardiente, honesto,
> enciende el corazón y lo refrena...,

donde se ponen de manifiesto ciertas correlaciones paradigmáticas a las que aludiremos de inmediato. En primer lugar, la mezcla de los colores de la rosa y la azucena remite tanto al modelo clásico de la belleza femenina, rosada y luciente, como —en segundo lugar— al valor moral de la pudorosa inocencia, como asentó Virgilio en la descripción del rostro de Lavinia, que —traducida por Rubén Bonifaz Nuño— dice así:

> Recibió la voz de su madre Lavinia, con lágrimas
> bañadas las flagrantes mejillas; rubor abundante
> le puso fuego debajo, y corrió por el rostro caliente.
> Como si alguien violara con sanguínea púrpura el indo
> marfil; o cuando enrojecen los albos lilios mezclados
> con mucha rosa; tales colores daba en su rostro la virgen.

> (*Eneida*, xii, vv. 64-69)

En el soneto de Garcilaso, la oposición *rosa / azucena* (de la que se origina el valor estético atribuido a lo rosado, es decir a la fusión de dos extremos cromáticos), permite también —en otro campo conceptual— la oposición que, a partir de *rosa* y *azucena* (leídas respectivamente como metáforas de la "pasión" y de la "inocencia"), se establece entre dos series simétricas:

rosa	/	azucena
ardiente	/	honesta
enciende	/	refrena

y cuya resolución implicará el establecimiento de una correlación armoniosa entre el apetito sensual y el amor racional. La virtud, decía León Hebreo, es una de las causas del amor, tanto entre los hombres como entre los cuerpos celestiales y que consiste en "la conformidad de la naturaleza y complixión de un hombre con otro"; pero es precisamente "la virtud moral e intelectual" el único fundamento del amor honesto que "se engendra de la derecha razón y por eso no se halla en los animales irracionales".

Ese "amor honesto" es, sin duda, al que aspira Garcilaso en su soneto" aunque, no estén exentos de él "el deseo y delectación" que, aun siendo en el hombre "causa de más intenso, firme y propio amor que en los animales", le hacen caer en melancolía irrefrenable.

Esa misma clase de amor honesto es la que se refleja en el soneto de Góngora:

> Ilustre y hermosísima María,
> mientras se dejan ver a cualquier hora
> en tus mejillas la rosada Aurora,
> Febo en tus ojos y en tu frente el día...
> [... ... ...]
> goza, goza el color, la luz, el oro...,

pieza que —en sí misma— constituye el más acabado repertorio de las fórmulas metafóricas de la belleza femenina asignadas al tratamiento del *carpe diem* por una larga tradición clásico-renacentista.

Pero es en otro soneto gongorino (el ya citado "Mientras por competir con tu cabello...") donde dicho tópico aparece, ya no únicamente expuesto a través de las sucesivas metáforas de la radiante hermosura femenina, sino en los signos de su fatal degradación. Se inicia allí, a nuestro parecer, el proceso de desarticulación del modelo renacentista del mundo, fundado en el equilibrio entre "la forma eterna e intelectual" y "la vileza de los cuerpos generables y corruptibles". En efecto, ese soneto de Góngora contrapone brutal e inopinadamente los signos analógicos de la perfección humana a los emblemas de su decaimiento material; y diríase que son precisamente estos últimos los que anuncian la quiebra de la correlación universal entre lo terrestre y lo celeste y los que, en definitiva, liquidarán el sistema metafísico-poético de Hebreo o, por mejor decir, sustituirán el modelo pagano-renacentista del mundo por otro contrarreformista y barroco.

No será Góngora, el manierista, quien pueda llevar a sus últimas consecuencias ideológicas el tópico del *carpe diem*.

3. Quien rastree en la poesía de Quevedo la pervivencia del tópico que nos ocupa, no dejará de sorprenderse al comprobar que un sinnúmero de piezas que parecen contenerlo o, cuando menos, insinuarlo, se resuelven invariablemente en una imitación estilística cuando no francamente paródica del *carpe diem*.

En efecto, son muchos los pasajes de su poesía en los cuales se emplean las fórmulas metafóricas tradicionalmente vinculadas a la exaltación de la belleza femenina; sin embargo, el uso conspicuo de tales analogías no se corresponde —por más que lo presuponga— con el llamado al disfrute de la vida, en tanto que perduren los dones corporales de la juventud, ni —consecuentemente— con el modelo del mundo del cual el tópico del *carpe diem* constituía una manifestación particular. Veamos un primer ejemplo, en el soneto que dice:

> Saliste, Doris bella, y florecieron
> los campos secos que tus pies pisaron;
> las fuentes y las aves te cantaron,
> que por la blanca Aurora te tuvieron

[... ... ...]

El sol dorado que tus ojos vía
dudaba si su luz o la luz de ellos
prestaba el resplandor al claro día.

Venciéronle sus rayos tus cabellos,
que con mirarlos solamente ardía
y de envidia y de amor muere por vellos.[6]

Si cotejamos este texto con el soneto de Góngora antes citado, advertiremos que éste de Quevedo reitera la hiperbólica comparación de la belleza de Doris con los signos paradigmáticos de la belleza femenina (las flores, la aurora, el sol mismo) y que, al igual que en el soneto gongorino, también Doris resulta vencedora en esa confrontación retórica.

Con todo, el soneto de Quevedo no contiene ningún llamado explícito a disfrutar el "dulce fruto" de la primavera ni, por otra parte, alude al significado profundo de ese gozo fugaz. En Quevedo, la belleza de Doris no se origina en la correlación de los miembros humanos con los del "cuerpo celeste"; antes al contrario, la hermosura de las flores, el canto amoroso de las aves y la misma lumbre del sol, son reflejos de la perfección humana de Doris. Esa inversión radical de valores entre lo corruptible y lo eterno revela, primero, que el soneto quevediano constituye una imitación retórico-estilística de un modelo literario del mundo cuya validez ya quedaba constreñida al marco de cierta clase de comportamientos estéticos y, segundo, que en él se ha subvertido aquel modelo metafísico que entrañaban otros comportamientos estéticos similares.

En otras palabras, que si el soneto citado se mantiene fiel a la doctrina de la erudición poética —que preconiza la obligación de proceder de conformidad con los textos paradigmáticos de un determinado género literario y el compromiso de mejorar los resultados anteriormente obtenidos— invierte el modelo ideológico al que respondían aquellos textos artísticos dignos de emulación. La pérdida de sentido de ese modelo del mundo

6 *Cito* por Quevedo, 1960.

y, consecuentemente, la alteración del tercer nivel de lectura de un determinado *corpus* poético y de sus tópicos conspicuos, hace posible tanto su imitación estilística —es decir, la reproducción "elevada" de un sistema metafórico— como su parodia: la expresa deformación estilística e ideológica.

Pasemos ahora a otro ejemplo. Entre las poesías satíricas de Quevedo figura el siguiente soneto en que "Pinta el 'aquí fue Troya' de la hermosura":

> Rostro de blanca nieve, fondo en grajo;
> la tizne, presumida de ser ceja;
> la piel, que está en un tris de ser pelleja;
> la plata, que se trueca ya en cascajo;
>
> habla, casi fregona, de estropajo;
> el aliño, imitado a la corneja;
> la tez que, con pringue y arrebol, semeja
> clavel almidonado de gargajo.
>
> En las guedejas, vuelto el oro orujo;
> y ya merecedor de cola el ojo;
> sin esperar más beso que el del brujo.
>
> Dos colmillos comidos de gorgojo;
> una boca con cámaras y pujo,
> a la que rosa fue vuelven abrojo.

Estos versos obscenamente regocijados en la corrupción humana exigirían más comentarios de los que podemos hacer ahora. Con todo, es preciso anotar —en el marco de nuestras reflexiones anteriores— que esa sátira no sólo es una burla soez de ciertos *loci communes* de una tradición venerable, un despiadado rebajamiento de lo espiritual a la materia deleznable, sino la brutal sustitución de un modelo metafísico del mundo por otro modelo no menos metafísico o, diciéndolo sin retruécanos, la contraposición de una concepción angélica del hombre a una concepción demoníaca.

La implacable transformación de los signos de la armonía corporal en los iconos de las materias más innobles ocupa apenas un primer nivel del sentido, cuyos referentes literarios inmediatos son el conjunto metafórico-axiológico de las designaciones de la belleza femenina dentro de un vasto corpus clásico-renacentista. Bastará subrayar un par de casos para hacerlo patente. La venerable correlación *cabello-oro* se transforma en el texto de Quevedo en la identidad *oro-orujo*, bajo cuya equivalencia sonora se manifiesta la más radical oposición semántica y estilística: la del metal precioso e incorruptible, imagen misma de la divinidad, y el "hollejo de la uva después de exprimida y sacada su sustancia"; la antigua piel de "rosa" y "azucena" no sólo se transforma en la "pelleja" arrancada del animal, sino en el nombre afrentoso de la ramera ínfima; la boca que en Góngora convidaba a gustar "un humor entre perlas distilado" se metamorfosea ignominiosamente en el ano, aquejado además de "gana continua de hacer cámara", y en ojo merecedor de cola —puesto que del ojo ciego se trata—, dispuesto a recibir la pleitesía del beso inmundo.

No nos alarmemos. Esta sátira no usa de la procacidad como fin en sí misma, sino como recurso metalógico que permite el acceso a su sentido más profundo. La disgregación y corrupción de lo corpóreo es aquí un correlato metafórico de la disolución de los vínculos entre el cielo y la tierra, entre el hombre y el universo; es decir, de la caída en el infierno y de la identificación de lo generado con lo corrompido, que hará imposible la salida del cuerpo humano de los límites del mundo inferior.

No dejó de aludir León Hebreo a ese bajo mundo, pero lo hizo precisamente para confirmar la estrecha correspondencia de las partes del cuerpo del universo. En esa parte inferior del hombre, y en la que se hallan los órganos de la nutrición y de la generación, se originan —dice Hebreo— las "heces y superfluidades del manjar y de los humores, como son las heces duras, la orina, el sudor y las superfluidades de las narices y los oídos", de manera equivalente a como en el mundo inferior terrestre "se engendran algunos animales de la putrefacción"; pero así también como en ese bajo mundo se engendra el hombre "con participación celestial", así de lo mejor de los humores de éste se "engendran espíritus sutiles y purificados [...], los cuales son de la segunda parte del cuerpo humano, correspondiente al mundo celestial".

Es evidente que tal género de correlaciones —posibles en el Garcilaso renacentista y en el Góngora manierista— resultan imposibles en ese Quevedo barroco; la idea del mundo que tales sonetos "medulan" se relaciona con un nuevo modelo ideológico que, por separar tajantemente el mundo inferior del superior, lo espiritual de lo mundano, hace del cuerpo y sus afanes el lugar diabólico de una contradicción insuperable. El esquema de ese nuevo modelo puede hallarse expuesto —con toda la inclemencia de un dogma militante— en los *Ejercicios espirituales* de Ignacio de Loyola. La actualidad de ese modelo, por relativa que ella sea, nos permitirá ahorrar detalles.

"Buscar y hallar la voluntad divina en la disposición de su vida para la salud del ánima" es la meta del verdadero cristiano contrarreformado; dicha meta sólo podrá alcanzarla "combatiendo todas las afecciones desordenadas" que provienen del "enemigo de la naturaleza humana".[7] Entre más apartada se halle el ánima de los apetitos corporales, más apta "se hace para acercarse y llegar a su Creador"; de suerte que la indiferencia, el desprecio e, incluso, el martirio de esa entidad satánica que es el cuerpo humano será condición esencial para someter las "partes inferiores" a la voluntad de las "superiores", que ya no son —bajo ningún respecto— correlativas, sino excluyentes y contrarias.

Pero las fatalidades del cuerpo, no menos que las solicitaciones de la "honra del mundo", no dejan al hombre libre de tentación. Habrá quienes, además, queriéndolo o sin saberlo, se entreguen con furor a las apetencias del mundo ínfimo; son la caterva de "tacaños, bergantes, embusteros, perversos y abominables" que hizo desfilar el propio Quevedo en su *Discurso de todos los diablos* y otros tantos discursos en los que satiriza la faz demoníaca de este mundo infernal donde, lo mismo que en el otro infierno, *nullus est ordo*.

[7] *Cito* por Loyola, 1965.

IX. LOS "DESATINOS" DE SANTA TERESA

HACIA UNA SEMÁNTICA DE LAS COMPARACIONES MÍSTICAS

1. En el libro de la *Vida* [1] —y en tantos otros lugares que no será siempre necesario citar expresamente— Santa Teresa empleó el vocablo *desatino* en dos sentidos, a la vez opuestos y compatibles.

El primero de esos sentidos —el que usaba a cada paso— alude a la dificultad casi insalvable de dar a entender por medio del lenguaje humano algo de aquellas "mercedes que Dios es servido de hacer a las almas" que se han determinado a buscarle por el camino de la "oración". Así, tratando de los grandes trabajos que pasan los que se inician en ese camino, dice en el capítulo XI de la Vida que deberá aprovecharse de "alguna comparación" para poder referirlo, ya que "este lenguaje del espíritu es tan malo de declarar a los que no saben letras, como yo, que habré de buscar algún modo, y podrá ser las menos veces acierte a que venga bien la comparación", y cuando no fuera así, dice, gustará que se ría aquel a quien "le pareciese desatino la manera de declarar".

También en el capítulo I de *Las moradas*, habiendo ya empezado a hablar de "las cosas de mucho secreto [que pasan] entre Dios y el alma" y de las diversas maneras en que ésta puede entrar en aquel "castillo todo de diamante u muy claro cristal", se detiene Santa Teresa a reconsiderar lo escrito para asegurarse de que no dice ningún "disbarate, porque si este castillo es el ánima, claro está que no hay para qué entrar, pues se es él mesmo, como parecería desatino decir a uno que entrase en una pieza estando ya dentro; pero sobre todo para confirmar que las "noticias" del Señor, por más que vengan envueltas en semejantes comparaciones son tan "oscuras de entender" que "quien tan poco sabe como yo, forzado habrá

---

[1] Todas las citas proceden de Santa Teresa de Jesús, 1982. Vid. Bibliografía.

de decir muchas cosas superfluas y aun desatinadas para decir **alguna** que acierte".

Pero aunque Santa Teresa sintiera algunas veces que tales comparaciones o semejanzas podían ser tenidas por "disbarates", no por ello dejó de apelar a ese "artificio celestial interno" por cuyo medio —tantas otras veces— creyó declarar y dar a entender lo que el alma conoce por manera directa y sencilla; de ahí también que este lenguaje figurado haya de resultar por fuerza más inteligible y convincente para quienes hayan tenido sus propias experiencias de "oración" mental.

¿En qué consisten, propiamente hablando, tales experiencias y cómo podrían significarse de no ser por el intermedio de semejanzas y comparaciones? Es en este contexto donde el término *desatino* aparece usado en su segunda acepción, la relativa al carácter sobrenatural de las experiencias místicas.

En efecto, en el capítulo xvi de la *Vida*, donde trata del tercer grado de oración, Santa Teresa hizo algunos imprecisos intentos por describir en términos teológicamente ponderados los efectos que hacen "las mercedes tan grandes del Señor" en las almas que hasta allí han llegado, y dice que tal estado de comunión con la divinidad "es un sueño de las potencias, que ni del todo se pierden, ni entienden cómo obran"; pero hallándose incómoda con el tono de un discurso formal vuelve enseguida a su habla ordinaria:

> Yo no sé otros términos cómo lo decir, ni cómo lo declarar, ni entonces sabe el alma qué hacer; porque no sabe si hable, ni si calle, ni si ría, ni si llore; es un glorioso desatino, una celestial locura, adonde se deprende la verdadera sabiduría y es deleitosísima manera de gozar el alma.

En fin, pues, que Santa Teresa distinguía dos especies de "desatinos"; la primera, que atañe a las palabras en cuanto por medio de su empleo figurado procuran dar razón de las experiencias sobrenaturales del alma, aunque sólo alcancen —por lo general— a bosquejar una imagen como sobrepuesta y confusa del objeto inefable que intentan significar o, si se prefiere decirlo de otra manera, por medio de la suspensión del sentido recto de las palabras y de la incierta instauración de un segundo sentido cuyo objeto de referencia no es ni propia ni cabalmente reductible a una imagen verbal.

La segunda especie de "desatino" se refiere a las "mercedes" mismas que Dios hace al alma, las cuales suponen un largo y penoso proceso de "perfeccionamiento" espiritual consistente en la desvinculación de la parte superior del alma —el espíritu— tanto de los sentidos corporales como de las potencias intelectuales con el fin de hacerla proclive a una comunicación directa y "sencilla" con la divinidad; al no intervenir el entendimiento en tales experiencias, éstas sólo podrán ser declaradas —como dice Santa Teresa— por medio de comparaciones que el Señor mismo algunas veces enseña a concertar.

Esta es la causa —una y otra vez subrayada por las alusiones a su "rudo ingenio" o a su ignorancia en cuestiones teológicas— que orilló a Santa Teresa a aceptar el recurso a las comparaciones, y en general al lenguaje analógico, por cuanto que constituye el medio más seguro (o más a la mano) para dar cuenta de lo que sucede en los altos grados de oración, y tanto es así que en las "moradas terceras" dejó finalmente traslucir una mínima y elusiva teoría del lenguaje analógico, de conformidad con la cual "las comparaciones no es lo que pasa, más sácase de ellas otras muchas cosas que pueden pasar, que ni sería bien señalarlas ni hay para qué".

Habida cuenta de lo que antecede, no parecerá desatinado suponer que las insistentes consideraciones de Santa Teresa acerca de las dificultades de significar lingüísticamente el contenido inefable de las comunicaciones místicas, hayan tenido como marco necesario —aunque no necesariamente explícito— una teoría del alma y del lenguaje, tal como se plantea en la antropología dualista del cristianismo. Consecuentemente, convendrá que nos hagamos cargo de dichas concepciones lo más sumariamente posible; para ello nos atendremos —en lo principal— a los planteamientos de raigambre agustiniana hechos por tres ilustres contemporáneos de Santa Teresa: Fray Luis de Granada, Fray Luis de León y San Juan de la Cruz.

2. En su tratado *De la doctrina cristiana*,[2] San Agustín definía el signo como "toda cosa que, además de la fisonomía que en sí tiene y presenta a nuestros sentidos, hace que venga al pensamiento otra cosa distinta". Dejando de lado la clase de los signos naturales,[3] los signos artificiales —esto es, las palabras instituidas por los hombres— son los que mejor se avienen para la manifestación tanto de "los movimientos del alma" como de las sensaciones y pensamientos y son —además— los únicos capaces de dar a conocer tanto su propio sentido como el de cualquier otra clase de signos; más aún, es por medio de las palabras "que han sido dadas sobrenaturalmente y que se hallan en las Sagradas Escrituras" como el Espíritu Santo se comunicó con los hombres.

Este último género de palabras no siempre resulta fácilmente comprensible para todos y ello se debe —principalmente— al "desconocimiento de los signos que velan el sentido", es decir, a la falta de consideración de los dos usos extremos de las palabras que se manifiestan en los textos bíblicos: el que llamamos *propio* y que, para decirlo con San Agustín, consiste en "denotar las cosas para las que fueron instituidas" y el que llamamos *trasladado* (o figurado) que se verifica cuando "las mismas cosas que denominamos con sus propios nombres se toman para significar alguna otra cosa".

En este segundo empleo de los signos convencionales, un mismo nombre puede tener diversas significaciones: por modo *contrario*, "cuando la misma cosa se pone por semejanza, unas veces de bien y otras de mal", y por modo *diverso*, cuando una misma palabra puede significar unas veces una cosa y otras veces otra, dependiendo tal diversidad de contenidos "del lugar de la sentencia en que están colocadas". De ahí, pues, que quienes leen "inconsideradamente" la Biblia, no sólo por desconoci-

---

[2] *Cito* por San Agustín, 1957. *Vid.* Bibliografía.

[3] Para San Agustín (1957, p. 113), los signos "naturales son aquellos que, sin elección ni deseo alguno, hacen que se conozca mediante ellos otra cosa fuera de lo que en sí son. El humo es señal del fuego, sin que él quiera significarlo [...]. A este género de signos pertenece la huella impresa del animal que pasa; lo mismo que el rostro airado o triste demuestra la afección del alma aunque no quisiera significarlo [...]".

miento de la tradición y de la lengua, sino de los diversos significados que pueden albergarse debajo de unas mismas palabras, no
se percaten de los cuatro sentidos que concurren en las Escrituras: *histórico, alegórico, tropológico* y *anagógico*, de los cuales
sólo el primero es propio o denotativo, siendo los tres últimos
sucesivas aplicaciones del sentido figurado. Ahora bien, si los
hombres conocen las cosas por medio de signos, ¿en qué manera
"una breve palabra que sustituye aquello de quien se dice" puede ser tomada por eso mismo? En la medida —decía Fray
Luis de León en *Los nombres de Cristo*—[4] en que la palabra no
sustituye ni se toma por el ser natural de las cosas, "sino en el
del ser que les da nuestra boca y entendimiento". De manera,
pues, que según Fray Luis, la naturaleza dio a las cosas, a más
de su ser real, "otro del todo semejante a sí mismo, pero más
delicado que él, con el cual estuviesen y viviesen cada una de
ellas en el entendimiento de sus vecinas". Este ser espiritual que
las cosas adquieren o revelan en los nombres, lo es precisamente
en razón de la semejanza que éstos tienen respecto del ser real
que significan, y tanto el nombre que formamos en el entendimiento como la palabra que suena en la boca, sin ser ninguno
de ellos el verdadero objeto, son "imágenes de la verdad", esto
es, signos que hacen las veces de las cosas verdaderas.

Pero ¿en qué se origina y cómo se produce tal conformidad
o semejanza entre los nombres y los objetos sensibles que aquellos denotan? Para responder a tal cuestión será necesario bosquejar la idea que se hacían Santa Teresa y sus contemporáneos
de la que podríamos llamar estructura funcional del alma.

En los capítulos de su *Introducción del símbolo de la fe*[5] que
tratan de ese pequeño mundo que es el hombre, decía Fray Luis
de Granada que en ese complejo de cuerpo y alma, esta última
posee tres facultades o potencias, a saber: la *vegetativa*, cuyo
oficio es nutrir y mantener el cuerpo; la *sensitiva*, "que nos da
sentido y movimiento", y la *intelectiva*, "que nos diferencia
de las bestias y nos hace semejantes a los ángeles".

Al ánima sensitiva pertenecen tanto los sentidos exteriores
como los interiores, de modo que las imágenes de las cosas que

[4] *Cito* por Fray Luis de León, 1910.
[5] *Cito* por Fray Luis de Granada, 1946.

percibimos por la vista o el oído, el tacto o el gusto, yendo todas a parar en un *sentido común* puedan comunicarse a las potencias interiores, que son: la *imaginativa*, que guarda las "especies" o imágenes transmitidas por los sentidos corporales; la *cogitativa*, que "puede concebir las cosas que no tienen figura ni cuerpo", y la *memoria*, que es "conservadora de las experiencias" y de los vocablos.

En esta misma sustancia espiritual que es el alma, puso Dios otra parte más alta que —al decir de Fray Luis de Granada— es "la que llamamos intelectual" y dota a los hombres de *voluntad* y *entendimiento*. Por estas facultades —había sostenido San Agustín— el alma conoce y se reconoce, y siendo que nuestra condición de hombres carnales y mortales "nos hace más asequible y familiar el estudio de las cosas visibles", la percepción de los cuerpos sensibles por medio de los sentidos corporales, no sólo da el conocimiento del mundo material, sino que dicho conocimiento nos permite contar con argumentos y analogías para discernir las realidades interiores o espirituales de las exteriores y sensibles.

Así, por ejemplo, en la visión, el objeto material que actúa en el sentido engendra, al ser percibido, "cierta forma como una semejanza suya", que no es el mismo objeto, sino una imagen del objeto, y aunque el sentido no sea capaz de distinguir la forma del cuerpo visible de su imagen, la inteligencia conoce que "la visión sería imposible de no producirse en nuestro sentido una semejanza del objeto contemplado"; de donde —como afirmaba San Agustín en su tratado *De la Trinidad*— tal imagen impresa en la memoria puede dar lugar a "otra visión semejante cuando la mirada del alma [...] piensa en los objetos ausentes".

Volviendo ahora al lugar en que dejamos a Fray Luis de León, podrán quedar más en claro las siguientes cuestiones: primera, que los nombres que viven en el ser que les da el entendimiento no necesiten de la contemplación directa de los objetos materiales para que éstos se hagan patentes a la memoria, y segunda, que los nombres del entendimiento y las palabras por cuyo medio éstos se manifiestan no sólo constituyen imágenes verdaderas de las cosas materiales, sino que —además— pueden actuar como "señales" fehacientes de aquella clase de cosas que, "sin tener figura ni cuerpo", son concebidas por la inteligencia; es decir, que debajo de las figuras de las palabras (sus sonidos o, de preferencia, sus letras) podemos significar no sólo la imagen de un objeto material, sino también la semejanza que puede discernirse entre una cosa percibida por los sentidos y otra cosa que —por medio de su nombre— se hace patente al espíritu.

No siendo, pues, posible que "la imagen de la sencillez" de Cristo pueda representarse por un "nombre cabal" —y entre tanto "se junta nuestra alma con su cara", como decía Fray Luis de León—, podemos tener en lugar de ella, "en la boca y en el entendimiento, alguna figura suya, como quiera que ella sea imperfecta y oscura".

Pero ¿cuál es la causa de tener que referirse por medio del lenguaje figurado —es decir, de comparaciones y semejanzas— no sólo a los objetos formados en el entendimiento, sino —más concretamente— a las experiencias de la oscura y directa comunicación que ciertas almas pueden establecer con la divinidad? La radical separación de los órdenes natural y sobrenatural —explicada como consecuencia de la caída en el pecado— constituye una ruptura ontológica fundamental, a partir de la que se originan otras disociaciones (afectivas y psicológicas) entre la "cara" del alma que se dice estar vuelta hacia lo sensible y la que mira hacia Dios o, dicho con otros términos, entre las potencias sensitivas y cogitativas del alma y aquella parte suya más alta, el espíritu, que participa de la sustancia divina.

Con todo —y abreviando al extremo cuestiones de tanta complejidad— si se tiene por factible borrar en vida las diferencias de nivel entre el alma y Dios, será posible, en consecuencia, reponer su unidad ontológica por medio de los ejercicios ascéticos que tienen por fin la purgación de los sentidos y el relajamiento o cesación de sus funciones. Así, una vez que se alcancen la "pobreza" y "desnudez" del espíritu, la disociación de esa parte superior del alma respecto de sus apetitos sensuales e intelectuales, ésta queda preparada para recibir los "toques", "visiones" o "revelaciones" de Dios.

Dicho estado de "desnudez" espiritual que, en sus comentarios a La noche oscura,[6] San Juan de la Cruz describe diciendo

6 Cito por San Juan de la Cruz, 1909.

que el alma queda "tan a oscuras, que no sabe dónde ir con el sentido de la imaginación y del discurso; porque no saben dar un paso en el meditar como antes solían, anegado ya el sentido interior en esta noche", se interpreta como un cambio de las "fuerzas del sentido" a las del espíritu y, por lo tanto, como un cese en la actividad de las "potencias interiores".

Tal estado hipnoide de estupor precede a un estado de gozo en el que, también para decirlo con San Juan, tienen lugar esos "actos sencillos de contemplación" que acontecen "a oscuras de la obra natural del entendimiento", y que tratándose de una experiencia que no se da "envuelta o paliada con alguna especie o imagen sujeta al sentido" no es posible imaginarla de manera que la memoria o la inteligencia puedan "decir bien algo de ella".

En consonancia general con estas doctrinas que apenas dejamos bosquejadas, Santa Teresa no sólo imploró la intervención divina para poder escribir con "toda claridad y verdad" los sucesos de su vida, y suplicó incluso a su Señor que hablase por ella cuando obedeció el mandato de escribir sobre las "dificultosas cosas de oración", sino que reflexionó constantemente acerca del aquel modo de semejanzas y comparaciones con que suelen expresarse las "mercedes" del Señor y de las cuales —según ella misma decía— "el entendimiento no es capaz para poder dar traza cómo se diga siquiera algo que venga tan al justo que no quede bien oscuro para los que no tengan experiencia".

Pero no pudiendo dudarse —por otra parte— que Santa Teresa haya tenido una clara idea de los fines y los procedimientos del lenguaje figurado, tampoco sería sensato suponer que la Santa hubiese dejado de relacionar los problemas lingüísticos con las cuestiones psicológicas y teológicas, en ese su empeño por declarar el contenido de aquellas comunicaciones oscuras con la divinidad. Quien lo pensara así correría el riesgo de extraer artificialmente los aspectos léxicos o estilísticos del conjunto de representaciones ideológicas que hallan concreción en los textos de Santa Teresa y, por lo consiguiente, se sentiría inclinado a llevar a cabo un tipo de análisis lingüístico y literario en el que se mantendrían separados y sin posibilidad de integración dos niveles simbólicos fundamentales y estrechamente vinculados en el proceso textual.

Quiere decirse con esto que aquellos estudios crítico-literarios que no tengan debidamente en cuenta la permanente interacción textual de los niveles que podemos llamar semiótico y semántico (entendiendo por el primero el sistema de lengua que subyace en un proceso determinado, y por el segundo, el conjunto jerarquizado de representaciones ideológicas de las que se hace cargo cada discurso en particular) desembocarán irremediablemente en el planteamiento de cuestiones parciales y periféricas, aunque no por ello —como es obvio— carentes de interés disciplinario.

3. Ahora bien, para analizar —por más someramente que sea— alguno de los textos teresianos regidos por la analogía, será menester contar, primero, con un conjunto de hipótesis que permitan establecer las instancias semióticas de dichos procesos y las condiciones semánticas particulares de cada texto analizado, y segundo, con otro grupo de hipótesis por relación con las cuales podamos dar cuenta de los modos de configuración simbólica de esa "segunda conciencia" característica de los estados hipnoides en los que se verifican las experiencias místicas.

No será necesario que nos detengamos en consideraciones acerca de los estados psicofisiológicos por los que atraviesa el asceta para hacernos una idea de la disociación que introduce en su conciencia. Bastará recordar que la teoría freudiana según la cual "el ataque histérico y la vida normal caminan paralelamente sin influirse entre sí",[7] sin que por ello la conciencia normal quede anulada totalmente ni deje de percibir los fenómenos motores del ataque y los procesos psíquicos del mismo, concuerda esencialmente con la práctica teresiana de la "oración", en la cual queda perfectamente establecida la diferencia existente entre los estados de conciencia que nosotros llamamos normal e hipnoide, de tal manera que —incluso— le sea posible al sujeto en trance místico obrar "juntamente en la vida activa y contemplativa" y "entender en obras de caridad y negocios que convengan a su estado".

_____

[7] _Vid._, "Estudios sobre la histeria" en Sigmund Freud, 1973.

Importa mucho más a nuestro propósito destacar el carácter diferenciado que corresponde a los que Freud llamó "grupos de representaciones nacidas en los estados hipnoides", que constituyen conjuntos simbólicos susceptibles de alcanzar grados muy elevados de organización psíquica, por más que los sujetos de tales experiencias no perciban de inmediato las asociaciones semánticas establecidas entre los tipos de representación propios de uno y otro estados de conciencia.

A esta patente dificultad para establecer las posibles relaciones lógicas entre ambos modelos simbólicos se debe —en gran parte— que Santa Teresa y la generalidad de los místicos hayan considerado como *disparates* o *desatinos* no sólo las expresiones lingüísticas con que declaran sus estados de comunicación hipnoide, sino incluso las experiencias mismas cuando éstas vienen a ser juzgadas desde las perspectivas de la conciencia normal. De ahí también que en el propio sentir de Santa Teresa y San Juan, no podrá comprender cabalmente el confuso contenido místico quien no haya probado tal tipo de experiencias semiológicas que —para nosotros— suponen una escisión de la conciencia del sujeto y el establecimiento de una situación comunicativa "sui generis" en la que el sujeto de la conciencia normal parece asumir el papel de mero testigo del verdadero destinatario de las "mercedes" o mensajes, cuya emisión es atribuida a una entidad suprema (Dios, superego), objetivada por parte de la conciencia hipnoide.

Por otro lado, las teorías del lenguaje y del alma a que hicimos referencia en el apartado anterior nos permitirán sintetizar los diferentes postulados ideológicos que, a tales respectos, tenían vigencia en la España de la segunda mitad del siglo xvi:

a) la fundamental vinculación del uso figurado del lenguaje con los textos bíblicos y con los diferentes sentidos acordados a las Escrituras;

b) la adaptabilidad del modelo analógico del lenguaje a la manifestación de las "revelaciones" divinas y, en consecuencia, a ese nivel superior del sentido (lo anagógico) relativo a la "visión" o "contemplación" de las cosas ultraterrenas;

c) la postulación de dos diferentes estados de conciencia (que hoy llamaríamos normal e hipnoide) como consecuencia teológicamente fundada de la diversidad sustancial del cuerpo y el alma;

d) la posibilidad —experimentalmente comprobada— de que una parte superior del alma (el espíritu), una vez "purgada" de los sentidos exteriores e interiores, reciba en vida algunas noticias o "mercedes" de Dios, y

e) que tanto la llamada "unión" mística del alma con aquellos objetos que emblematizan algún aspecto de la divinidad, como su posterior o simultánea verbalización, constituyen estados psíquicos y simbólicos excepcionales que no pueden ser cabalmente relacionados ni con los estados normales de la conciencia ni con los procedimientos verbales ordinarios de que se sirve el entendimiento para nombrar y conocer a Dios por medio de sus atributos.

De modo, pues, que en oposición a las actitudes elusivas o reverenciales con que tantos críticos literarios modernos se refieren a las revelaciones místicas como fenómenos pertenecientes a una "realidad indecible" que ni conviene tratar ni es posible hacerlo desde el lado humano de la cuestión, Santa Teresa se mostró permanentemente interesada en comprobar el adecuado empleo de los recursos del lenguaje figurado. Y si en las moradas de su vejez pensaba que ya no había para qué señalar aquellas "cosas" que no pasan pero pueden pasar en las semejanzas y comparaciones, en los capítulos xi al xxi de la Vida, no sólo se propuso describir los trabajos y las "mercedes" que se padecen y gozan en los distintos grados de oración, sino que se esforzó por mostrar las condiciones semánticas que hacían (formal y sustancialmente) adecuada la comparación de los mecanismos psíquicos que corresponden a cada grado de oración con los sucesivos trabajos que debe llevar a cabo un presunto hortelano "para hacer un huerto en tierra muy infructuosa que lleva muy malas hierbas, para que se deleite el Señor".

Y pide Santa Teresa que —siendo, como ha dicho, "este lenguaje de espíritu tan malo de declarar"— hagamos de cuenta que ya Su Majestad arranca las yerbas "cuando un alma se determina a tener oración" y con su ayuda "hemos de procurar como buenos hortelanos que crezcan estas plantas y tener cuidado de regarlas para que no se pierdan, sino que vengan a echar flores [. . .] y ansí se venga a deleitar muchas veces en esta huerta y a holgarse entre estas virtudes".

Es evidente que el texto teresiano establece una correlación homológica inicial entre dos conjuntos conceptuales, a saber: el del *alma* y las prácticas ascéticas y el del *huerto* y las prácticas adecuadas a su cultivo; y es precisamente la correlación instaurada entre objetos pertenecientes a un dominio espiritual de difícil acceso y los propios de otro dominio material y mostrenco lo que le permitirá ir explicando aquello que resulta difícilmente verbalizable por medio de lo que posee un estatuto semántico evidente a todos los lectores. De ahí, también, que Santa Teresa pueda proceder ulteriormente al establecimiento de correlaciones entre miembros pertenecientes a cada uno de los dominios o paradigmas mencionados, es decir, entre el *buen hortelano* y el *alma que tiene oración*; entre las *flores* y las *virtudes*; entre *las malas yerbas* y *las almas sin oración*; entre el *riego del huerto* y *las mercedes del alma*; etcétera.

Pero, con todo, la expresa instauración de homologías entre los miembros de diferentes campos léxicos, no asegura —sin más— la correspondencia analógica entre dichos términos; en otras palabras, que la semejanza postulada entre unos y otros no depende de la entidad sustancial (real) de los objetos que éstos designan, sino de la relación formal (estructural) que se descubre o postula entre los miembros de uno y otro dominio. Sin duda, Santa Teresa se percataba de todo ello y de ahí su insistencia en el hecho de que las semejanzas —y en particular aquellas de que se sirve el "lenguaje del espíritu"— aluden por medio de las relaciones entre cosas reales a otras relaciones entre cosas figuradas o —diciéndolo de diversa manera— que, en el *lenguaje analógico, las palabras no remiten ya a las imágenes de las cosas directamente percibidas por los sentidos, sino a la imagen de las relaciones que el entendimiento descubre entre objetos de diferentes especies.*

Consecuencia de lo anterior es que la equivalencia postulada entre dos conjuntos léxicos no se basa en una relación de semejanza entre los miembros de ambos conjuntos, sino en una semejanza de la relación entre éstos; es decir, que la analogía no puede ser directamente instaurada entre un objeto B y un objeto D, sino sólo por el intermedio de una operación proporcional consistente en asumir que, siendo B respecto de A lo que D es respecto de C, entonces D y B (o C y A) serán considerados análogos.

Pero, como quiera que sea, el ejemplo que hemos tomado de Santa Teresa —por lo menos en la parte que aprovechamos— no pasa de ser un caso de analogía intelectualmente discernida y didácticamente configurada. Cuando en verdad se trate de poner de manifiesto no ya los trabajos que pasa el alma vistos todavía desde la perspectiva de la conciencia disociada, sino las decisivas y verdaderas "noticias" de Dios, aquellas que según el decir de San Juan ocurren "a oscuras de la obra natural del entendimiento", entonces la clase de semejanzas a las que acabamos de aludir no sólo resultarán inadecuadas, sino inaceptables por parte de quien se halla inmerso en aquella "celestial locura", que Santa Teresa describió en este bellísimo pasaje:

Estando ansí el alma buscando a Dios, siente con un deleite grandísimo y suave casi desfallecer toda con una manera de desmayo, que le va faltando el huelgo y todas las fuerzas corporales; de manera que, si no es con mucha pena, no puede aun menear las manos; los ojos se le cierran sin quererlos cerrar, y si los tiene abiertos, no ve casi nada [...]. Hablar es por demás, que no atina a formar palabra, ni hay fuerza ya que atinase para poderla pronunciar; porque toda la fuerza exterior se pierde y se aumenta en las del alma, para mejor poder gozar de su gloria.

En ese momento de verdadera excepción, sólo la asistencia divina —decía Santa Teresa— puede lograr que todo lo que pasa entre el alma y Dios no se exprese "como si fuese algarabía", pues no siendo posible encontrar analogía alguna entre lo que ya no se conoce y lo incognoscible que es Dios, el único recurso del que se dispone —"a oscuras"— la conciencia hipnoide es *la disociación de las mismas asociaciones que establece la conciencia normal a través de la analogía.* Y así, los últimos grados de oración habrán de expresarse prevalentemente por medio de los recursos retóricos que llamamos paradoja, oximoron, antimetábola, etcétera, que —en oposición a las "semejanzas y comparaciones"— expresan la incompatibilidad semántica de los términos sintagmáticamente asociados y —por esa vía más icónica que metafórica— poder significar la instancia inefable del "arrobamiento":

Querría ya esta alma verse libre: el comer la mata, el dormir la congoja; ve que se le pasa el tiempo de la vida pasar en regalo y que ya nada la puede regalar fuera de vos; que parece vive contra natura, pues ya no querría vivir en sí sino en vos. ¡Oh verdadero Señor y gloria mía, qué delgada y pesadísima cruz teneis aparejada a los que llegan a este estado! Delgada porque es suave; pesada porque vienen veces que no hay sufrimiento que la sufra; y no se querría jamás ver libre de ella, sino fuera para verse ya con vos (*Vida*, cap. XVI).

X. ESTRUCTURA Y LECCIÓN DE "RINCONETE Y CORTADILLO"

1. EN EL "Prólogo al lector" de sus *Novelas ejemplares* advertía Cervantes cómo todas ellas encierran "algún ejemplo provechoso", y aunque no quiso alargarse en este punto ni hacer demasiado evidente "el sabroso y honesto fruto que se podría sacar, así de todas juntas, como de cada una de por sí",[1] no por eso dejó de manifestar el propósito que le movió a componerlas:

> Mi intento ha sido poner en la plaza de nuestra república una mesa de trucos, donde cada uno pueda llegar a entretenerse sin daño de barras; digo sin daño del alma ni del cuerpo, porque los ejercicios honestos y agradables, antes aprovechan que dañan.

Cervantes, que se preciaba con razón de ser "el primero que he novelado en lengua castellana", distinguía muy claramente dos aspectos esenciales de la ficción narrativa: primero, el de su composición artística; esto es, aquella "mesa de trucos" donde por virtud de la palabra se erige una imagen ilusoria de la realidad, que maravilla al lector y lo recrea y descansa; segundo, la significación que esa imagen "trucada" de la realidad podrá llegar a tener para los lectores. En relación con el primero de los aspectos mencionados, ya Cervantes había insistido en el carácter artificioso de toda obra literaria cuando señalaba, con un guiño humorístico, que nadie podría hacer pepitoria de sus novelas, "porque no tienen pies, ni cabeza, ni entrañas ni cosa que les parezca; quiero decir que los requiebros amorosos que en algunas hallarás, son tan honestos y tan medidos con la razón y discurso cristiano, que no podrán mover a mal pensamiento al descuidado o al cuidadoso que las leyere". Precaviéndose de los rigores de una censura ciertamente embarazosa, Cervantes declaraba su oposición moral a los "novellieri" italianos —y a

---

[1] Las citas —modernizada la ortografía— proceden de la edición de las *Novelas ejemplares* preparada por Rodolfo Schevill y Adolfo Bonilla, tomo I, Madrid, 1922.

sus refundidores españoles— para quienes resultaban tan gratas todas las lujurias de la fantasía. Cervantes rechazaba enérgicamente esta función excitativa y mecánica que el arte también puede asumir y, no contentándose con este aviso, ponía a los lectores sobre el camino de una lectura atinada de sus novelas: "Héles dado nombre de ejemplares, y si bien lo miras, no hay ninguna de quien no se pueda sacar algún ejemplo provechoso...".

Un indicio de la intención moral que encierra sus novelas, pero no —desde luego— una clave única que las reduzca o simplifique. Recreo y ejemplaridad son, pues, los tradicionales movimientos extremos de toda actividad literaria; entre ambos, la variedad que puede contenerse es inmensa e inmensa la riqueza de significaciones que el texto puede desplegar. Cervantes lo sabía y, por tanto, achacó a la exigida brevedad del prólogo lo que ciertamente es producto de su astucia de escritor que no desea revelar todo el "misterio" escondido en su obra y reserva para los lectores tanto los goces del desconcierto como los del hallazgo.

Así pues, parece acertado intentar el estudio de las *Novelas ejemplares* a partir de las líneas señaladas por el propio autor; es decir, entendiendo la construcción artística del relato como una "mesa de trucos" donde la realidad aparece (simultáneamente) expuesta y escamoteada, y su ejemplaridad —el "honesto y sabroso fruto"— como la gama de posibilidades de lectura de un relato que, recreando ilusoriamente la realidad, es capaz —por este mismo hecho— de revelárnosla en sus dimensiones más válidas. No quiere con esto afirmarse, por supuesto, que hayamos de desdoblar nuevamente la obra literaria en aquella imposible dicotomía de convenciones verbales y de significados interiores, ni que pretendamos aplicar sobre ella un predeterminado esquema de trabajo de cuya eficacia nos hallamos previamente convencidos. Por el contrario —y he aquí como suponemos que debió entenderlo el mismo Cervantes— si de la habilidad con que el jugador ejecute sus lances depende el éxito del juego, consistente "en echar la bola del contrario por alguna de las troneras con la propia bola" (*Diccionario de Autoridades*), los significados de una obra estarán también fatalmente ligados a la habilidad y los artificios que en ella se hayan puesto en práctica o, para decirlo de otra manera, del ensamblaje y recomposición que en ella se haga de los datos de la realidad dependerán necesariamente los significados de la obra. Así, el "truco" y la "lección" —la estructura y el sentido— nacen aparejados y permanecen indisolublemente unidos; los artificios del relato no son, pues, el resultado de una mera selección de recursos disponibles, sino formas connaturales con un ser literario, proveídas de una función específica e intransferible. Sólo a través de esta disposición "trucada" de la realidad, de los innumerables y sutiles "lances" que en la obra literaria la fragmentan y reedifican, somos llevados a conocerla y a comprenderla; la opacidad y la dispersión de lo real se ilumina y llena de sentidos por obra de esos actos verbales, autónomos y miméticos, que inventan la realidad cuando la fingen y la transfiguran cuando la imitan.

No de otra manera procede Cervantes en sus novelas, concebidas invariablemente como narración de sucesos maravillosos, de casos extremos o improbables[2] donde pueden conciliarse las ambigüedades y las contradicciones de la naturaleza humana. Pues si en La Gitanilla los designios del arte se identifican con un supremo ideal de la vida, en la historia del infeliz Campuzano la realidad perturbada y perturbadora sustenta no sólo una lección de desengaño, sino la profunda verdad moral del sueño y las ficciones. A nivel literario, la oscura urdimbre de lo humano sólo puede ser devanada por medio de una implacable mitificación que, al fragmentarla y reducirla a "casos" fabulosos, pone paradójicamente de manifiesto las leyes más profundas de lo real. Por no comprenderlo así, el desconcierto de cierta crítica antigua que, empeñada en hacer de Cervantes un escritor "realista", no halló mejor modo de probarlo que buscando confirmar la existencia de personas, cosas y lugares que diesen corporeidad histórica a las obras de ficción. La indudable fascinación que ejercen los objetos evocados en la obra de arte es, sin duda, superior a la que son capaces de provocar los mismos objetos percibidos en su compacta naturaleza material y, en consecuen-

2 Cf. Joaquín Casalduero (1969) y Edward C. Riley (1966). Vid. Bibliografía.

cia, la habilidad taumatúrgica del escritor que convoca la materia hasta hacerla patente al entendimiento, queda desconocida en beneficio de una presunta transposición lata de la realidad objetiva a la inmaterialidad semántica de la obra literaria.

Ciertos concienzudos esfuerzos para localizar la casa de Monipodio en alguna calleja de Sevilla o del documento que, aun cuando no ofrezca la prueba decisiva, permita suponer fundadamente la existencia de cofradías semejantes a aquella en que ingresaron Rinconete y Cortadillo, han terminado irremediablemente atascados en los niveles menos significativos de la realidad preliteraria. Esta búsqueda de valores documentales en la literatura anula —ya se sabe— cualquiera otra posibilidad de lectura que vaya más allá de lo meramente etnográfico, y reduce su trama lingüística a un estéril juego de alusiones recónditas que el crítico debe esforzarse por descubrir en beneficio de los lectores comunes. Pero esta cacería de mínimas realidades contemporáneas al autor y extrañas a los lectores de otros tiempos y ámbitos no aclara nada, salvo —quizá— el gusto perverso de anular lo literario en la literatura y reducir toda obra de ficción a un catálogo de materiales brutos que acaso sustentaron la imaginación del escritor.

La obra literaria, sin embargo, no es documento sino de sí misma o, por decirlo más explícitamente, sólo documenta su propia capacidad de réplica ilusoria. Así, cuando se considera a *Rinconete y Cortadillo* como una novela realista por causa del medio social que en ella se alude, se está afirmando implícitamente que las acciones humanas y los objetos que el relato concita aparecen referidos a sus contextos habituales y a sus significaciones inmediatas. Nada más lejos de la verdad cervantina que esta presunta visión documentalista de la realidad humana y social. Ya Joaquín Casalduero, en su memorable estudio de las *Novelas ejemplares*, anotó justamente cómo *Rinconete y Cortadillo* no ofrece una visión realista del mundo, sino ideal,[3] y tanto o más extremada que las que se ofrecen en *La Gitanilla* o *El amante liberal*. Ciertamente, en *Rinconete y Cortadillo* se instaura una dimensión imaginaria muy semejante a la que se da

---

[3] Casualdero, 1969, p. 100.

en *El casamiento engañoso* y *Coloquio de los perros,* aunque los procedimientos usados en cada caso hayan sido en algún modo diversos, pues si en la última novela de la colección cervantina se accede conscientemente a un relato dentro del relato, a una ficción de segundo grado que se sustenta en los insomnios febriles del alférez (así como las peripecias y metamorfosis del desventurado galán se originan en el engaño que la realidad hace a los sentidos no menos que al entendimiento), en *Rinconete y Cortadillo* el cambio de dimensiones dentro del relato adviene de una manera todavía más sutil que la ocasionada por el impreciso paso de la vigilia a la duermevela. En efecto, también en *Rinconete y Cortadillo* se cruzan los dudosos límites entre la conciencia de la realidad y la visión reveladora y simbólica, pero aquí Cervantes no tuvo los escrúpulos de Campuzano que —como autor de ficciones en el seno de su propia ficción— se creía en el deber de prevenir a su amigo el licenciado Peralta acerca del carácter soñado de su *Coloquio entre Cipión y Berganza;* esto es, sobre su artificio literario.[4]

2. Tradicionalmente la *Novela de Rinconete y Cortadillo* ha sido enfrentada con criterios tan decididamente etnográficos que, aun cuando no se haya logrado reducirla a un mero legajo de pintorescas referencias histórico-sociales, se la constriñe al menos a un "cuadro satírico de costumbres", que "tiene por asunto la organizada vida del mundo de los criminales profesionales de Sevilla".[5] Más recientemente, Joaquín Casalduero, que se ha acercado a las *Novelas ejemplares* libre de tales patrones positivistas y genéricos, inició su estudio de *Rinconete y Cortadillo* aludiendo al aspecto fundamental de su estructura. Para

---

[4] "El acabar el coloquio el licenciado, y el despertar el alférez, fue todo a un tiempo, y el licenciado dijo: 'Aunque este coloquio sea fingido y nunca haya pasado, paréceme que está tan bien compuesto, que puede el señor alférez pasar adelante con el segundo'. 'Con este parecer, respondió el alférez, me animaré y dispondré a escribirle, sin ponerme más en disputa con v. m. si hablaron los perros o no'. A lo que dijo el licenciado: 'Señor alférez, no volvamos más a esa disputa; yo *alcanzo el artificio del coloquio y la invención, y basta...*'" (Las cursivas son nuestras).

[5] Cito como ejemplo de otras muchas de igual índole, la afirmación de Ludwig Pfandl (1933, p. 346).

Casalduero, Cervantes dio a esta novela "la forma de marco", mediante la cual circunscribía los episodios que se desarrollan en la casa de Monipodio con los que transcurren al aire libre; Casalduero ratificaba su criterio en el hecho de que en el primitivo manuscrito de la novela conservado por Porras de la Cámara, las escenas del patio de Monipodio van precedidas de un significativo título interno: "Casa de Monipodio, padre de los ladrones de Sevilla", semejante al que en el *Casamiento engañoso* introduce la "Novela y coloquio que pasó entre Cipión y Berganza". Pero al publicar sus novelas en 1613, Cervantes decidió omitir este ingreso rígido al antro de Monipodio que, por otra parte, era del todo innecesario, por cuanto que ya venía preparándose cuidadosamente en el relato a partir de la introducción de un típico motivo dinámico: el robo de la bolsa al estudiante sacristán. Suprimiendo el título interno, Cervantes hizo mucho más sutil el cambio de perspectivas simbólicas a que el lector ha sido llevado, aunque no dejó de marcar convenientemente la disolución de este segundo nivel del relato en el breve epílogo donde Rinconete —situado en un tercer nivel: el de la conciencia reflexiva— considera el mundo de acciones insólitas y relaciones subvertidas que él y su compañero acaban de dejar.

Todo el discurrir de Rincón y Cortado, desde la venta del Molino, donde ocurre su encuentro, hasta su arribo a Sevilla y su ingreso al oficio de esportaleros ha sido concebido como una necesaria introducción al mundo de Monipodio del que es, a un tiempo, su antítesis y su clave.

Cuando vamos leyendo por primera vez las páginas iniciales de esta novela cervantina, creemos hallarnos ante el relato de los afanes y aventuras de dos pícaros que van buscando remedio a "la miserable vida". Con todo, el humorismo tolerante y la gozosa voluntad histriónica de los mozos, aparecen desde el inicio como rasgos excepcionales; sobre todo, aquella sorprendente capacidad verbal que se manifiesta en las permanentes inversiones de sentido y en las lecturas interlineales que su diálogo propone, se dirige, más que a caracterizar psicológicamente a los protagonistas, a poner de relieve el uso peculiar y constante de materiales lingüísticos que se hará a lo largo del relato.

Rincón y Cortado, astrosos como vienen y declarando en sus vestidos lo que encubre su lengua, instrumentan una conversación de pujos señoriles; por más que ambos estén al tanto de su verdadera condición, se entregan con entusiasmo a un juego de fingimientos e ilusiones por medio del cual su imaginación juvenil logra investirlos de una personalidad social ambicionada. El diálogo que ambos prolongan complacidamente se instala sobre un patrón lúdico e irónico que libera las energías de estos mozos atrapados en los más bajos estamentos de una sociedad extremadamente fluida. Pero con ese estimulante ejercicio de la fantasía Rincón y Cortado no pretenden engañarse, sino utilizarse mutuamente en su imaginaria usurpación de otras existencias posibles. Las palabras juegan, así, sus dobles intenciones, oscilan de la inocencia a la malicia, del puro deleitarse en una imagen superior de sí mismos a las socarronas alusiones a su baja realidad y, en fin, a la aceptación del juego descubierto, que en ellos no conduce al "amargo individualismo" del pícaro, sino a un reconfortante sentimiento de solidaridad:

—Eso se borre —dijo Rincón— y pues ya nos conocemos, no hay para qué aquesas grandezas ni altiveces; confesemos llanamente que no teníamos blanca, ni aun zapatos.
—Sea así —respondió Diego Cortado—... y pues nuestra amistad, como v.m. señor Rincón, ha dicho, ha de ser perpetua, comencémosla con santas y loables ceremonias.

En estos pasajes que ahora recordamos se revelan algunos de los temas obsesivos del Barroco: la concepción del mundo como una vasta plaza o escenario en el que resulta difícil separar lo ilusorio de lo verdadero y donde los hombres, llevados por un invencible impulso de ser más o valer más, se disfrazan, mudan de inclinaciones y de hábitos, empujados por un violento afán de apropiarse de otras vidas soñadas, de elevarse por encima de una existencia inferior a sus deseos o sus merecimientos. Así, vestuario y palabras se hacen instrumento de esas metamorfosis deseadas; por obra del decir y el parecer cambia el orden de las relaciones humanas y cambian las mismas perspectivas vitales de cada hombre que, llevado por este amor a lo "otro", puede tocar, según los casos, en el heroísmo, la santidad o la delincuencia. Pero los peligros de una vocación de esta índole no se hallan solamente en la dificultad de discernir los límites entre la realidad del mundo y las fantasías vividas, sino en el vivir inconscientemente sobre dos dimensiones incompatibles. Rincón y Cortado —que nunca dejan de referirse a su estado miserable y a sus actividades delictivas, esto es, a sus verdaderas dimensiones morales y sociales—, usan los poderes ilusorios de la palabra no sólo por marrullería de profesionales del engaño, sino, además, para satisfacción de su fantasía. Hallándose iguales, se abrazan; la amistad de Rincón y Cortado es un caso de pura congenialidad, y es ese cabal conocimiento que tienen de sí mismos, la clara conciencia de sus transgresiones a determinadas normas sociales, lo que Cervantes señala con insistente interés en la primera parte de la novela. Llegando a Sevilla,

> Rincón y Cortado se fueron a ver la ciudad, y admiróles la grandeza y suntuosidad de su mayor iglesia, el gran concurso de gente del río, porque era tiempo de cargazón de flota, y habría en él seis galeras cuya vista les hizo suspirar, y aun temer el día que sus culpas les habrían de traer a morar en ellas de por vida...

En la contemplación de las galeras y en la explícita conciencia del destino que los mozos saben que les aguarda, reveló Cervantes la dirección ética de su novela. Situado precisamente entre el robo de los viajeros y el hurto de la bolsa al sacristán, el motivo de las galeras tiene una función más semántica que compositiva; está colocado allí, a la entrada de la gran urbe sevillana, para hacer patente un orden social del que Rincón y Cortado participan, aunque sólo sea para transgredirlo conscientemente.

3. Hemos afirmado que todos los episodios que se relatan desde el fortuito encuentro de Rinconete y Cortadillo en la venta del Molino hasta la adopción del oficio de esportaleros —"que venía como molde para usar el suyo con cubierta y seguridad"— constituyen un constante punto de referencia para la

comprensión de la segunda parte de la novela: el universo de Monipodio y sus cofrades. En efecto, para que el lector no tenga ninguna duda acerca del carácter insólito de esa cofradía ni de la sorprendente dimensión de lo humano que se representa en aquella "infame academia", era necesario anteponer a las escenas del antro de Monipodio una imagen del hombre que —por más libres que fuesen sus inclinaciones y por menos dispuesto que se hallase a dejarse sujetar por normas sociales y morales— se mostrase, sin embargo, plenamente consciente de la índole de sus actos. De manera, pues, que al amplio ámbito de la "miserable vida" que Rincón y Cortado intentan remediar con el ejercicio de sus "gracias secretas" por plazas y caminos —actitud a la que Cervantes concede sin duda el sentido de una aventura vital, de una juvenil entrega al azar—, sucede en la segunda parte de la novela una hermandad de delincuentes incapaces de determinar el sentido de sus actos, que se reúnen en torno a un "padre y maestro", el cual asegura su supervivencia por cuanto que es capaz de intuir en qué punto las incoherencias de la sociedad que los margina constituyen —paradójicamente— la coherencia de la propia cofradía subversiva. El carácter mimético de las normas que rigen esta cofradía de espíritus adolescentes, la aplicación formularia e invertida que en ella se hace de preceptos religiosos y normas civiles, bastarían para poner de relieve el cambio decisivo de perspectivas que se ha introducido en la novela.

Pero no es solamente allí donde este cambio se hace perceptible; lo evidencia también el diferente tratamiento que el tiempo y el espacio narrativos reciben en las dos partes de la novela. Las dimensiones espaciales que en la primera parte tienen la amplitud y la diversidad que favorece el motivo del "viaje", se reducen en la segunda a un patio interior para volver a expandirse en el epílogo, donde Rincón y Cortado han retornado ya al aire libre de Sevilla. Al igual que el espacio, también el tiempo del relato se contrae, pasando del discurso de las acciones a la convergencia de las escenas. Este cambio de dimensiones narrativas ha sido sabiamente graduado por Cervantes tanto en el desarrollo de un motivo dinámico (el robo de la bolsa) como en las implicaciones acordadas al material lingüístico que se pone en juego. El robo de la bolsa y del pañuelo al sacristán hace posible el paso del mundo fluido de las calles y plazas al recinto secreto de las revelaciones, donde la diversidad de lo humano es susceptible de ser reducido a una cifra ejemplar.

Sin embargo, antes que el tránsito se cumpla, Cervantes insiste una vez más en los poderes ilusionistas de la palabra, concretamente en su paradójica función de ordenar la realidad del mundo y, a la vez, de perturbarla. Si en el encuentro de Rincón y Cortado la misma palabra engañosa que no lograba desmentir la verdadera condición de los pícaros, nos revela —sin embargo— la imagen profunda de su ideal; en la cháchara de Cortado con el sacristán se manifiesta un uso aún más desconcertante del lenguaje, su maligna virtud de "embelesar" el entendimiento, no con la armonía de las razones, sino con su explícita confusión. Vale la pena recordar cómo escribe Cervantes el episodio donde Cortado despliega una inacabable red de sinrazones ante el semi-hipnotizado sacristán:

Sacó en esto de la faltriquera [el sacristán] un pañuelo randado para limpiarse el sudor que llovía de su rostro, como de alquitara, y, apenas lo hubo visto Cortado, cuando le marcó por suyo. Y habiéndose ido el sacristán, Cortado le siguió y le alcanzó en las gradas, donde le llamó y le retiró a una parte y allí le comenzó a decir tantos disparates, al modo de lo que llaman bernardinas, cerca del hurto y del hallazgo de su bolsa, dándole buenas esperanzas, sin concluir jamás razón que comenzase, que el pobre sacristán estaba embelesado escuchándole; y como no acababa de entender lo que le decía, hacía que le replicase la razón dos y tres veces. Estábale mirando Cortado a la cara atentamente, y no quitaba los ojos de sus ojos. El sacristán le miraba de la misma manera, estando colgado de sus palabras; este tan grande embelesamiento dio lugar a Cortado que concluyese su obra, y sutilmente le sacó el pañuelo de la faltriquera...

Pero este uso anómalo y fraudulento del lenguaje que Cortado sabe poner en práctica con tanto éxito, no se da tan sólo en las "bernardinas" y disparates similares, sino, como más adelante veremos, en otras formas verbales de cuya coherencia podríamos estar persuadidos. Por lo pronto, resulta evidente la insistencia con que Cervantes reclama la atención del lector sobre la naturaleza ambivalente del lenguaje y sobre la ambigüedad de las relaciones humanas que éste traduce, con lo cual nos pone en guardia no sólo contra los peligros de una lectura demasiado literal de su propia novela, sino de toda consideración unívoca de la complejísima naturaleza humana.

Como ya anotamos, la palabra ha servido tanto para descubrir la verdad emotiva y profunda que celan nuestras "razones" —aquella imagen soñada de nosotros mismos que cada uno forma en su fantasía—, como para aturdir el entendimiento de quien nos escucha con un despliegue de voces que destruyen todos los nexos entre el "discurso" y la realidad; palabras que desdicen la realidad objetiva, pero que —en cambio— revelan un verídico fondo de sueños y ambiciones, y palabras que se desligan de la realidad pero que, sin embargo, parecen aludirla gracias a su apariencia de razonamiento humano.

Con todo, entre ambos extremos de la negación, caben varios matices de la confusión. Ya Karl L. Selig, en su notable artículo sobre *Rinconete y Cortadillo*,[6] caracterizó el habla germanesca de los cofrades como un típico caso de asimilación frustrada de la lengua culta por parte del habla popular, y a ese trabajo del Prof. Selig debe remitirse el lector para todo lo relativo a los conspicuos mecanismos del habla de germanía, que ahora —sin embargo— sólo nos interesa atender en su función de lenguaje mixtificador e iniciático. Se recordará cómo apenas terminado el falso diálogo entre Cortado y el sacristán, un mozo se dirige a ambos amigos empleando una jerigonza incomprensible. No es sólo la lengua lo que Rincón y Cortado no aciertan a comprender, les sorprenden también ciertas normas que deben acatar los rateros sevillanos, entre las que figura en primer término la necesidad de registrarse y prestar obediencia al "señor Monipodio", padre, maestro y amparo de ladrones. Cortado, que al inicio del episodio piensa habérselas con un mozo de su misma calaña, comienza a chancearse: "Yo pensé —dijo Cortado— que el hurtar era oficio libre, horro de pecho y alcabala, y que

---

[6] *Cf*. Karl Ludwig Selig, 1967, pp. 585-590.

si se paga es por junto, dando por fiadores a la garganta y a las espaldas." Con todo, picado por la curiosidad de conocer al importante personaje y su compañía, añade: "Pero, pues, así es, y en cada tierra hay su uso, guardemos nosotros el desta que, por ser la más principal del mundo, será el más acertado de todo él, y así puede vuesa merced guiarnos donde está ese caballero que dice...".

Lo que para Rincón y Cortado se inicia con un aire de burlas, pronto se convertirá en una decisiva experiencia vital. Mientras caminan hacia el antro de Monipodio —y no olvidemos que Cervantes insiste no sin propósito en la larga plática y el largo camino que deben recorrer, como queriendo evocar los primeros pasos de una iniciación esotérica—, el guía los va poniendo al tanto del lenguaje cifrado de la cofradía (el cual —dice— les conviene saber "como el pan de la boca"), así como de su inusitada organización, que los recién llegados no sospechan siquiera. De nuevo, la anomalía del lenguaje viene a situarse en el centro de la narración; pero ahora no se trata de señalar sus virtudes genéricas, sino de revelar la existencia de una lengua secreta y monstruosa, la de germanía, que al igual que la sociedad hamponesca que la produce, degrada los valores de la comunidad y deforma sus órdenes, invirtiéndolos.

Es patente el paralelismo con que en ese episodio han ido introduciéndose los vocablos germanescos y los rasgos relevantes de la insólita cofradía, disposición que hace al lector percibir claramente el carácter anómalo del lenguaje como consecuencia directa de la anormalidad espiritual de los cofrades. En efecto, mientras se encaminan a la apartada casa de Monipodio, Rincón y Cortado van siendo preparados para enfrentarse a un mundo trastrocado [7] e incoherente que poco a poco irá descubriéndoles la disparatada lógica de sus mecanismos. Las afirmaciones de Ganchuelo —o Ganchoso—, que así se llama el guía, en el sentido de que sus camaradas son ladrones "para servir a Dios y a las buenas gentes" y de que Monipodio tiene dadas a todos piadosas instrucciones para que den limosnas de lo hurtado,

---

[7] Selig, en art. cit., aludió a la casa de Monipodio como "un mundo al revés, pero donde reina la alegría, y se acentúa lo pintoresco".

causa por la cual se han podido ver grandes "milagros" [8] en favor de los cofrades que la justicia ha sometido a tortura, son tomadas por Rincón y Cortado como el hipócrita encubrimiento de unas descaradas actividades delictivas. Cervantes parece desear que sus lectores percibamos como un eco de aquel primer diálogo en la venta del Molino que nos haga pensar que esta situación tiene en común con la precedente el juego y la ironía. Pero la nueva intervención de Ganchuelo desvanece de súbito toda posible semejanza: sus palabras no tienen nada que ver ni con la fantasia ni con el engaño: responden —por el contrario— a la verdad, a un género de verdad peculiarísimo, puesto que no entra en conflicto con la mentira:

—¿Y con sólo eso que hacen, dicen esos señores, dijo Cortadillo, que su vida es santa y buena?
—Pues ¿qué tiene de malo?, replicó el mozo. ¿No es peor ser hereje o renegado, o matar a su padre y madre, o ser solomico?

Rincón todavía tiene el ánimo quijotesco de corregir: "Sodomita querrá decir vuesa merced..." Pero Cortado, ya persuadido de la íntima relación existente entre el habla trastocada de que el mozo presume y su radical ignorancia, replica contundente: "Todo es malo", para añadir enseguida: "Pero pues *nuestra suerte ha querido que entremos en esta confradía*, vuesa merced alargue el paso, que muero por verme con el señor Monipodio, de quien tantas virtudes se cuentan."

Ha sido, pues, la suerte, un misterioso giro de la fortuna lo que ha puesto a Rinconete y Cortadillo en situación de observar desde dentro el universo que rige Monipodio. La extrañeza del caso que, de acuerdo con la tesis cervantina, otorga jerarquía poética al relato, lo constituye aquí la reveladora visión de un mundo insólito donde el espíritu humano se muestra en su radical desconcierto e inferioridad, o quizá —para plantearlo a un nivel más estético que ético— lo verdaderamente insólito

---

[8] El ms. de Porras de la Cámara trae: "y en verdad que hemos visto grandes milagros por esta obra", donde el texto impreso dice: "y en verdad que hemos visto grandes cosas...". *Cf. Novelas ejemplares*, ed. cit.

[9] Las cursivas son nuestras.

sea la visión novelesca que otorga sentido y congruencia a lo que en la realidad ordinaria aparece confuso y diluido.

El paso de la norma a la excepción ha sido dado; del mundo bipolar de Rincón y Cortado, donde el bien y el mal ocupan sus posiciones extremas e inconciliables, se accede a un pequeño universo donde el bien y el mal, la ilusión y la realidad se confunden en la inconsciencia y en los actos de los cofrades. En la intersección de estas dos perspectivas se funda, sin duda, la sutileza de un arte literario que, sin renunciar a su esencial "gratuidad", hace todavía posible y valedera una lectura ejemplarizante.

A partir de este momento, el autor juzga haber ya mostrado suficientemente los elementos que se congregan en su "mesa de trucos": ha insistido, particularmente a través de las deformaciones lingüísticas y morales del guía, en el aspecto de la realidad humana tomado en consideración; en el carácter dependiente y mimético de la cofradía de maleantes y en su necesidad de adoptar formas y normas de la vida social que, al ser puestas en acto desprovistas de sus verdaderos contenidos, ofrecen el espectáculo de una conducta aberrante, en cuyas disyunciones con la "normalidad" funda Cervantes un eficaz esquema de lo cómico.

4. Rincón y Cortado llegan al final de su largo recorrido por las callejas de Sevilla, su guía los hace esperar brevemente en el umbral de "una casa no muy buena, sino de muy mala apariencia", y los introduce luego en un "pequeño patio ladrillado" que "de puro limpio y aljimifrado, parecía que vertía carmín de lo más fino; al lado estaba un banco de tres pies, y al otro un cántaro desbocado con un jarrillo encima, no menos falto que el cántaro; a otra parte estaba una estera de enea, y en el medio un tiesto, que en Sevilla llaman maceta de albahaca". Los objetos reclaman de inmediato nuestra atención: banco, cántaro, jarro, estera, maceta, tienen una especial función evocadora, son "manchas" que, dispuestas en un escenario, aluden a situaciones análogas de cierta realidad concreta; su aspecto incompleto o mutilado hace resaltar su condición de signos más que de objetos.

Viendo que el señor Monipodio dilata su aparición, Rinconete se atreve a entrar en una

> sala baja, de dos pequeñas que en el patio estaban, y vio en ellas dos espadas de esgrima y dos broqueles de corcho, pendientes de cuatro clavos, y una arca grande sin tapa ni cosa que la cubriese, y otras tres esteras de enea tendidas por el suelo. En la pared frontera estaba pegada a la pared una imagen de nuestra Señora, destas de mala estampa, y más abajo pendía una esportilla de palma, y encajada en la pared una almofía blanca, por do coligió Rincón que la esportilla servía de cepo para la limosna, y la almofía de tener agua bendita, y así era la verdad.

También las espadas de esgrima y los broqueles de corcho, el arca sin tapa, la figura de mala estampa, la almofía y la esportilla cumplen la función semiótica que les ha sido asignada. Es evidente que con el cuidadoso arreglo del patio y de las estancias de aquella mísera casucha se aspira a dotarla, por vía connotativa, de ciertos valores que intrínsecamente no posee; las espadas de ensayo, el arca vacía, las humildes esteras de paja aluden a otro contexto, el de la mansión de un gran señor, pero también denuncian en el responsable de esa disposición mimética un espíritu que atribuye a la analogía virtualidades mágicas. La estampa religiosa de mal gusto y el uso anómalo que, debajo de ella, se hace de la espuerta y la almofía, llevan a sus últimas consecuencias la intercambiabilidad de funciones a que los objetos-signos pueden ser sometidos en la casa de Monipodio.

Al llegar al final de su viaje por el laberinto de las callejas de Sevilla, Rincón y Cortado se encuentran inesperadamente situados en un escenario vacío de personajes pero repleto de significaciones en los objetos que ahí se hallan congregados. La correlación existente entre este escenario y el relato que el guía les ha hecho acerca de las insólitas costumbres de la cofradía es por demás evidente y ratifica la extraordinaria cohesión dada por Cervantes a todos los motivos de la novela.

La escena se va poblando rápidamente de silenciosos personajes: los mozos "vestidos de estudiantes"; un ciego; dos viejos de bayeta, "con anteojos, que los hacían graves y dignos de ser respetados, con sendos rosarios de sonadoras cuentas en las manos"; una vieja halduda que, "sin decir nada, se fue a la sala y habiendo tomado agua bendita, con grandísima devoción, se puso de rodillas ante la imagen"; dos "bravos y bizarros mozos, de bigotes largos, sombrero de grande falda, cuellos a la valona... espadas de más de marca" y "sendos pistoletes cada uno en lugar de dagas..." Y también Monipodio, cuando le toque hacer su entrada majestuosa, será minuciosamente descrito en su aspecto físico y en su atuendo, aunque en este caso la descripción sumaria que se ha hecho de los "tipos" tendrá una elaboración minuciosa, de acuerdo con la complejidad de esa "máscara" paterna.

La declarada disposición teatral con que Cervantes ha iniciado la segunda parte de la novela debe hacernos pensar que también su desarrollo será eminentemente escénico, aun cuando éste no se funde necesariamente en una simple sucesión de "cuadros" a los que la figura central de Monipodio se encargaría de "unir totalmente".[10] El carácter estático que Casalduero ha señalado en los "cuadros" de esta segunda parte de Rinconete y Cortadillo depende de la presentación preponderantemente circular que Cervantes hace de los "tipos" y, sobre todo —creemos—, de la manera sistemática con que va descubriendo su reverso; esto es, con que la radical antítesis de lo humano va mostrando la falsedad de toda reducción tipológica, que ni siquiera puede justificarse a un nivel de lectura unívocamente "ejemplar". Con todo, la verdadera estructura teatral de la "Casa de Monipodio" no reside únicamente en la delimitación de las escenas y en ciertos recursos técnicos como —por ejemplo— las llamadas del centinela, sino en una más permanente y compleja "teatralización" de materiales lingüísticos y en el carácter de visión reveladora de la naturaleza humana que se desprende de toda ella.

La casucha remota y de mal aspecto descubre un patio y una sala inesperadamente limpios en los cuales el peculiar uso o disposición de los objetos revela su función icónica. El patio se puebla de individuos silenciosos que, sin embargo, en su vestimenta y en sus actitudes descubren los arquetipos huma-

10 *Cf.* Casalduero, 1969, p. 111.

nos que representan; pero algo en el comportamiento de estos cofrades todavía mudos nos hace sospechar que entre ellos y los objetos con que se rodean existe una secreta relación de intenciones; que quizá los anteojos y los rosarios, los extremos de piedad, las espadas abusivas, etc., tengan también una función emblemática similar a la del arca sin tapa, a la almofía y la espuerta, y que en todos ellos los gestos y los hábitos no muestren, sino oculten, su verdadera condición. La entrada de Monipodio desvanece nuestras dudas; se trata del icono paterno de una humanidad inferior, monstruosa, que, dotado de un poderoso instinto de conservación, protege a su clan de las amenazas de una abstracta organización social cuyos mecanismos de castigo y recompensa proceden de una justicia deshumanizada (leyes, burocracia) a la que él sabe oponer su propia imagen de padre providente.

Con la presentación de los neófitos al padre y señor Monipodio y la consiguiente imposición de nombres a los nuevos cofrades Rinconete y Cortadillo, ocurre el primero de los fenómenos miméticos relevantes. La ceremonia en que se rebautiza a Rincón y Cortado tiene —a nuestro juicio— un doble valor de significación; por una parte, confirma el poder mágico de la palabra, concebida a la vez como correlato y confirmación de la realidad y, por otra, la escena constituye una evidente réplica del bautismo, a partir del cual la vida de los nuevos miembros pertenece por entero a la cofradía y queda desligada de la sociedad exterior y de las normas que rigen en ella. Claro está que se trata de un desvinculamiento sólo parcial y afectivo, ya que en la hermandad secreta se invierten inconscientemente todas las imposiciones dogmáticas y normativas de la vida religiosa y civil. Monipodio es, quizá, el único que no se engaña respecto de estas equívocas e irrenunciables relaciones con el mundo exterior y, así, exige conocer los nombres de los parientes y benefactores de los cofrades, para que puedan hacerse "decir cada año ciertas misas por las ánimas de nuestros difuntos y bienhechores, sacando el estipendio para la limosna de quien las dice, de alguna parte de lo que se garbea; y estas tales misas, así dichas como pagadas, dicen que aprovechan a las tales ánimas por vía de naufragio".

La barbarie lingüística de Monipodio no sólo es signo de su baja extracción social —como ha señalado Casalduero— sino manifestación de una profunda necesidad de apropiarse de formas superiores de vida y de cultura, de las que sin embargo no alcanza a discernirse su verdadero sentido: tendencia que en los más bajos niveles del espíritu cristaliza en la grotesca designación de acciones más que profanas por medio de los términos de la liturgia, como ha anotado Karl L. Selig. Las múltiples deformaciones de la lengua cumplen también una función estructural: la de poner de relieve los materiales lingüísticos en que se funda la obra. Si en la primera parte de la novela aparecen en primerísimo plano las virtudes ilusorias del lenguaje, la capacidad hipnótica de los sinsentidos, en fin, el uso fraudulento del discurso; en la segunda parte se confronta la ambigüedad connatural del lenguaje, la condición polivalente de cada texto y aun de cada palabra; en suma, la reversibilidad de los signos y de los significados. En efecto, las escenas que componen la segunda parte de la novela articulan diversos motivos en torno al material lingüístico que proporcionan tres refranes y, así, la estructura teatral de la "Casa de Monipodio" podría esquematizarse de la siguiente manera:

I. Escenario
   1. Objetos y personas

II. Loa de Monipodio
   1. Examen y bautizo de Rinconete y Cortadillo

III. Primer alboroto
   1. Primer refrán ("No es mucho que a quien te da la gallina entera, tú des una pierna della").
   2. Banquete
     a) Motivo de la beata
     b) Motivo de las mozas

IV. Segundo alboroto
   1. Segundo refrán ("A lo que se quire bien, se castiga").
     a) Motivo de los avispones
     b) Motivo de los bravos

   2. Concierto

V. Tercer alboroto
  1. Tercer refrán ("Quien bien quiere a Beltrán, bien quiere a su can").
  2. Acuerdo

VI. Memoriales de Monipodio
  a) Motivos complementarios

VII. Mutis

Acabando de recibir Pedro del Rincón y Diego Cortado los nuevos nombres con que los distinguirá la cofradía, y que "asientan como de molde" a su edad y actividades, y habiendo superado gracias a su agudeza las pruebas de adaptación al medio a que les somete Monipodio, sobreviene el primero de los tres sobresaltos mediante los cuales Cervantes inicia sistemáticamente el desarrollo escénico de cada uno de los refranes indicados. El alcalde de los vagabundos se acerca a la casa: "Nadie se alborote, dijo Monipodio, que es amigo y nunca viene por nuestro daño, sosiéguense, que yo le saldré a hablar." El alguacil reclama la "bolsilla de ámbar" robada al sacristán y cuyo paradero desconoce la comunidad, aunque ejerce el control de la plaza donde se cometió el hurto. Monipodio aprieta al mozo responsable del lugar, que jura y perjura no haberla tomado, con lo cual se dio "ocasión a que toda la junta se alborotase, viendo que se rompían sus estatutos y buenas ordenanzas". Pero Rinconete y Cortadillo, queriendo poner fin a la cólera de Monipodio, deciden sacar a la luz la bolsa del sacristán junto con "el pañuelo que al mismo dueño se le quitó por añadidura". Con este gesto, los mozos se hacen plenamente acreedores a la confianza y reconocimiento de la hermandad y así lo certifica Monipodio al conferir a Cortado la altísima distinción de un sobrenombre:

Cortadillo el *Bueno*, que con este título y renombre ha de quedar de aquí adelante, se quede con el pañuelo, y a mi cuenta se quede la satisfacción deste servicio, y la bolsa se ha de llevar el alguacil, que es de un sacristán pariente suyo, y conviene que se cumpla aquel refrán que dice: *No es mucho que a quien te da la gallina entera, tú des una pierna della.* Más disimula este buen alguacil en un día, que nosotros le podemos ni solemos dar en ciento.

El motivo del robo que dio lugar al ingreso de Rincón y Cortado en la cofradía, ha sido retomado por Cervantes y hecho desembocar en un refrán que, unido a los utilizados posteriormente, proponen los modelos paradigmáticos de tres tipos de relaciones humanas fundamentales. Con el primero se nos sitúa frente a una red de inesperados correlatos entre la organización hamponesca y la sociedad, que no se limita a desenmascarar la identidad de intereses entre los delincuentes y los representantes de la justicia (aspecto sobre el que meditará Rinconete en el epílogo) por cuanto que se liga a la más amplia perspectiva ética de la novela, de conformidad con la cual se somete la entera visión del mundo a un implacable mecanismo de antítesis e inversiones. Si para Rinconete y Cortadillo la connivencia de la justicia con el crimen trastroca los órdenes divinos y humanos, para Monipodio y sus secuaces, en cambio, el acuerdo con el alguacil confirma la validez de su conducta y, sobre todo, explica su incapacidad de percatarse de la índole amoral de su comportamiento. Como Rinconete y Cortadillo advertían en las razones del guía —tan inconscientemente imbuido de cuestiones teológicas y dogmáticas—, para los cofrades la maldad sólo puede ser referida a los actos que atentan contra la religión o contra la naturaleza, pero de ningún modo contra el orden jurídico establecido que, por otra parte, resulta ostensiblemente cuestionado en el mismo Evangelio. Objeto de persecución por la justicia, estos maleantes cervantinos pueden llegar a sentirse vecinos de la inocencia.

Cuando Monipodio señala que la bolsa se devuelve al alguacil porque conviene cumplir con el refrán citado, está subrayando el carácter concreto y personal con que su hermandad concibe las *relaciones sociales*, frente al capricho de los ordenamientos abstractos que impone el Estado. Por lo demás, la decantada sabiduría popular que se concentra en los refranes —comentados y apreciados también por los más graves humanistas— parece convalidar expresamente su conducta tal como lo hace el alguacil que, a un tiempo representante y transgresor del orden impuesto, patentiza las íntimas contradicciones en que éste se funda. De ahí que Monipodio y sus cofrades, situados en una ambigua relación con el contradictorio mundo circundante, no puedan percibir la dimensión moral de sus actos y se vean privados de toda perspectiva para valorarlos y jerarquizarlos; así, la decisión de Cortado de restituir la bolsa que robó antes de su ingreso en la cofradía puede ser parangonada a la del mismísimo "Don Antonio Pérez de Guzmán el Bueno, que arrojó el cuchillo por los muros de Tarifa para degollar a su único hijo", por cuanto que no se percibe ninguna diferencia cualitativa entre ambos actos de *sacrificio*: el de la vida y el de la ganancia.

De su plática con el alguacil, Monipodio vuelve acompañado por dos hembras de la casa llana, "afeitados los rostros, lleno de color los labios y de albayalde los pechos" que, de acuerdo con la mecánica compositiva que ya conocemos, darán lugar a dos escenas que, a la vez, se oponen y se complementan (el *banquete* y el *concierto*), y entre las cuales habrá de insertarse el segundo refrán originado por la irrupción de otra moza del partido.

Hasta ahora, Rinconete y Cortadillo han podido comprobar la incultura y anormalidad de la cofradía que los ha incorporado, pero es de notarse que tanto la limpieza de aquella casa como el decoro señoril con que casi siempre consigue comportarse Monipodio y la misma espontánea simpatía con que trata a los novicios, destacan como factores de "normalidad" sobre un fondo de inconsciente barbarie. El banquete expande a tal punto esta aura de lo "normal" en el ámbito de Monipodio que ni siquiera el uso poco canónico que en él se hace de ciertos objetos (estera por mesa, "sábana por manteles", cuchillos y espadas por vajilla y cubiertos) logra privar de su carácter armonioso aquel convivio y aquellas viandas en cuya limpieza, disposición y sabor se esboza un canto de glorificación a la materia. Pero esta armonía de lo material que, como veremos, encontrará más adelante su obligada antítesis en el rústico concierto, no podía tener para Cervantes el único valor de mostrar a los cofrades en esta dimensión de pleno acuerdo con la naturaleza; la intervención de la vieja beata hace oscilar la escena hacia un plano deci-

didamente simbólico en el cual el banquete se revela también
como un equívoco acto litúrgico. Dice la vieja:

> Hijo Monipodio, ya no estoy para fiestas, porque tengo un vahí-
> do de cabeza dos días ha, que me trae loca, y más que antes que
> sea mediodía tengo de ir a cumplir mis devociones y poner mis
> candelicas a nuestra Señora de las Aguas y al santo Crucifijo de
> Santo Agustín [...] y porque se me hace tarde, dadme un tragui-
> llo, si tenéis, para consolar este estómago, que tan desmayado
> anda de contino.

Las mozas le escancian hasta un azumbre de vino y comenta
la beata: "Mucho echaste, hija Escalanta; pero Dios dará fuerzas para todo. Y aplicándosele a los labios, de un tirón, sin
tomar aliento, lo trasegó del corcho al estómago". La vieja, que
ahora sabemos que se llama la Pipota —de acuerdo con el gusto
cervantino por los hombres significativos—, deja a los cofrades
a punto de sentarse en torno a la estera, cuando, produciendo
otro sobresalto, se introduce Juliana la Cariharta, que prepara
así el desarrollo escénico del segundo refrán. Apaciguada la
moza "todos volvieron a su *gaudeamus,* y en poco espacio vieron
el fondo de la canasta y las heces del cuero. Los viejos bebieron
sine fine, los mozos adunia, las señoras los quiries...".
Las dos interrupciones del banquete, ocasionadas por la Pipota y la Cariharta, perturban su continuidad temática y dilu-
yen, incluso, su carácter de réplica invertida del sacrificio de la
misa; con todo, la sorprendente interpenetración de lo sagrado
con lo profano no se manifiesta únicamente en los términos li-
túrgicos con los que Cervantes, recurriendo a un uso muy difundido, describe la consumación del banquete, sino en la re-
ligiosidad pragmática y obsesiva de la vieja Pipota en cuyo
"entendimiento corrompido" [11] todas las acciones del mal se
acomodan espontáneamente a las imágenes del bien, como ocurre —por ejemplo— en la descripción que ella misma hace del
enorme esfuerzo con que el Renegado y el Centopiés llevaron
hasta su casa la pesada canasta de ropa robada: "y en Dios y en
mi ánima que venía con su cernada y todo, que los pobretes
no debieron de tener lugar de quitalla, y venían sudando la gota

---

[11] *Cf.* Augustín G. de Amezúa y Mayo, 1956 I; pp. 101 y *ss.*

tan gorda que era una compasión verlos entrar hijadeando y corriendo agua de sus rostros, que parecían unos angelicos", donde el sudor de los ladrones trae a la imaginación de la vieja los rostros humedecidos de los ángeles que lloran la muerte de Cristo.

Sin embargo, cuando al afirmar la definitiva "inversión de su conciencia" se intenta reducir a la Pipota y a los demás miembros de la junta a casos extremos de contumacia en el pecado, parece que quisiera olvidarse que no todo en el pensamiento de Cervantes responde a una intachable ortodoxia.[12] Las fronteras entre la conciencia y la inconciencia del mal no pueden aparecer en la ficción cervantina separadas de un tajo; así, el movimiento antitético que es propio de la novela —y por cuya causa a todas las máscaras tipificadoras se sobreponen los múltiples rostros de la contradicción— determina también variantes metafísicas y pragmáticas en la esfera de lo religioso. Al igual que los rosarios de los viejos avispones, las espadas abusivas de los bravos o el albayalde de las mozas del partido, la beatería de la Pipota es signo de una condición humana y de una actividad social. La rezadora vieja vive de la religión tanto como cree en la religión, lo religioso constituye el ámbito de su existencia espiritual y material; lo primero, porque en ella encuentra un lugar prestigioso para su vejez y su ociosidad; lo segundo, porque explota su vecindad con lo sagrado, sacándole los cuartos a las del partido, las cuales quizá también un día tendrán que recurrir al oficio de viejas piadosas a quienes pueda confiarse el producto de un hurto o el cumplimiento de una devoción. La hipocresía de la Pipota, muy sutilmente sugerida, no puede comprobarse nunca: se le cree que haya conservado la canasta "tan entera como cuando nació"; se le cree que pide a las mozas "algún cuar-

---

[12] "...ver en Cervantes el 'típico representante de la época de la Contrarreforma [como quiere Hatzfeld], el hombre que se adhiere sin reservas, y sin reflexionar en nada más allá, a las *Regulae* de San Ignacio, es desconocer que la obra de Cervantes plantea problemas que no plantea la de Lope, y es, al mismo tiempo, hacerse de la Contrarreforma una idea simplista. Castro, después de abrir este debate, tuvo ocasión de mostrar en algunos representantes típicos de la Contrarreforma española un dualismo profundo, pues la voluntad de ortodoxia no alcanza a sofocar en ellos la crítica de las ceremonias sin alma, de la escolástica vacía de inspiración cristiana" (Marcel Bataillon, 1966, p. 785).

to para las candelillas de mi devoción" porque olvidó en casa la escarcela; "todo se le cree, señora madre", declara Monipodio, confirmando con su poder terrenal el aura de intocabilidad de lo sacro.

Con la desgreñada Cariharta que hace su dramática aparición en el patio de los ladrones, Cervantes comienza a motivar el segundo de los refranes, en cuyo desarrollo se plantea otro nivel de las relaciones humanas: el amoroso. La Cariharta, que ha sido inmisericordemente vapuleada por su galán por causa de no haberle podido mandar todo el dinero que éste solicitaba para salir adelante con un juego de cartas, clama la justicia de Dios y del rey "sobre aquel ladrón deshuellacaras, sobre aquel cobarde bajamanero, sobre aquel pícaro lendroso...", y Monipodio le promete la suya porque no puede sufrir que los intereses de la cofradía mengüen de tal manera por causa de los excesos que ha cometido el Repolido en la Cariharta, siendo ésta —aclara Monipodio— "persona que puede competir en limpieza y ganancia con la misma Gananciosa, que está delante, que no le puedo más encarecer". Pero al contrario de Monipodio —para quien los cardenales de la Cariharta sólo acarrean consecuencias económicas—, la Gananciosa percibe la verdadera naturaleza erótica del lance: "La Gananciosa tomó la mano a consolalla, diciéndole que ella diera de muy buena gana una de las mejores preseas que tenía, porque le hubiera pasado otro tanto con su querido. Porque quiero, dijo, que sepas, hermana Cariharta, si no lo sabes, que a lo que se quiere bien, se castiga.[13] Y cuanto estos bellacones nos dan y azotan y acocean, entonces nos adoran; si no, confiésame una verdad, por tu vida; después que te hubo Repolido castigado y brumado ¿no te hizo alguna caricia? ¿Cómo una?, respondió la llorosa, cien mil me hizo y diera el un dedo de la mano porque me fuera con él a su posada, y aun

[13] En la ed. de 1613 aparecen impresos en bastardilla el primero y el tercero de los refranes, de los que se señala expresamente su condición de texto proverbial; no ocurre así en este segundo caso, donde el refrán aparece imbuido en el discurso de la Gananciosa; sin embargo, lo hemos subrayado igualmente, puesto que Cervantes se sirvió de otro recurso para llamar la atención sobre él, haciendo preceder su enunciación de aquellas palabras cautelosas y retardatorias con que la moza del partido se dispone a revelar a su compañera la fórmula que explica la conducta agresiva del Repolido.

me parece que casi se le saltaron las lágrimas de los ojos después de haberme molido."

Si el refrán que sirvió para plantear las relaciones sociales confirmaba la incapacidad de los cofrades para entender los patrones abstractos que rigen una comunidad civil, este otro revela cuáles sean los únicos brutales recursos de que disponen para manifestar la fuerza y la veracidad de sus sentimientos. No hay que pensar —evidentemente— en perversiones del sexo, que en todo caso exigirían un contexto completamente diverso, sino en la violencia y la humillación como únicas posibilidades extremas de que disponen esos espíritus adolescentes para expresarse en los complejos ciclos del amor. La Gananciosa, más sensible que su compañera a los extremos de la pasión, recurre también a la sabiduría del refranero popular para consolarla, puesto que cree encontrar en ella la explícita formulación de una elemental dialéctica de las relaciones eróticas.

Así como no basta la malicia para clarificar un espíritu —parece decirnos Cervantes—, un instintivo sentimiento de dignidad y propia estima tampoco es suficiente para enaltecerlo. Repolido entra en la casa de Monipodio; es un "bravo" de la misma calaña de Chiquiznaque y Maniferro, a cuya ostentación viril y matonesca se opone la subrepticia personalidad de los "avispones", temerosos de Dios y espías de los cofrades. Repolido llega pidiéndole a su Cariharta la reconciliación y aun el matrimonio, pero ésta —detrás de bambalinas— continúa llenándolo de improperios en los que lo retrata con inadvertido y asombroso apego a la realidad moral de su concubino. Monipodio interpone sus buenos oficios: "¡Ah Juliana, ah niña, ah Cariharta mía!, sal acá fuera, por mi amor, que yo haré que el Repolido te pida perdón de rodillas." Pero el hombre —que en privado hubiese aceptado seguramente mayores humillaciones— quiere dejar en público salvada su reputación de fiero: "Si esto ha de ir por vía de rendimiento que güela a menoscabo de la persona, dijo el Repolido, no me rendiré a un ejército formado de esguízaros; mas si es por vía de que Cariharta gusta dello, no digo yo hincarme de rodillas, pero un clavo me hincaré por la frente en su servicio." Al escuchar una hipérbole tan estupenda, Maniferro y Chiquiznaque rompen a reír, y el Repolido —que advierte cómo la retórica de los sentimientos puede resultar ridícula fuera de la intimidad— hace una cuestión de honor de aquellas risas.

Las palabras con que impreca a sus correligionarios toman ahora otro rumbo retórico, el de las fórmulas caballerescas y jurídicas: "Cualquiera que se riere, o se pensare reír de lo que la Cariharta, o contra mí, o yo contra ella hemos dicho, o dijéremos, digo que miente, y mentirá todas las veces que se riere o lo pensare, como ya he dicho." ¿Qué lenguaje de mayores consecuencias puede haber para estos permanentes candidatos a las galeras que esta fraseología tribunalicia o qué más grave ofensa que la que un caballero puede hacer a otro caballero tildándole de mentiroso? Repolido, adoptando ya la lengua formularia del enemigo común, ya la actitud que corresponde al común paradigma caballeresco, manifiesta la inquebrantable decisión de mantenerse en su propia perspectiva ideal.[14] Vuelve a intervenir Monipodio para aplacar los ánimos y las palabras, "y pues las que se han dicho no llegan a la cintura, nadie las tome por sí".

Repolido, que —como hemos visto— es hombre de variados recursos lingüísticos y ve la ocasión de retirarse sin "menoscabo de su persona", utiliza ahora un machaconeo tautológico con el que fija la atención de sus altercantes sobre un término apaciguador: "Nunca los amigos han de dar enojo a los amigos, ni hacer burla de los amigos y más cuando ven que se enojan los amigos", cuya reiteración hipnótica recogen y prolongan Maniferro y Monipodio: "No hay aquí amigo... que quiera enojar ni hacer burla de otro amigo, y pues todos somos amigos, dénse las manos los amigos."

Resueltas las cuestiones de amor y honor, la Escalanta, "quitándose un chapín, comenzó a tañer en él como en un pande-

---

[14] M. Criado del Val (1960, pp. 349-350) ha anotado con relación a este pasaje que "la réplica de los torneos caballerescos es llevada a su más alto grado en las peleas de los 'bravos', que lanzan sus desafíos de acuerdo con el estilo retórico de la época... Poco a poco, la frontera entre caballeros, hidalgos y pícaros va siendo más difícil de precisar. Cervantes percibe ese claroscuro que apenas separa al mundo español de los hidalgos de gotera de esa otra realidad española, la picaresca, que no es más que la sombra, la descomposición del mundo caballeresco".

ro; la Gananciosa tomó un escoba de palma nueva, que allí se halló a caso, y rascándola, hizo un son que, aunque ronco y áspero, se concertaba con el del chapín. Monipodio rompió un plato e hizo dos tejoletas que, puestas entre los dedos y repicadas con gran ligereza, llevaba el contrapunto al chapín y a la escoba". La reconciliación de los amantes y el final de la pendencia de los bravos trae otra vez la armonía al patio de Monipodio; esta disposición concorde de los ánimos habrá de manifestarse precisamente en el extraño concierto.

Quienes se han contentado con ver en la segunda parte de *Rinconete y Cortadillo* un mero mosaico de cuadros pintorescos, quizá hayan pasado por alto la precisa motivación que cada escena tiene en las anteriores y la función de *leit-motif* que Cervantes ha concedido a las permanentes deformaciones lingüísticas, que rebasan con mucho el mero registro de graciosas barbaridades. Aquella música que literalmente "espanta" a Rinconete y Cortadillo y cuyo contrapunto ensordecedor da tanto gusto a Monipodio y a los de su compañía, es la única que los cofrades son capaces de producir y apreciar. Si Cervantes destinó el banquete a ser la expresión de una armonía de lo material, compatible aun con los más bajos niveles del espíritu, el bárbaro concierto alude a su imposibilidad de alcanzar una verdadera y suprema armonía, de la que aquella música rudísima es antítesis y negación. Para hacer aún más clara la significación de esta escena, al corregir y reelaborar los manuscritos de *Rinconete y Cortadillo* incluyó Cervantes un nuevo e intencionado párrafo en que Monipodio desbarra sobre el nuevo género de música que "ni el Negrofeo, que sacó a la Arauz del infierno, ni el Marión que subió sobre el delfín y salió del mar [...] ni el otro gran músico, que hizo una ciudad que tenía cien puertas y otros tantos postigos, nunca inventaron mejor género de música, tan fácil de deprender, tan mañera de tocar, tan sin trastes, clavijas ni cuerdas y tan sin necesidad de templarse; y aún voto a tal, que dicen que la inventó un galán desta ciudad, que se pica de ser un Héctor en la música". A lo cual responde maliciosamente Rinconete: "Eso creo yo muy bien."

Como se recordará, son más que frecuentes los alborotos en

la casucha vigilada de Monipodio; de hecho, el estado de sobresalto está siempre latente y ya en el inicio Monipodio quiere
cerciorarse con Ganchuelo acerca de si "están puestas las pos-
tas". Sí, contesta el guía, "tres centinelas quedan avizorando y
no hay que temer que nos cojan de sobresalto". Con todo, no
ocurre así; apenas acabados de "desanimar" Rinconete y Cortadillo, cuando el anuncio de que se acerca el alcalde de los
vagabundos provoca la primera alarma de los cofrades. Estando, después, a los postres del almuerzo, "les dio a todos gran
sobresalto los golpes que dieron en la puerta" y Monipodio sale,
espada y broquel en mano, a preguntar quién llama "con voz
hueca y espantosa". Y otro alboroto es el que pone fin al inau-
dito concierto cuando el centinela avisa que ha asomado por el
cabo de la calle

> el alcalde de la justicia, y que delante dél venían el Tordillo y el
> Cernícalo, corchetes neutrales. Oyéronlo los de dentro y alboro-
> táronse todos de manera que la Cariharta y la Escalanta se calza-
> ron los chapines al revés; dejó la escoba la Gananciosa, Monipodio
> sus tejoletas, y quedó en turbado silencio toda la música, enmu-
> deció Chiquiznaque, pasmóse el Repolido y suspendióse Manife-
> rro, y todos, cual por una y cual por otra parte, desaparecieron,
> subiéndose a las azoteas y tejados para escaparse y pasar por ellos
> a otra calle.

Estos alborotos y sobresaltos constituyen, sin duda, más que
un simple recurso que facilita la introducción de nuevos personajes o el cambio de las escenas; de hecho, al objetivar la permanente amenaza que el vasto mundo circundante mantiene sobre el islote de los maleantes, los estados de sobresalto aparecen
ligados en una relación dialéctica con los refranes de que se sirven los cofrades para ajustar la realidad exterior a su lógica disparatada, y en oposición a los motivos de alegría y distensión
que compensan los precedentes estados de temor. A partir de
cada uno de los alborotos se plantean, pues, tres momentos críticos para la cofradía, que resultan invariablemente resueltos
mediante la aplicación —arbitraria o francamente subvertida—
de aquellos refranes que todos consideran la más autorizada expresión del saber y del sentido comunes. Pero también los

alborotos ponen término a la tranquilidad arduamente conseguida, para iniciar así un nuevo proceso de crisis y estabilización.

El tercer alboroto, que tan significativamente remata el concierto y las anteriores escenas de valentía, da lugar a que ingrese en la casa otro agente del mundo exterior. El alguacil y los temibles corchetes han pasado de largo, "sin dar muestras ni resabio de mala sospecha alguna", pero entra, en cambio, un caballero mozo, "vestido... de barrio" que reclama el cumplimiento de una comisión encargada a la cofradía. Se trata de una "cuchillada de a catorce" que debió haberse dado a un mercader de la encrucijada. Monipodio manda bajar a Chiquiznaque, a cuyo cargo estaba la ejecución del negocio, el cual informa que "lo que en eso pasa... es que yo le aguardé anoche a la puerta de su casa, y él vino antes de la oración; lleguéme cerca dél, marquéle el rostro con la vista y vi que le tenía tan pequeño, que era imposible de toda imposibilidad caber en él cuchillada de catorce puntos, y hallándome imposibilitado de poder cumplir lo prometido, y de hacer lo que llevaba en mi destruición...".

"Instrucción querrá vuesa merced decir, dijo el caballero, que no destruición." He aquí que el caballero en cuyo provecho había de darse la cuchillada interrumpe el objetivo relato de Chiquiznaque porque no puede pasar en silencio el desatino del matón, haciendo funcionar de nuevo aquel eficaz dispositivo cervantino mediante el cual se llama la atención del lector, no sólo sobre la incultura que hace cometer a los cofrades estos cómicos disparates, sino hacia la grave disociación que existe entre su pensamiento y la realidad, de la que los barbarismos no son sino una de sus manifestaciones.

"Digo —continúa el bravo— que viendo que en la estrecheza y poca cantidad de aquel rostro no cabían los puntos propuestos, porque no fuese mi ida de balde, di la cuchillada a un lacayo suyo, que a buen seguro que la pueden poner por mayor de marca." El galán no acepta ni comprende el motivo de esta sustitución de personas y, alegando que con él "no se ha cumplido como era razón" quiere retirarse dando por perdidos los ducados entregados a cuenta, pero Monipodio, asiéndolo de la capa, le exige el cumplimiento de su parte del trato, "pues nosotros hemos cumplido la nuestra con mucha honra y con mucha ventaja". El galán, cuya falta de escrúpulos ha podido acercarlo a la cofradía de delincuentes, debe aceptar ahora que lo separa de ellos la índole de sus razonamientos. También en este caso Cervantes ha encontrado apoyo en un refrán para desarrollar otro de los motivos centrales de la "Casa de Monipodio", el de las *relaciones intelectuales*. El mecanismo de inversión que ha prevalecido en todas las actitudes de la cofradía aparece aquí todavía con mayor nitidez: el galán no puede admitir que su encargo haya sido cumplido, pues la cuchillada que se contrató para el amo se le dio al criado; pero su lógica —la lógica razonable del mundo exterior— no es la que conviene al mundo de Monipodio, el cual se irrita con aquel cliente tan ajeno al especioso mecanismo que rige en la mente de los cofrades, para los que un sí puede valer tanto como un no, pues ambos tienen el mismo número de letras. Como advirtieron los sagaces Rinconete y Cortadillo durante el proceso de su examen, "harta merced le hace el cielo al hombre atrevido, por no darle otro título, que le deja en su lengua su vida o su muerte" porque sólo la palabra puede señalar los límites entre la verdad y la mentira, entre el bien y la maldad, y estando todas las acciones humanas sujetas a esta confirmación o negación de la lengua, la realidad misma pende de las palabras; más aún, es obra de las palabras, sobre las que el hombre tiene dominio. Para los espíritus sólo capaces de imitar sin comprender, la palabra cristalizada de los refranes aparece como garantía de verdad; de ahí que sobre sus mismas letras prestigiosas pueda asentarse la falsedad y que en ellos, verdad y mentira superpuestas, no se opongan, sino que se conviertan en rostros complementarios de la realidad.

"¡Que bien está en la cuenta el señor!, dijo Chiquiznaque; bien parece que no se acuerda de aquel refrán que dice: Quien bien quiere a Beltrán, bien quiere a su can.

"¿Pues, en qué modo puede venir aquí a propósito ese refrán?, replicó el caballero.

"¿Pues no es lo mismo, prosiguió Chiquinazque, decir: Quien mal quiere a Beltrán, mal quiere a su can?; y así Beltrán es el mercader, voacé le quiere mal, su lacayo es su can, y dando al can se da a Beltrán, y la deuda queda líquida y trae aparejada ejecución; por eso no hay más sino pagar luego, sin apercibimiento de remate."

Las manipulaciones del lenguaje han terminado transformando la realidad, y el caballero —convencido por los rufianes— acuerda pagar aparte una nueva cuchillada "de la cantidad que pueda llevar" el rostro de su enemigo.

5. La cuidadosa estructura paralelística con que Cervantes dispuso la segunda parte de *Rinconete y Cortadillo* traza un círculo ideal que hace retornar a Monipodio al primer plano de la representación que él abrió con la "loa" de la cofradía y el examen de los novicios y que ahora debe cerrar con los comentarios de cuanto se halla escrito en el "libro de memoria" en el que se asientan, como en un verdadero "libro de caja",[15] los servicios que la compañía debe prestar, los dineros recibidos a cuenta y los que restan por cobrar. Al publicar las *Novelas ejemplares*, Cervantes suprimió esta designación de "libro de caja", así como la indicación en números romanos de los reales recibidos, quizá porque consideró que con ello exageraba al sentido de organización comercial que Monipodio impone a su cofradía, y oscurecía la alusión paródica a aquellos "memoriales" con que los caballeros solían pedir un premio por los servicios prestados a su rey. Los meros subtítulos de "Memoria de las cuchilladas que se han de dar esta semana" o de "Memorial de agravios comunes, conviene a saber: redomazos, untos de miera, clavazón de cuernos, matracas, espantos, alborotos y cuchilladas fingidas, publicación de nibelos, etc.", remachan la descomunal inadecuación existente entre el simulacro organizativo y la índole infame, casi pueril en ocasiones, de los actos cumplidos por los cofrades.

Es evidente que el uso de este artificio de lo cómico resulta también efectivo cuando se trata de poner de relieve las aberraciones de la cofradía, en cuanto ésta constituye una visión satírica de la entera sociedad. Los escrúpulos de que hace gala Monipodio cuando pide que no se lea la casa donde tiene que hacerse una clavazón de cuernos, parecen menos un rasgo de "elegancia moral" que la imitación de un cierto tipo de piedad

[15] En el ms. de Porras de la Cámara.

mundana; con todo, hay en estas intervenciones finales de Monipodio algunos párrafos que no aparecían en el manuscrito de Porras de la Cámara, en los cuales sorprende un pasajero alejamiento de la moral invertida que hasta este punto ha prevalecido. En el manuscrito primitivo, una vez leído el *item* del espanto que había de hacerse a un "barbero valiente", dice Monipodio a Rinconete, que lee: "Mostradme el libro de caja, mocito; que yo sé que no hay más, y sé también que anda muy flaco el oficio; pero tras estos tiempos vienen otros, y no se mueve la hoja en el árbol sin la voluntad de Dios." El refrán con que concluye el jefe de los cofrades, subraya el problema ético debatido en toda la segunda parte de la novela; vale decir, la reducción de la antítesis del bien y del mal a una síntesis absurda donde los valores, privados de su sentido trascendente, se acomodan a un nivel de exigencias pragmáticas y groseramente materiales. Al preparar los originales para la imprenta, debió parecerle al autor demasiado esquemático el razonamiento de Monipodio —si es que no consideró riesgosa la interpretación que podía dársele— y, en consecuencia, añadió inmediatamente después de aquel refrán, la doctrina de otros adagios que, neutralizando la implícita negación de la conciencia moral que rige el universo, matizase mejor el carácter de Monipolio, siempre oscilante entre la complacencia y la sedición: "pero tras este tiempo vendrá otro, y habrá que hacer más de lo que quisiéramos, que no se mueve la hoja sin la voluntad de Dios, y *no hemos de hacer nosotros que se vengue nadie por fuerza, cuanto más que cada uno en su casa suele ser valiente y no quiere pagar las hechuras de la obra que él se puede hacer por sus manos*". Después de lo cual, Monipodio asigna a Rinconete y Cortadillo los lugares en que habrán de poner en práctica sus habilidades de "floreo" y "bajón" y les entrega un pliego donde deberán inscribir sus nombres para quedar confirmados como miembros de la cofradía.

La construcción del mundo de Monipodio quedaba así completada y perfecta y, de hecho, ya nada cabía añadir que ensanchase su campo de significaciones; sin embargo, Cervantes cedió a la tentación de ampliar la gama de tipos humanos y hace entrar a deshoras en escena a uno de los viejos avispones que viene a dar noticia de su encuentro con Lobillo el de Málaga y con el Judío, que anda en "hábito de clérigo", ambos capaces de quitar "con naipe limpio" el dinero al mismo Satanás. Con estos personajes —referidos y apenas bosquejados, por más que uno de ellos parezca insinuar alguna parentela erasmista—, junto con otros a los que se aludía fugazmente en el manuscrito de Porras (los palanquines Harpón y Repollo) se intentaría señalar la multiplicidad de individuos que componen la cofradía y que saturan toda la sociedad hasta el grado de poder caracterizarla en su conjunto. Cervantes no lo declara expresamente, pero cuando él mismo, hablando por boca del narrador, dice que conviene dejar para otra ocasión el contar otras experiencias de Rinconete y Cortadillo en el seno de la "infame academia", parece no dejar lugar a dudas acerca de sus intenciones, no tanto de continuar la novela, sino de señalar el carácter expansivo y espejeante de la cofradía.

Los viejos, los bravos, las mozas del partido dejan la casa de Monipodio; éste despide y echa la bendición a Rinconete y Cortadillo a quienes Ganchoso acompaña hasta sus puestos en la Torre del Oro y el postigo del Alcázar. Devueltos al ámbito regular y conforme de lo cotidiano, Rincón y Cortado se muestran "admirados de lo que habían visto", comprenden la extrañeza del caso y el carácter revelador y simbólico de aquella "visión" donde la naturaleza humana se ha hecho parodia y ejemplo de sí misma.

La novela, perfectamente equilibrada en sus dos alas, termina aquí, pero Cervantes quiso añadirle un breve epílogo en el que Rinconete, de quien se recuerda su "buen natural", su sensibilidad para el "buen lenguaje" y su aguda percepción de los problemas religiosos, pues "había andado con su padre en el ejercicio de las bulas", hace —en benefcio del lector— un rápido balance de las claves éticas y lingüísticas sobre las cuales se ha articulado la visión de aquel microcosmos moral y social.

XI. LOPE DE VEGA Y LA NOVELA MONOLÓGICA

1. Las novelas a Marcia Leonarda

En los breves proemios de las dos primeras novelas escritas a instancias de Marcia Leonarda (*Las fortunas de Diana*, 1621, y *La desdicha por la honra*, 1624),[1] confesó Lope de Vega ser nuevo para él este género de escritura, pues aun siendo verdad que "en el *Arcadia* y *Peregrino* hay alguna parte de este género y estilo más usado de italianos y franceses que de españoles, con todo eso, es grande la diferencia y más humilde el modo". Así, por dar gusto a Marta de Nevares, hubo de forzar su natural inclinación, la cual —en palabras del propio Lope— hallaba "mayor deleite en mayores estudios".[2]

Teniéndolo por humilde y menor, Lope intentaba justificar su mal oculta desazón ante el género novelesco y su no menos patente turbación al emprender una tarea literaria que él mismo consideraba tan discordante con su genio. Mal dispuesto a aceptar las novedades a que eran tan aficionados los "discretos" del tiempo, Lope se apresuraba a afirmar que los hombres más sabios del pasado "llamaban a las novelas cuentos" y

> éstos se sabían de memoria, y nunca, que yo me acuerde, los vi escritos, porque se reducían sus fábulas a una manera de libros que parecían historias y se llamaban en lenguaje puro castellano *caballerías*, como si dijésemos: *Hechos grandes de caballeros valerosos*.

Como es evidente, Lope identificaba, no sólo dos tradiciones literarias diferentes, sino dos tipos de producción artística, una de carácter oral y popular (por más que lo popular pueda muy

---

[1] *Las fortunas de Diana* fue incluida por Lope en el volumen misceláneo *La Filomena*, Madrid, 1621; *La desdicha por la honra*, así como *La prudente venganza* y *Guzmán el bravo* aparecieron en *La Circe, con otras rimas y prosas... de Lope de Vega Carpio*, Madrid, 1624.

[2] Todas las citas provienen de Lope de Vega, 1966. Vid. Bibliografía.

bien proceder de la escritura y ésta, a su vez, de la tradición oral) y otra culta, que nace íntimamente condicionada por la escritura y funda en la fijeza del texto la peculiaridad de sus estructuras discursivas.

En esa opinión bien pudo Lope haber seguido al Pinciano, para quien las fábulas milesias y las novelas de caballerías eran ejemplo de las que "son ficción pura, de manera que fundamento y fábrica todo es imaginación";[3] aunque, no contentándose con lo meramente especulativo, Lope arremetió al pasar contra un género tenido por extranjerizante y baladí, debajo de cuyas "hablillas" no podía esconderse ningún consejo verdadero.

Pero siendo que en España todo se intenta —decía Lope en *Las fortunas de Diana*—

> por no dejar de intentarlo todo, también hay libros de novelas, de ellas traducidas de italianas y de ellas propias, en que no faltó gracia y estilo a Miguel Cervantes. Confieso que son libros de grande entretenimiento, y que podrían ser ejemplares, como algunas de las *Historias trágicas* del Bandelo, pero habían de escribirlos hombres científicos o por lo menos grandes cortesanos, gente que halla en los desengaños notables sentencias y aforismos.

Con todo lo cual —además— pretendía enturbiar la "ejemplaridad" moral de las novelas cervantinas, que Lope sólo pudo haber leído con prejuiciada atención.

El hecho es que ya desde los proemios que venimos citando, nuestro autor no dudó en afirmar que —salvo ciertos rasgos de estilo y composición— la fábula o fábulas de una novela no diferían en su esencia de las propias de la comedia y, en consecuencia, declaraba a Marcia Leonarda que habiendo él "hallado tantas invenciones para mil comedias", mucho sería que no la encontrase para una novela, sin necesidad de acudir a la traducción o imitación de otra lengua.

Con todo, en el proemio de su segunda novela (*La desdicha por la honra*), Lope se mostró algo inconforme con sus precipitadas afirmaciones anteriores. Aquí ya no se mostraba tan

---

[3] *Cf.* Sanford Shepard, 1962.

polémico y aunque siguiera afirmando que, en escribir novelas, "hago fuerza a mi inclinación", confesaba "ingenuamente" que, hallando nueva "la lengua de tiempos a esta parte" (si bien no precisamente "aumentada ni enriquecida"), se disponía a aprenderla aunque fuera de oídas, como aquel rústico viejo e iletrado que aprendió el credo premiando a los niños de escuela que supiesen recitárselo mejor.

Más atento, pues, al nuevo género, Lope pudo trazar ahora un bosquejo, cuando no del estatuto literario de la novela, sí —al menos— de algunos de sus rasgos más salientes. Tal género de escritura se caracteriza —dijo— por "la bajeza del estilo y la copia de cosas fuera del propósito"; se ha de componer

> sin disgusto de los oídos, aunque lo sea de los preceptos. Porque ya de cosas altas, ya de humildes, ya de episodios y paréntesis, ya de historias, ya de fábulas, ya de reprehensiones y ejemplos, ya de versos y lugares de autores pienso valerme, para que ni sea tan grave el estilo que canse a los que no saben, ni tan desnudo de algún arte que le remitan al polvo los que entienden.

Volvía finalmente a lo dicho en *Las fortunas de Diana*: "demás, que yo he pensado que tienen las novelas los mismos preceptos que las comedias, cuyo fin es haber dado su autor contento y gusto al pueblo, aunque se ahorque el arte".

Dejando de lado la consideración de ese propósito más general de las obras artísticas (la aplicación moral que late bajo el producto deleitoso), Lope no parece advertir, en cuanto hemos citado, ninguna diferencia fundamental entre las fábulas de la novela y las de sus propias comedias, ya que en la construcción de unas y otras él mismo se valió de ciertos recursos característicos de las novelas bizantina, sentimental, pastoril y morisca, y que atañen —en síntesis— a la mezcla de lo historial con lo fabuloso, a la presentación suspendida o alterna de las tramas argumentales, a los reconocimientos y finales felices, a los discursos epistolares, a las descripciones de carácter alegórico o presuntamente cosmográfico, etcétera. Y, en efecto, lo mismo que en su arte nuevo de hacer comedias, Lope veía en la nueva forma narrativa una mezcla —pocas veces equilibrada por los preceptos de la poética clásica— de historias verdaderas y acontecimientos ficticios, de fábulas imaginarias y apologéticas, de personajes bajos y altos, etcétera, y en la cual, no olvidando las "reprehensiones" debidas a lo espiritual del lector, se atendía muy particularizadamente a procurarle gustos a su fantasía.

Pero una vez reseñados los conceptos que mereció a Lope el nuevo género novelesco, examinemos ahora su modo de novelar o, dicho diversamente, su práctica de novelador, con la cual, por otra parte, habrán de relacionarse sus observaciones en torno al nuevo género, y de donde podremos deducir el funcionamiento básico del sistema estructurante de sus relatos.

No siendo mucho el tiempo de que puede disponerse en las comunicaciones presentadas a este tipo de eventos,* atenderemos tan sólo a las dos novelas ya citadas, sin que por ello —creemos— se vea limitado en exceso el resultado de nuestro análisis. Por mor del tiempo también, habremos de ser sumamente esquemáticos en la descripción de algunos de los elementos estructurales de dichas novelas, así como del modelo ideológico global que —a nuestro parecer— subyace en ambos relatos.

2. Sistema pronominal y discurso conminatorio

Un eminente estudioso de Lope advirtió —y muchos, después, lo han seguido afirmando— el carácter intimista, como de contadas al oído, impuesto por Lope a sus novelas a Marcia Leonarda. De hecho, ella es la destinataria explícita —por no decir única— de esos relatos, y Lope el autor-narrador siempre presente como tal en el discurso narrativo.

No sólo en los proemios citados aparece este carácter inmediato y circunstanciado del acto de narrar ("No he dejado de obedecer a vuestra merced por ingratitud, sino por temor de no acertar a servirle...; serviré a vuestra merced con esta [novela]...; pienso que me sucede con vuestra merced lo que suele

* Esta ponencia fue presentada al *Primer congreso internacional sobre Lope de Vega y los orígenes del teatro español*, celebrado en Madrid, en julio de 1980.

a los que prestan..."; etcétera); en el cuerpo mismo de los relatos ocurren frecuentísimas intervenciones del autor por cuyo medio se da relevancia a las funciones fática y conminatoria del discurso, haciendo énfasis (digámoslo con Jakobson) [4] en el proceso mismo de la trasmisión y recepción del mensaje, reclamando la atención de Marcia Leonarda sobre ciertas características de la enunciación o dándole instrucciones pertinentes a la recepción de un discurso que, más que para leído, se presenta como para ser escuchado:

> y vuestra merced, señora Leonarda, si tiene más deseo de saber las fortunas de Diana que de oir cantar a Fabio, podrá pasar los versos deste romance sin leerlos [...] Pues sepa vuestra merced que muchas veces hace eso mismo Heliodoro con Teágenes y otras con Clariquea, para mayor gusto del que escucha en la suspensión de lo que espera [...] Pues sepa vuestra merced que las descripciones son muy importantes a la inteligencia de las historias [...]

De hecho, estos relatos, que parecen excluir —de entrada— otro destinatario que no sea la propia Marcia Leonarda, no sólo evocan y subrayan el carácter de comunicación oral e inmediata de los "cuentos" (que ahora llaman "novelas"), sino que presuponen un auditorio unánime (aunque no por ello necesariamente singular) en la recepción del mensaje; esto es, un auditorio del todo conforme con la autoridad del narrador.

Así, estas novelas de Lope se construyen a partir de una sola voz y de un solo lenguaje: la voz del autor-narrador omnisciente y omnipresente, y del registro lingüístico apropiado a la mediana condición social de sus destinatarios: ni tan grave que canse a los que no saben ni tan desnudo de arte que le reprueben los entendidos. De ahí, pues, que en las novelas a Marcia Leonarda quede instaurado un sistema pronominal único y excluyente: un yo del autor-narrador que se pronuncia autoritariamente (con autoridad subrayada por las observaciones de irónica superioridad acerca de la trama y la escritura novelescas) y un tú, el de Marcia Leonarda, que escucha sin posibilidad real

---

[4] Cf. "Lingüística y poética" en Roman Jakobson, 1975, pp. 347 y ss.

de intervención, es decir, de réplica, y queda reducida al papel de destinataria maravillada.

Las funciones fática y conminatoria a que hemos aludido se instauran, pues, como un desdoblamiento abusivo del yo del autor-narrador, en cuanto que éste usurpa el *tú* del destinatario y lo conmina a la aceptación pasiva, no sólo de la fábula novelesca, sino —más aún— de los contenidos ideológicos que la determinan.

Pero, como ha señalado Émile Benveniste, yo y tú no son propiamente personas, sino "instancias del discurso", indicadores gramaticales que sólo el contexto vincula con individuos reales, de suerte que el lector anónimo de las novelas a Marcia Leonarda (ese destinatario virtual que concede realidad concreta a los mensajes ficticios) queda también prisionero de esa misma elocución autoritaria y unívoca que impide la verdadera alternancia dialógica del *tú* y el yo.[5]

Dadas las características semióticas que acabamos de señalar ¿cómo se manifiestan, pues, las terceras personas en las novelas de Lope de Vega, es decir, los personajes de la ficción, los *él* o *ellos* que constituyen la materia viva de cualquier relato y que, de hecho, se constituyen en el texto como las instancias oponibles al yo y el *tú*?

Como era de esperarse, también la voz de los personajes aparece mediatizada por el registro lingüístico característico del autor-narrador, de suerte que las actuaciones verbales de aquéllos se producen —con altísima frecuencia— por medio de brevísimos discursos indirectamente referidos o, mejor aún, por monólogos, generalmente de mayor extensión pero asimismo ajustados al estilo canónico que les impone el "otro yo" del narrador literario. Así, por ejemplo, cuando en *La desdicha por la honra* la italiana Silvia se queja del abandono en que la ha dejado el español Felisardo, lo hará (a pesar de que en la escena se halla presente la sirvienta Alfreda) a través de una "communicatio" patentemente libresca que da pie al propio Lope de Vega para exteriorizar una de sus frecuentes intervenciones irónicas:

---

[5] *Cf.* "La naturaleza del pronombre" en Émile Benveniste, 1971, pp. 172 y *ss.*

¡Oh! cruel español, bárbaro como tu tierra! ¡Oh el más falso de los hombres, a quien no iguala la crueldad de Vireno, duque de Selaudia (que a la cuenta debía ser esta dama leída en el Ariosto)! [...]

También Diana, en la novela de su nombre, abandonada por Celio, huye de Toledo y, sola y desamparada en la campiña, se queja en los siguientes términos: "¡Ay vanos contentos, con qué verdades os pagáis de las mentiras que nos fingís! ¡Cómo engañáis con tan dulces principios para cobrar tan breves gustos con tan tristes fines!"

Diríase que la relación monológica entre el autor-narrador y su destinatario único ha obturado también la vía del diálogo directamente sostenido por los personajes de la ficción. Éstos, en efecto, cuando no se manifiestan por discursos indirectamente referidos, se comunican por medio de epístolas, en cuyo cuerpo también Lope de Vega se mantuvo muy atento a poner de relieve las "reprehensiones" morales que ya hemos visto intercalarse explícitamente en los monólogos antes citados. Véanse, por ejemplo, las misivas cruzadas en *Las fortunas de Diana* entre ésta y Celio o, en *La desdicha por la honra* entre Felisardo y el virrey de Sicilia; dice —en parte— una de estas últimas:

Vos me habéis servido tan bien y procedido tan honradamente en todas vuestras acciones, que me siento obligado a quereros y estimaros mucho; en el nacer no merecen ni desmerecen los hombres, que no está en su mano; en las costumbres sí, que ser buenas o malas corre por su cuenta.

A nuestro entender, es precisamente esa frustrada, dificultada o diferida comunicación entre los personajes novelescos lo que constituye el tema más obsesivo y profundo de esos relatos de Lope de Vega (así como de un considerable número de sus comedias), cuya trama tiene siempre en su origen los sobreentendidos o, mejor, los malentendidos de la honra; es decir, de las constricciones ideológicas que impiden la plena realización vital de unos personajes y, al fin, de aquellos hombres a quienes representan con artificio.

3. Intriga triangular y conflicto bipolar

Tanto en *Las fortunas de Diana* como en *La desdicha por la honra* la fábula novelesca aparece invariablemente construida sobre los esquemas de una relación triangular (que es de carácter social y determina desde el exterior las acciones y el destino de los personajes) y una oposición bipolar (que se ejerce en la interioridad moral de los mismos). En la primera de las novelas mencionadas, el amor entre Celio y Diana se ve dificultado por la oposición de la familia de ésta a causa de la pobreza de Celio, quien —sin embargo— posee todas las virtudes moralmente deseables: es leal, constante, verdadero, secreto, etcétera.

En *La desdicha por la honra*, el español Felisardo y la italiana Silvia superan rápidamente la intromisión amorosa de Alejandro, de suerte que, en el inicio de esta novela, la relación triangular queda apenas bosquejada como situación típica, pero en cambio la oposición bipolar (interiorizada en Felisardo) es causa de la abrupta desaparición de éste, que habiendo vivido hasta entonces como noble cristiano, descubre ser hijo de moriscos expulsados de España por Felipe III.

Los esquemas de la relación triangular proliferan —con mayor o menor desarrollo episódico— a lo largo de ambas novelas. En *Las fortunas de Diana*, ésta (ya vestida a la usanza masculina para buscar sin estorbo al desaparecido Celio) despierta el amor de Silveria, a quien ama un estudiante anónimo; pero este triángulo equívoco y moralmente reprobable —por más que Lope aluda a él sin reticencia alguna— se desvanece con la partida de Diana a la corte y, posteriormente, a las Indias con el cargo de Gobernador. En *La desdicha por la honra*, Felisardo (ya al servicio del Gran Turco, bajo el nombre de Silvio Bajá) es amado por la Sultana María, cautiva conversa desposada por el Sultán Amath. Tanto en una novela como en la otra, el mismo esquema se presenta, ya sea en breves desarrollos colaterales (el triángulo Fabio-Filis-Silvio, en *Las fortunas de Diana*), ya sea en episodios apenas bosquejados (la oposición Felisardo-Fátima-María en *La desdicha por la honra*). Con todo, el esquema triangular sólo adquiere relevancia en la construcción de la intriga novelesca, esto es, en el acontecer de los personajes y, con frecuencia, aparece como motivación inmediata de la trashumancia heliodoriana de éstos, de sus inopinados cambios de lugar y de hábito, así como de sus encuentros y reconocimientos finales.

La oposición bipolar, en cambio, es la que permite dar cuenta de la estructura ideológica profunda de ambos relatos, tanto como de los verdaderos conflictos sufridos por los personajes protagónicos, pues tal oposición se funda en un modelo cultural tan cerrado y excluyente como el del mismo sistema pronominal a que ya hicimos alusión: se trata —en efecto— de la radical oposición instaurada entre los miembros de un cosmos social (yo + tú = nosotros) y los que pertenecen a una exterioridad relegada y caótica (ellos = los otros).

Ese exilio moral (que podría tener también su símbolo en la trashumancia de los personajes, en su cambio de hábito o de condición), ese extrañamiento del centro ordenador, se manifiesta bajo un solo y único nombre en la España de los siglos de oro: la honra, que es vigilancia exacerbada de los valores y preceptos que permiten al individuo mantenerse dentro de un núcleo social —privilegiado y dominante— que garantiza la cohesión del yo con los tú, y cuya pérdida hace que ese yo (casi siempre involuntario transgresor) quede desgajado de la comunidad y remitido a la región caótica de los otros, aquellos a quienes no les es consentido permanecer (momentánea o definitivamente) dentro del sistema ideológico protector.

Así, para Diana, sus relaciones premaritales con Celio y el nacimiento del hijo de ambos, la determinan a vestirse y conducirse como varón para buscar a Celio, encontrarlo después de muchas elusivas peripecias y, casándose con él, reparar la honra y reintegrarse moralmente a su cosmos social. Para Felisardo, el descubrimiento de su origen morisco lo lleva a servir al Turco, pero sólo con el propósito oculto —y ocultado— de realizar una hazaña extraordinaria en servicio de Dios, del rey y de la patria verdaderos: devolver a María a la cristiandad y, así, reintegrarse él mismo al núcleo social que lo habría rechazado al conocer su linaje herético.

4. MONOLOGISMO VS. DIALOGISMO

En algunos de sus penetrantes trabajos, Mijail Bajtín [6] ha mostrado cómo la novela moderna nace de un universo social y cultural cada vez más fluido y cambiante; es decir, constituye una nueva manifestación literaria en consonancia con la ampliación histórica del cosmos renacentista por anexión progresiva de las regiones antes relegadas al caos de lo *otro*. Frente a la *auctoritas* de los géneros canónicos, la novela se instaura como el espacio artístico de la aventura del conocimiento, al que nada debe resultarle ajeno; frente a la inmovilidad de los estilos genéricos, la novela acude a la parodia de los discursos instituidos y a la confrontación de los diversos lenguajes (de las diversas formaciones ideológicas) que coexisten —combatiéndose e influyéndose— en un mismo cuerpo social.

La Celestina y El Lazarillo inauguran, así, ciertos aspectos de la novela española moderna por cuanto que ambas obras se construyen a partir de la oposición y síntesis de diferentes lenguajes ideológicos coexistentes (el de la burguesía y el de sus servidores proletarios o lupanarios; el de los hijosdalgo decaídos y el de los pícaros en ascenso, etc.). Cervantes —por no decir más— amplió de modo admirable los recursos dialógicos de la novela, y no sólo los convirtió en un instrumento literario de gran eficacia, sino que los colocó en el centro mismo de su obra narrativa, toda ella (aunque quizá más visiblemente en el *Quijote* y en *Rinconete y Cortadillo*) movida por esa aventura vital del conocimiento de lo *otro* y de los *otros*, que se opone y sobrepasa al dogma de lo establecido *in auctoritas*.

En cambio, Lope de Vega, que concibió la comedia como un eficaz instrumento de cohesión ideológica y, por ende, como un rito comunitario por medio del cual reducir a dogmas unificadores todas aquellas tensiones o disensiones —tanto grupales como individuales— que preludiaran un desajuste del organismo social, no podía intentar otra cosa en sus novelas a Marcia Leonarda, de suerte que un género que nacía ya como representación artística de la confrontación dialéctica entre lo múl-

---

[6] *Cf.* especialmente "Récit épique et roman (Méthodologie d'analyse du roman)" en Bakhtine, 1978.

tiple y lo mutable del mundo moderno quedó reducido (después, claro está, de mostrar tópicamente esas mismas tensiones sociales) a un paradigma constrictivo y a un lenguaje unívoco: el lenguaje de una ideología dominante (en lo político, en lo religioso, en lo estético...), que para mantenerse vigente o intacta debe excluir todo intento de transformación de los *otros* en *nosotros*.

XII. ALFONSO REYES, GONGORISTA

1. Releyendo las páginas que Alfonso Reyes dedicó a muy diversas cuestiones gongorinas, me fue forzoso detenerme en el pasaje de su artículo sobre la "Necesidad de volver a los comentaristas" (1920) que transcribo a continuación:

> Cuando, con el Modernismo, renació el gusto por Góngora, no era de esperar que se volviera al comentario erudito: precisamente lo que, en los poemas gongorinos, necesita aclaraciones de este orden, es, podemos decir, el peso muerto que gravita sobre las alas de Góngora, la parte sorda de su poesía. Lo que hay en él de virtud puramente lírica o de raro hallazgo verbal no requiere notaciones históricas ni mitológicas. Y el resultado de esto es que nadie quiere ya abrir ni hojear los enojosísimos libros ("pestilentes" les llamó Menéndez y Pelayo) de los comentaristas de Góngora; pero que, en cambio, nadie entiende ni podrá entender nunca, mediante los solos recursos de la sensibilidad y del gusto, una abrumadora cantidad de pasajes del *Polifemo*, las *Soledades*, el *Píramo y Tisbe*, el *Panegírico* y otras cosas.[1]

Del párrafo citado parece posible concluir que, al finalizar la segunda década del siglo y antes aún de que se celebrase el tercer centerio de la muerte del poeta, Reyes veía oscilar la lectura de Góngora entre dos extremos: uno, relativo a la que llamó la "parte sorda de su poesía", para la cual se requiere de los auxilios de la erudición; otro, que atañe a los hallazgos verbales de "virtud puramente lírica", para los que resultan suficientes la sensibilidad y el gusto del lector. O, si se prefiere plantear la cuestión de diversa manera, que en la poesía de Góngora se alternan dos zonas que parecen oponerse por cuanto —al menos desde nuestra perspectiva actual— convienen a dos maneras también divergentes de concebir y construir la poesía: la que toma por materia el discurso de la cultura humana y la que se funda en el poder de sugerencia individual de la palabra.

[1] "Necesidad de volver a los comentaristas" en Alfonso Reyes, 1958, páginas 146 y ss.

Sin duda, Reyes no disimulaba su inclinación por el Góngora de los raros hallazgos verbales, pero es también evidente que no dejó de inquietarse —estudioso erudito como era— por el ingente número de lugares (pertenecientes principalmente a los grandes poemas de la "segunda época") que la sola sensibilidad no podrá desentrañar jamás.

Es bueno recordar aquí que, por los años en que Reyes escribía el artículo citado, alcanzó gran boga el parangón entre Góngora y Mallarmé, parangón que el propio Reyes no sólo atisbó, sino que contribuyó en no poca medida a difundir. Como se sabe, Rémy de Gourmont, Francis de Miomandre, Lucien-Paul Tomas, Zdilas Milner... establecieron, con variable fortuna, numerosos paralelos entre esos dos "malhechores de la estética" que fueron Góngora y Mallarmé,[2] y destacaron, en particular, el valor de sus innovaciones léxicas, las cuales, al decir de Alfonso Reyes, devolvían "a la palabra su perdida fragancia etimológica" y permitían situar a ambos poetas más cerca el uno del otro de lo que estuvieron de sus respectivos contemporáneos. Se autorizaba así una lectura de Góngora sobre los mismos patrones semánticos que debían regir para la inteligencia del "Coup de dés".

Años más tarde, en 1928, Reyes volvió a referirse a esa clase de lectura gongorina que, por prescindir no sólo del contexto verbal, sino también del cultural, quiere apoderarse del poema por la vía del cortocircuito de la sensibilidad, esto es, de las asociaciones más o menos libres que ésta propicia.

> Yo sé [decía Reyes] que el olvido de la Antigüedad ayuda también a gustar de Góngora porque, a lo mejor, creemos bogar en un mar indeciso de palabras hermosas, con una emoción semejante a la que nos procura la poesía simbolista ¡y en realidad el poeta no hace más que recordar una fábula antigua, o referirse a algún tópico clásico que ya para nada nos interesa![3]

Y alababa enseguida la sinceridad del "argentino Borges" cuando, leyendo cierto soneto de Góngora sobre el amanecer, exclamaba:

---

[3] *Cf.* Pascual Buxó, 1978a, pp. 35 y *ss.*
[3] "Sabor de Góngora" en Alfonso Reyes, 1958, p. 193.

Aquí de veras no hay un amanecer en la sierra, lo que sí hay es mitología. El sol es el dorado Apolo, la aurora una muchacha greco-romana y no una claridad. ¡Qué lástima! Nos han robado la mañanita playera de hace trescientos años que ya creíamos tener.

Alababa Reyes la ingenuidad de esa —hoy por hoy— impensable juventud de Borges, que esperaba del texto de Góngora la transmisión de un recuerdo provincial y privado y no de una parcela de la memoria literaria de la humanidad. Lectura sensible, la linda "mañanita playera" —como Borges no tardaría en saber— no podría verificarse en un texto gongorino.

Con todo —Reyes lo sabía y lo dijo— la sensibilidad del lector no siempre se conduce de manera tan modesta y recatada; hay ocasiones en que ésta penetra obscenamente en el texto ajeno, lo fragmenta y manipula, lo disfruta a su puro albedrío y, quizá para vencer el escollo de la información que falta o de la erudición que se menosprecia, el lector se entrega entonces "a la sugestión actual de las palabras de Góngora", arranca y aísla los versos de su conjunto, "aun con sacrificio del sentido, para disfrutarlos en sí mismos como una riqueza natural". Por supuesto que Reyes no auspiciaba tal procedimiento —"peligroso para los incautos y poco recomendable como norma"—, pero lo disculpaba en poetas que, como Gerardo Diego, pueden quizá convertirlo en "inspiraciones y maneras de poetizar".

De manera, pues, que tanto la lectura frustrada de Borges como la lectura frustrante de Diego caracterizan, en sus mismos extremos, un tipo de maniobras exegéticas que Reyes, a pesar de su complacencia, no podía compartir. De ahí que, en el artículo de 1920, instara a volver "a los comentaristas de Góngora, por repelentes que sean o parezcan ser, si queremos entender plenamente a Góngora" y, de ahí también, la conveniencia de meditar nuevamente el sentido de esa vuelta a los enojosos escoliastas del cordobés.

2. Antes de pasar adelante, será preciso detenernos en algo de lo poco que Góngora se permitió decir acerca de su poesía. A un corresponsal anónimo que le achacaba no atenerse a las premi-

sas horacianas de la utilidad y el deleite, Góngora respondía
que, como en las *Transformaciones* de Ovidio,

> la oscuridad y estilo intrincado [...] da causa a que, vacilando el
> entendimiento en fuerza de discurso [...] alcance lo que así, en
> la lectura superficial de sus versos, no pudo entender. Luego
> hase de confesar que tiene *utilidad* avivar el ingenio, y eso nació
> de la oscuridad del poeta. Eso mismo hallará Vm. en mis *Sole-*
> *dades*, si tiene capacidad para quitar la corteza y descubrir lo
> misterioso que encubren [...] Demás que, como el fin del enten-
> dimiento es hacer presa en verdades [...] quedará más deleitado,
> cuanto, obligándole a la especulación por la oscuridad de la obra,
> fuera hallando, debajo de las sombras de la oscuridad, asimilacio-
> nes a su concepto.[4]

Queda, pues, en claro que Góngora auspiciaba, primero, una
lectura discursiva de su texto, es decir, inteligente e integradora
y no intuitiva y fragmentaria; segundo, que una cuidadosa reflexión sobre las dificultades de la forma externa, habrá de permitir al lector el acceso a un contenido conceptual inequívoco,
pues —decía el propio Góngora— "si deleitar el entendimiento
es darle razones que le concluyan y se midan con su contento,
descubierto lo que está debajo de esos tropos, por fuerza el
entendimiento ha de quedar convencido y, convencido, satis-
fecho". Lo cual, dicho de otra manera, y aunque ya lo sepamos
todos, significa que Góngora no concibió sus poemas como
aparatos verbales destinados a procurar al lector las más diversas e inesperadas sugestiones, sino como un tejido verbal orgá-
nico —ciertamente arduo y aun escandaloso para quienes quie-
ran leerlo desde otras normas sociales de la escritura literaria— y
destinado, por ello mismo, a procurar deleite, más que a los
sentidos, al entendimiento.

Por supuesto que en esa clase de poesía, como en toda poesía
de tradición clásica, se hallan fundidos un particular concepto de la lengua (*verba*) y su correlativa concepción del mundo
(*res*). Lengua que, por medios disímbolos, acaba siempre reve-
lando las cosas del mundo; mundo que, manifestándose a nues-

---

4 "Reseña de estudios gongorinos" en Alfonso Reyes, 1958, p. 107.

tra experiencia por las más diversas formas, es —sin embargo— reductible a una misma sustancia. Así, concebidos la lengua y el mundo como perfectamente complementarios, no podrían existir el uno sin la otra; y si a la diversidad de éste corresponde lo numeroso de aquélla, diversidad y número se sujetan también a unidad gracias a la potencia del entendimiento del lector que establece los correlatos necesarios entre la realidad y sus símbolos.

Pero siendo que a la poesía corresponde la tarea de emparejar lo numeroso con lo multiforme y, más aún, de acrecentar sus casos, el deleite que procura al entendimiento residirá precisamente en una dificultosa y dilatada anagnórisis, que tampoco es ajena a los sentidos: el hallazgo de lo conocido o lo concebible bajo la cubierta de lo confuso o de lo insólito. Y, así, decía Góngora a uno que le reprochaba el exceso de oscuridad y la demasiada latinización de su lengua castellana: "gustara me dijese dónde faltan [los artículos] o qué razón de ella [su poesía] no está corriente en lenguaje heróico [...] que holgaré construírsela", es decir, convertirla al lenguaje de la prosa corriente sin quitar ni añadir ninguno de los miembros del texto poético.

Ahora bien, si es verdad que al poeta toca descubrir nuevas y genuinas correspondencias entre las formas del mundo y las formas de la lengua, así también habrá poetas en cuyos textos se expresen por modo admirable las secretas analogías de las cosas y de los nombres, y serán estos textos señeros —más todavía que a nuestras particulares vivencias del mundo— a quienes deben atender y emular los nuevos textos de la poesía.

Entre todos, Homero, Virgilio, Ovidio... son los más excelsos, de manera que un pasaje cualquiera del *Polifemo* de Góngora —por reducirnos a él y abreviar los hechos— tendrá dos referentes simultáneos: el conjunto de textos a los que aluda el pasaje en cuestión, es decir, los ejemplos concretos de un sistema general de representaciones poéticas de la realidad, y el conjunto de apreciaciones morales sobre esa realidad, esto es, un modelo ordenador del mundo del que la poesía es el más fiel y —al propio tiempo— el más libre representante.

En ese tránsito que supone la creación de cada texto, el poeta habrá de expresar su experiencia del mundo pasando por otros textos preexistentes en los que se hallan fijadas algunas de las imágenes verbales más adecuadas a la expresión de semejante experiencia; o, dicho diversamente, el nuevo texto no instaurará una relación primordial y directa entre las cosas y los nombres, sino una relación diferida entre diversos nombres y una misma cosa. Y cuando ese vasto tejido de estímulos y remisiones ocurre entre objetos verbales pertenecientes a sistemas semióticos diferentes (las *Metamorfosis* de Ovidio y el *Polifemo* de Góngora, pongamos) las cosas aparecen terriblemente complicadas no sólo para el lector que se fía de su indecisa sensibilidad, sino aun para el estudioso que se funda en la reflexión.

Así de complicadas fueron también para los contemporáneos de Góngora y así se explican —aunque no siempre se sufran— las páginas excesivas de sus comentaristas.

Escribía Reyes:

> Entre los gongoristas había verdaderos torneos de interpretación, causa muchas veces de rivalidades que iban más allá de lo literario [...] Cuando salieron a la luz las *Lecciones solemnes* de Pellicer, los aficionados discutían acaloradamente cada punto, cada interpretación [...] Los discípulos del poeta se desafiaban a resolver un hipérbaton, a aclarar una alusión mitológica, a explicar un equívoco.[5]

¿Y qué resultó de todo ello? Podría decirse que sólo un montón ingente de papel manuscrito o impreso cuya lectura a todos aterra pero que algunos (el propio Reyes, Dámaso Alonso, Antonio Vilanova, Robert Jammes...) han sabido consultar con provecho.

¿Y de qué provecho nos será una fatigosa retahíla de consideraciones minúsculamente eruditas, con frecuencia pedantes y no siempre oportunas o bien encaminadas?

Insistía Reyes en decir que "el estudio de los comentarios publicados en el siglo XVII nos parece de todo punto indispensable, en vista, no sólo de la dificultad sintáctica de Góngora, sino de su rara erudición".

[5] "Necesidad de volver a los comentaristas" en Alfonso Reyes, 1958, páginas 146-147.

Acaso don Alfonso no estuviese tan seguro de la "sordera" de los numerosos pasajes gongorinos necesitados de acotaciones históricas y mitológicas; quizá llegase incluso a pensar que esa parte que él mismo calificó como "el peso muerto que gravita sobre las alas de Góngora" fuese, no tanto un lastre en el poema, cuanto un vacío de sus lectores contemporáneos o extemporáneos.

3. Veamos —final y brevemente— cuál es la índole de la información que nos allegan los comentaristas. Tocaremos un solo punto, a guisa de ejemplo.

Recuerda Reyes que, en carta del 31 de agosto de 1634, un tal Juan Nadal comunicó a Andrés de Ustarroz algunas opiniones sobre la estrofa LIII del *Polifemo* que, ateniéndonos al manuscrito Chacón, se escribe así:

Marítimo Alción, roca eminente
sobre sus huebos coronaba, el día
que espejo de zaphiro fue luciente
la plaia azul, de la persona mía;
miréme, i lucir vi un sol en mi frente,
quando en el cielo un ojo se veía:
neutra el agua dudaba a quál fee preste,
o al cielo humano o al Cyclope celeste.

Y el Juan Nadal que —aunque lo parezca— no perdía de vista el poema por considerar la estrofa ni, mucho menos, su relación con determinados textos clásicos, se holgaba en señalar que

si yo dixe que el "roca eminente" era apósito de "Alción", lo dixe fundado en que dize Ovidio que esta ave haze su nido sobre el mar, y no sobre escollo, como quiere Don Luys; y, teniéndome a Ovidio, hacía apósito lo que Don Luys acusativo; que á de ser así para que la oración sea congrua.

Tal como lo plantea Nadal, diríase que el problema es de dudosa pertinencia; en realidad, no sólo ayuda a discernir la función gramatical de "roca eminente" (no se olvide que Salcedo Coronel enredó el asunto en su *Polifemo comentado*), sino que proporciona una media clave para determinar la función semántica que desempeña el "marítimo Alción" en la estrofa gongorina cuando nos remite a Ovidio y, sacando el ovillo por el hilo, a los versos 744 a 748 del Libro XI de las *Metamorfosis* que se refieren a la transformación de Alcione, mujer de un rey de Tracia ahogado en el temporal, en el ave de ese nombre. Para recordar tal pasaje leamos la traducción que, a principios del siglo XVII, hizo Antonio Pérez Sigler:

> Pendiendo sobre el mar el nido Alcione
> (el qual en componer tarda otros siete)
> en el hynvierno está sobre sus huevos;
> por aquestos catorce días tranquilo
> el mar está, que Eolo encerrados
> porque sus nietos no reciban daño,
> tiene en sus cuevas los soberbios vientos.

El daño de tales remisiones eruditas está en que permiten derivar sin tiento, no sólo hacia la fábula de Alcione, sino —de hecho— hacia cualquiera de los mitos de la Antigüedad y de la multitud de autores que se ocuparon en ellos, de manera que nos vayan alejando más y más del sentido que esa alusión tenga en el texto que leemos. Por supuesto que el propósito de Góngora, en esos primeros versos de la estrofa LIII de *Polifemo*, no fue el de notificarnos los peculiares hábitos de cría de los alciones o petreles, ni siquiera el de evocar —en su propio y general sentido— la fábula de la metamorfosis de Alcione o de su tratamiento en Teócrito, Virgilio y Ovidio, sino —como supo puntualizar el engreído y maltratado don José Pellicer de Salas y Tovar— el de "significar que estaba la mar en calma".[6]

La mención del ave que hace su nido en los escollos del mar remite, sin lugar a dudas, al mito de Alcione, cuyo padre Eolo —en ciertos días del invierno— sosiega los vientos para que ella pueda tener sus crías sin peligro; pero siendo ésta la causa de que estén quietas las aguas del mar, es esta circunstancia la que se toma principalmente en cuenta y la que, en los versos

---

[6] *Cf.* Dámaso Alonso, 1961, pp. 263 y ss.

de Góngora, permite que la alusión simultánea a la realidad natural —las costumbres de los alciones— y a la realidad textual del mito funcione como una metonimia del espejo de las aguas en las que *Polifemo* contemplará su portentoso ojo solar.

¿Podríamos, pues, calificar de "sordos" a pasajes semejantes? Más bien cabría afirmar lo contrario: que son tantas las voces que encierran, tantos sus posibles rumbos de significación, que el lector —abrumado o indeciso— no sabe encontrar el camino que lo conduzca a su propio y verdadero sentido y, en consecuencia, salte sobre ese "peso muerto" para entrar, sin más averiguaciones, en los versos siguientes:

> ...el día
> que espejo de zaphiro fue luciente
> la plaia azul, de la persona mía...

en los que gustará la delicia sensual de los colores marinos, de la luz que reverbera el agua, del insólito espejo de zafiro —que es, a un tiempo, líquido y mineral—, sin advertir, quizá, que también en ellos Góngora se remitió al modelo virgiliano de las *Bucólicas*, donde el amante desdeñado reconoce su gallardía en las aguas tranquilas del mar (*nec sum adeo informis*) y al modelo ovidiano de las *Metamorfosis*, donde el jayán Polifemo osa parangonarse con el sol, y a partir de lo cual el poema de Góngora desarrollará una riquísima serie de oposiciones y semejanzas —tanto en lo físico como en lo moral— entre el jayán Polifemo, la ninfa Galatea y el humanado Acis, que ya no pueden enumerarse en este lugar.

En fin, que si, como reconocía Alfonso Reyes, la lectura gongorina en clave hermético-simbolista "poco nos ha dejado", será necesario volver a los comentaristas del siglo XVII no sólo para resolver problemas de sintaxis, sino —y es lo más importante— para descubrir las claves semánticas de lectura, tanto de aquellos pasajes que nuestra sordera histórica nos hace tomar por el lastre de una poesía remota, como en aquellos otros para cuya interpretación o disfrute parece bastar la sola sensibilidad, pero que —al igual que los anteriores— encierran complejidades que sobrepasan con mucho los dominios de las asociaciones idiosincráticas que cada lector sea capaz de establecer.

En efecto, y sobre todo en los pocos poemas mayores de Góngora, la alusión erudita aparece "tramada con el pensamiento poético", pero no estoy seguro de que al descubrir los hilos de la trama hayamos, por eso mismo, "dado muerte al encanto de la poesía". Con estas últimas palabras de Reyes algunos quisieran seguir justificando las erráticas veleidades de una crítica literaria fundada únicamente en la "sensibilidad" y en el gusto; pero yo creo firmemente que don Alfonso no se las hubiese prestado para ese confuso fin.

XIII. "EL SUEÑO" DE SOR JUANA: ALEGORÍA Y MODELO DEL MUNDO

1. El sueño DE SOR JUANA EN LAS "CENSURAS" DE DOS COETÁNEOS

DEL FÁRRAGO de "censuras" o "aprobaciones" eclesiásticas a las obras de Sor Juana Inés de la Cruz publicadas en España en las postrimerías del siglo XVII, Alfonso Méndez Plancarte destacó —por muy justas razones— el interés crítico-literario de sólo dos de ellas: la del franciscano Juan Navarro Vélez al frente del *Segundo volumen* (Sevilla, 1692) y la del jesuita Diego Calleja en la *Fama y obras póstumas* (Madrid, 1700).[1] En efecto, entre tantos versos laudatorios y prosas panegíricas dedicados a la "única poetisa americana", los textos aludidos pudieron hacer lugar, sin desatender por ello el debido elogio, a apuntaciones críticas nada desdeñables. Valdrá la pena, pues, recordar ahora algunos de sus pasajes más importantes.

Juan Navarro Vélez, para quien los versos, las comedias y los autos sacramentales de la Madre Juana eran "cabalmente perfectos", ponderó por sobre todas sus obras el poema de *El sueño*; quien lo lea con atención —decía— lo juzgará ciertamente como el más "remontado" de su ingenio, porque su "estilo es el más heroico y el más propio del asunto"; las traslaciones, metáforas y conceptos son elegantes, "continuos y nada vulgares"; las alusiones, aunque "recónditas", no son "confusas" y "las alegorías son misteriosas, con solidez y con verdad".

En fin, es tal este *Sueño*, que ha menester Ingenio bien despierto quien hubiere de descifrarle, y me parece no desproporcionado argumento de Pluma Docta, el que con la luz de unos Comentarios se vea ilustrado, para que todos gocen los preciosísimos tesoros de que está rico.[2]

---

[1] *Véase* Alfonso Méndez Plancarte, 1951; pp. XIV-XVII.

[2] *Véanse* ahora los textos de Navarro Vélez y Calleja en *Sor Juana Inés de la Cruz ante la historia*. Biografías antiguas. La *Fama* de 1700. Noticias de 1667

No entró el "censor" franciscano a desentrañar el magno poema, cuya riqueza y variedad de "noticias" pedía (como las obras de Garcilaso y de Góngora) la ilustración erudita, así de la totalidad de la fábula como de los múltiples materiales que se integran en ella. Con todo, Navarro Vélez se refirió al "estilo... heroico" del poema, aludiendo sin duda a aquella especie de odas que tienen por asunto las "acciones ilustres", no ya de los varones militares, sino las del propio entendimiento humano, e hizo hincapié en el carácter alegórico de *El sueño*, vale decir, en el modo artificioso de su discurso conforme al que, debajo de su sentido literal, se esconden otros sentidos más profundos. De ahí, pues, que advirtiera la conveniencia de que un "ingenio bien despierto" descubriese y descifrase los "tesoros" que se hallan ocultos debajo de las acciones narradas en *El sueño*.

Pocos años más tarde, Diego Calleja, en la "aprobación" de la *Fama* (que constituye, por otra parte, el primer ensayo biográfico de Sor Juana) detuvo su atención en aquel "elevadísimo poema", en el cual —son sus palabras— "se suponen sabidas cuantas materias en los libros de Ánima se establecen, muchas de las que tratan los mitológicos, los físicos", así como las historias profanas y naturales. Coincidía, pues, con Navarro Vélez en que ese "grande golfo" de erudiciones y de sutilezas resultaría "difícil de entender de los que pasan la hondura por obscuridad".

Fue también Calleja quien primero estableció la filiación gongorina de *El sueño*, escrito en metro de silva como las *Soledades*, y aun cuando no reputó el poema de la monja mexicana "tan sublime" como el del cordobés, "ninguno que lo entienda bien negará que vuelan ambos por una esfera misma". Sin embargo, en tal comparación era menester tomar en cuenta que hay materias más capaces que otras para que "en ellas vuele la pluma con desahogo"; de esta calidad fueron —según su decir— aquellas de las que se ocupó Góngora; la Madre Juana escogió, en cambio, materias "por su naturaleza, tan áridas, que haberlas hecho florecer tanto arguye maravillosa fecundidad en el cultivo".

a 1892. (Recopilación de Francisco de la Maza.) UNAM, 1980; pp. 85-90 y 139-153, respectivamente.

¿Qué cosa más ajena de poderse decir con airoso numen poético que los principios, medios y fines con que se cuece en el estómago el manjar, hasta hacerse substancias del alimentado? ¿Lo que pasa en las especies sensibles, desde el sentido externo al común, al entendimiento agente, a ser intelección? [...] Si el espíritu de Don Luis es alabado con tanta razón, de que a dos asuntos tan poco extendidos de sucesos los adornase con tan copiosa elegancia de perífrasis y fantasías, la madre Inés no tuvo en este escrito más campo que éste: *siendo de noche me dormí; soñé que de una vez quería comprender todas las cosa de que el Universo se compone. No pude ni aun divisas por sus categorías, ni aun solo un individuo; desengañada, amaneció y desperté.* A este angostísimo cauce redujo grande golfo de erudiciones, de sutilezas y de elegancia, con que hubo por fuerza de salir profundo [...] *pero los que saben los puntos de las facultades, historia y fábulas que toca y entienden en sus translaciones los términos alegorizado y alegorizante, con el que resulta del careo de ambos,* están bien ciertos de que no escribió nuestra poetisa otro papel que con claridad semejante nos dejase ver la grandeza de tan sutil espíritu. (Las cursivas son nuestras.)

Bien se merece la larga cita este párrafo clarividente, puesto que en él no sólo dio Calleja una cabal síntesis argumentativa de *El sueño,* sino que destacó además la naturaleza científico-filosófica de su "materia" y el carácter alegórico de su discurso y, consecuentemente, el modo de lectura de sus "translaciones y metáforas", de las cuales será posible deducir, por medio del "careo" de sus "términos alegorizado y alegorizante", los valores conceptuales que resultan de la síntesis de ambos.

Conviene documentar brevemente la concepción del discurso alegórico que subyace en las apuntaciones del padre Calleja y, para ello, nos valdremos de un texto que la ilustra de manera ejemplar: los *Diálogos de amor* (1541) de León Hebreo.

Los poetas antiguos, decía Hebreo en el segundo de los diálogos de Filón y Sofía, "enredaron en sus poesías no una sola, sino muchas intenciones, las cuales llaman sentidos"; es el primero el que llamamos "sentido literal" que, como corteza exterior de la fábula, da lugar a la historia o acciones representadas. Sigue, como "corteza más intrínseca", el sentido moral deducible de la historia y aplicable "a la vida activa de los hombres", pero luego, debajo de las propias palabras que manifiestan los primeros y más evidentes sentidos, se significa "alguna verdadera inteligencia de las cosas naturales o celestiales, astrologales o teologales", de suerte que en una misma "fábula" se encierran no sólo ciertas acciones dignas de memoria y su correspondiente aplicación a la vida social, sino "otros sentidos científicos" que son como las médulas que la fruta encierra en su corteza, y estos "sentidos medulados" son, precisamente, los que reciben el nombre de alegóricos.[3]

Poema arduo y complejo, como bien lo advirtieron Navarro Vélez y Calleja, su exceso de "noticias" y "alusiones", pero más que nada los múltiples sentidos "enredados" en su discurso, reclama no sólo las ilustraciones eruditas (que hubiese podido hacer mejor que nadie algún ingenio contemporáneo de Sor Juana), sino una exégesis atenta al carácter alegórico de su escritura, por obra del cual en un mismo proceso discursivo se manifiestan diversos sentidos compatibles. Así, ante el descuido de sus contemporáneos, ha sido preciso esperar casi hasta nuestros días para que algunos estudiosos de Sor Juana pudiesen penetrar —armados de más armas que la mera intuición— en los sentidos de *El sueño*, cuya hondura nos resulta, muchas veces todavía, oscuridad inescrutable.

2. Una interpretación contemporánea de *El sueño*

No puedo revisar aquí tantos meritorios ensayos sobre el vasto poema de Sor Juana (Chávez, Vossler, Reyes, Pfandl, Méndez Plancarte, Paz, Carilla, Puccini, Xirau, Ricard, Sabat de Rivers, etc.), a los que, dado el caso, se aludirá más adelante al tratar algún punto específicamente relacionado con este trabajo. Debo detenerme, sin embargo, en uno de los más penetrantes comentarios al texto de Sor Juana, "El sueño de un sueño", de José Gaos,[4] porque me permitirá fundar algunas de las suposiciones en que baso mi propia indagación.

Para Gaos, *El sueño* "pertenece a la historia de las ideas en

[3] León Hebreo, *Diálogos de amor*, 1947.
[4] José Gaos, 1960, pp. 54-71.

México". En efecto, el saber atestiguado por la poetisa en este poema abarca lo astronómico, lo filosófico y psicológico, lo humanista clásico (histórico y mitológico) y bíblico, lo jurídico y político. "Lo cierto —escribe Gaos— es que el sueño es el sueño del fracaso de los dos únicos métodos del pensamiento, del intuitivo y del discursivo", si bien ninguno de ellos le venga a Sor Juana del cartesianismo, sino de

> las máximas tradiciones y escuelas persistentes y enfrentadas en el medio cultural que más cercanamente la envolvía y nutría intelectualmente: el intuicionismo de la corriente agustiniana y franciscana, el racionalismo discursivo de la corriente aristotélica, tomista y suarista.

Por consiguiente, si intuición y discurso son los métodos de la tradición intelectual, "el sueño del fracaso de ambos resulta nada menos que el sueño del fracaso de todos los métodos del conocimiento humano y de la tradición intelectual entera". Para Gaos, pues, la intención de la poetisa es inequívoca: "dar expresión poética a la experiencia capital de su vida: la del fracaso de su afán de saber" y El sueño es "el poema del afán de saber como sueño".

Pero la importancia de este ensayo no se limita a las oportunas precisiones filosóficas que hemos dejado transcritas; con agudeza admirable, Gaos mostró la "simetría perfecta" del poema, cuyo ajustado resumen temático le permitió comprobar que "tiene solamente las siguientes cinco partes: la media noche, el dormir, el sueño, el despertar, el amanecer" y que esas partes se ordenan en torno de un centro (el sueño) a cuyos extremos se hallan la media noche y el amanecer, y, entre el centro y los extremos, el dormir y el despertar.

Ignoro si Gaos conoció el libro de Pfandl sobre Sor Juana [5] (de hecho, en su artículo sólo mencionó de pasada a Carlos Vossler, con significativa prescindencia de cualquier otro estudioso de Sor Juana); pero no deja de ser evidente la correspondencia de los esquemas temáticos de El sueño propuestos por uno y otro; con todo, el filósofo hispanomexicano puntualizó

[5] Ludwig Pfandl, 1963.

mejor la estructura temático-discursiva de *El sueño*, cuya perfecta simetría

> resulta reforzada por el número de versos de las cinco partes: 150 la noche, 115 el dormir, 560 el sueño, 59 el despertar, 89 el amanecer. Las descripciones de la noche y del dormir son, sobre poco más o menos, dobles de largas que las del amanecer y del despertar, respectivamente; pero la de la noche guarda con la del amanecer una proporción muy cercana a la del dormir con el despertar.

Pero, evidentemente, la simetría del poema de Sor Juana no es sólo cuantitativa, ya que —advertía Gaos— se extiende a la "índole cualitativa o espiritual" de los temas; en efecto, *El sueño* coloca en los extremos "los procesos o fenómenos físicos del conticinio y del amanecer; entre los extremos y el centro, los procesos *fisiológicos* del dormir y el despertar; en el centro el proceso *psíquico* y espiritual del sueño". Volveremos sobre el carácter cualitativo de estas simetrías con el propósito de discernir otros valores simbólicos en la articulación de los "fenómenos físicos" y, en particular, de los sentidos "alegóricos" que ellos entrañan, pero es aún necesario dilucidar otras "simetrías más sutiles" que, según señaló el mismo Gaos, "se destacan al adentrarse por la textura íntima y móvil del poema"; de suerte que no sólo "las soberbias imágenes astronómicas" con que Sor Juana describe la lucha de la sombra nocturna con las estrellas y el sol instauran una perfecta correlación homológica entre el inicio y el final del poema, sino también las que contraen las "representaciones simbólicas" de la noche y la representación del mundo por ejes celestes y elementales, que —sin lugar a dudas— constituyen un sistema semántico-ideológico perfectamente estructurado.

3. Modelo del mundo y literatura emblemática

En un apartado precedente resumimos aquellos pasajes de los *Diálogos de amor* de León Hebreo concernientes a su teoría de los tres sentidos "enredados" en las ficciones poéticas. Re-

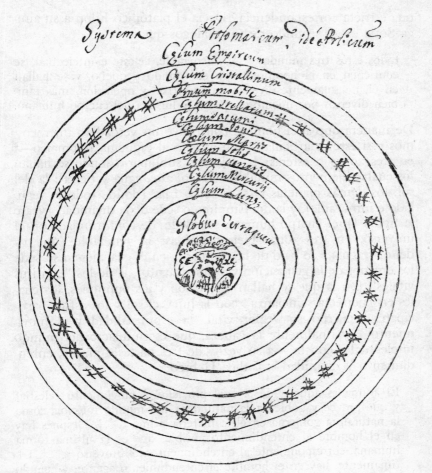

I. Sistema de Tolomeo. De una introducción a la filosofía
natural de mediados del siglo XVIII.

cordemos ahora que esta triple codificación de las fábulas **no**
sólo atañe a la diversidad de lecturas compatibles que caracteriza, *grosso modo*, a las ficciones poéticas, sino que responde a
una concepción o modelo del mundo, conforme al cual el hombre es "imagen de todo el universo" y, como éste, "animal perfecto" entre cuyas propias partes y las partes del universo existe

una estricta correspondencia. Decía el platónico Filón a su amiga Sofía en el segundo de sus diálogos que

> todos estos tres mundos [...], generable, celeste e intelectual, se contienen en el hombre como en mundo pequeño, y se hallan en él, no solamente diversos en su virtud y operación, más también diversos por miembros, partes y lugares del cuerpo humano.

De manera que si el hombre constituye un verdadero microcosmos y si éste se articula —con arreglo al esquema tolomaico—[6] en tres zonas o esferas: la del orbe sublunar (donde se hallan los cuatro elementos mutables: fuego, aire, agua y tierra); la del sol, los demás planetas y las estrellas fijas (donde todo es regulado e inmutable), y la del Empíreo o sede de la divinidad (véase la figura I); el cuerpo humano se divide, de conformidad con el universo, en tres zonas bien definidas: la generable (que va del diafragma a lo bajo de las piernas, y en el cual tienen su sede los órganos de la generación y el nutrimento), la de los "espíritus vitales" (en la que se hallan el corazón y los pulmones, los cuales en "perfecta semejanza" con la luna, el sol y los astros participan al cuerpo su "calor vital, la espiritualidad y el movimiento"), y finalmente la cabeza, que es simulacro del mundo intelectual y consta —a su vez— de tres partes: "ánima, entendimiento y divinidad". Y dice Hebreo:

> El ánima es aquella de la cual proviene el movimiento celestial y que provee y gobierna la naturaleza del mundo inferior, como la naturaleza gobierna en él la materia prima [...]. Después hay en el hombre el entendimiento posible, que es la última forma humana, correspondiente al entendimiento del universo [...]. Últimamente, hay en el hombre el entendimiento agente; y cuando se junta con éste el posible, se hace actual y lleno de perfección y de gracia de Dios, copulado con la sagrada divinidad.

[6] De acuerdo con el sistema cósmico más conocido de las escuelas pitagóricas (atribuido a Filolao, adoptado hasta la época de Aristóteles y luego incluido en la "síntesis matemática" de Tolomeo) "el mundo es limitado exteriormente por el Olimpo, más allá del cual existe lo indeterminado; entre la esfera del Olimpo y el horno [centro] del universo se mueven, dando vueltas diez cuerpos divinos. El primero, el más externo, es el que lleva las estrellas fijas, luego los cinco planetas, luego el Sol y la Luna, después la Tierra y, por último, cerca del fuego central, la anti-tierra". Giorgio Abetti, 1978, p. 44.

Ese modelo del mundo que hemos procurado sintetizar no ha de entenderse, por supuesto, como un riguroso constructo filosófico, sino más bien como un firme cañamazo conceptual que asegura la coherencia o compatibilidad de un conjunto disímbolo de ideas o creencias que, aún en pleno siglo XVII, constituían una especie de "telón de fondo de las artes" o, si se prefiere, un mapa de los *loci communes* sustentados por la tradición clásico-renacentista.[7]

Si aceptamos —con los semióticos soviéticos— definir la "cultura como el ámbito de la organización (información) en la sociedad humana y la correspondiente contraposición a ella de la esfera de lo desorganizado (entropía)", es decir, si concebimos el mecanismo de la cultura como "un sistema que transforma la esfera externa en interna, la desorganización en organización [...] la entropía en información", podemos afirmar que el modelo del mundo que subyace en el texto de Sor Juana excluye deliberadamente una buena cantidad de "información" —que pudiéramos llamar contemporánea— en beneficio de su homogeneidad y eficacia o, diciéndolo nuevamente en los términos de los semióticos soviéticos, que en ese modelo se da "un aumento de entropía a expensas de un máximo de organización".[8]

Refiriéndose al "saber atestiguado" por Sor Juana, y en particular al astronómico, apuntaba Gaos que éste "se contiene dentro del sistema antiguo y medieval del mundo, dominante aún, incluso entre los cultos [...] conocedores del sistema copernicano, pero fieles a la Iglesia, que aún no admitía este último sistema". En cuanto al "saber humanístico", es de sobra conocida la pervivencia de la mitología y la historia clásicas, una y otra entendidas como un vasto repertorio de acciones y símbolos paradigmáticos al que era indispensable acudir por cuanto que configura un modelo axiológico universalmente sancionado.

Un buen ejemplo de la eficacia y suficiencia de dicho modelo, no menos que de los procedimientos semióticos por cuyo medio se manifiesta, podemos hallarlo —por no salir de Sor

[7] C. S. Lewis, 1980. *Véase* —aquí mismo— el capítulo IX.
[8] Traduzco de: V. V. Ivanov, J. M. Lotman *et alii* "Tesi per un'analisi semiotica delle culture", en C. Danilčenko. 1979, pp. 194 y *ss*.

Juana— en el *Neptuno alegórico* (1680), arco de triunfo dedicado a la "feliz entrada" del Marqués de la Laguna en la Ciudad de México, en cuyos lienzos y estatuas se representaron las virtudes del nuevo virrey bajo la figura y las acciones de Neptuno. Explicaba Sor Juana que fue "costumbre de la antigüedad [...] adorar sus deidades debajo de diferentes jeroglíficos y formas varias, y así a Dios solían representar en un círculo [...] por ser símbolo de lo infinito". Y no tanto porque

> juzgasen que la Deidad, siendo infinita, pudiera estrecharse a la figura y término de cuantidad limitada; sino porque, como eran cosas que carecían de toda forma visible y, por consiguiente, imposibles de mostrarse a los ojos de los hombres [...] fue necesario buscarles jeroglíficos que, por similitud, ya que no por perfecta imagen, las representasen. Y esto hicieron no sólo con las deidades, pero con todas las cosas invisibles, cuales eran los días, meses y semanas, etcétera, y también con las de quienes era la copia difícil [...] como la de los elementos, entendiendo por Vulcano el Fuego, por Juno el Aire, por Neptuno el Agua y por Vesta la Tierra, y así todo lo demás.[9]

Como es bien sabido, el *Neptuno alegórico* se inscribe en una tradición clásico-humanista que vincula la dedicación de arcos triunfales y piras funerarias a héroes, gobernantes y prelados con la literatura emblemática ("jeroglíficos" y "empresas" morales); y aun cuando los primeros hayan sido —por lo general— objetos arquitectónicos y plásticos de carácter fungible, los textos literarios —conservados en los impresos que daban "razón de la fábrica alegórica"— forman parte de un sistema semiótico particular en el que se yuxtaponen y complementan o, por mejor decir, se sincretizan, las imágenes y las palabras, de manera tal que —como postulaba Saavedra Fajardo en su *Idea de un príncipe político-cristiano* (Munich, 1640)— representando los conceptos "con el buril y con la pluma", éstos entran simultáneamente "por los ojos y los oídos (instrumentos del saber)", con lo cual "quede más informado el ánimo [...] y sirvan las figuras de memoria artificiosa".

[9] *Cito* por Sor Juana Inés de la Cruz, 1957.

II. Empresa 12 de la *Idea de un príncipe político-cristiano*...
de Diego de Saavedra Fajardo (Amberes, 1655).

Así pues, los emblemas constituyen una clase de textos sincréticos en los que, por un lado, la "figura" (o "cuerpo" del emblema) y el "mote ("ánima" o sentencia lacónica, habitualmente en latín) discurren por medios diferentes sobre una misma clase o jerarquía de conceptos; por otro lado, en esta "típica representación de la cultura manierista" [10] y barroca que echa mano de cuantos tópicos e iconos documentó la antigüedad, suelen instaurarse diversos niveles de lectura, es decir, sucesivas aplicaciones alegóricas del emblema. A diferencia de los enunciados exclusivamente lingüísticos en los cuales, por medio de un solo sistema semiótico (el de la lengua), puede instaurarse una determinada relación de homología entre dos dominios diferentes (la mitología clásica y la historia moderna, digamos), los emblemas no sólo articulan separadamente unidades pertenecientes a dos sistemas semióticos de diferente naturaleza (el icónico y el verbal), sino que constituyen dos textos cuya correspondencia

[10] Manuel Montero Vallejo, 1975. *Cf.* Héctor Ciocchini, 1960, pp. 41-68, que contiene noticias sobre la difusión de los emblemas en España, a partir de la primera traducción de los *Emblemata* de Andrea Alciato hecha por Bernardino Daza Pinciano (1549), y señala la posible presencia de "imágenes emblemáticas" en diversos pasajes de las obras de Góngora.

aparece postulada, en principio, por el mero hecho de su concurrencia. Pero la simple yuxtaposición de la "figura" y el "mote", por más que avise al lector la necesidad de establecer un contexto simbólico en que ambos "enunciados" puedan insertarse, no pone inmediatamente de manifiesto la simultánea pertenencia de cada uno de ellos a un contexto alegórico específico. El establecimiento de ese segundo contexto corre por cuenta de un escolio, esto es, de un segundo discurso verbal a cuyo cargo queda la "aplicación de la fábula". Dice —por ejemplo— Sor Juana que, en un tablero del arco erigido en honor del Marqués de la Laguna se representó a "Neptuno, tutelar numen de las ciencias [...] recibiendo en su cristalino reino a los doctísimos Centauros, que perseguidos de la crueldad de Hércules, buscaban socorro en el que sólo lo podían hallar, siendo sabios", y que a este "cuerpo" o imagen se puso el mote *Addit sapientia vires*; en el pedestal de dicho lienzo se escribió la siguiente décima, en la que el "careo" de la figura con el mote se deduce su "aplicación" o sentido alegórico:

De Hércules vence el furioso
curso Neptuno prudente:
que es ser dos veces valiente
ser valiente e ingenioso.
En vos, Cerda generoso,
bien se prueba lo que digo,
pues es el mundo testigo
de que en vuestro valor raro,
si la ciencia encuentra amparo,
la soberbia halla castigo.

Si no me engaño, las observaciones que anteceden podrán proporcionarnos una útil clave para el análisis de algunos pasajes de *El sueño*, en cuya composición se valió Sor Juana de los mecanismos propios de la literatura emblemática, como adelante se verá.

4. La estructura temática de El sueño

Las divisiones temático-discursivas de El sueño que han ido proponiendo diversos estudiosos del texto de Sor Juana, por más que reflejen en muchos casos una tendencia hacia la expansión analítica, coinciden, sin embargo, en acordarle una estructura trimembre básica. En efecto, incluso Méndez Plancarte, que distinguió hasta doce partes o unidades temático-discursivas en el poema, no dejó de señalar que la diversidad de materias tocadas por El sueño quedaban perfectamente englobadas dentro de esas tres partes fundamentales inicialmente señaladas por el padre Calleja: la noche, el sueño y el despertar.[11]

Asimismo, quienes dividieron el poema de Sor Juana en cinco partes, o lo compararon —como Pfandl— con un "tríptico gótico" compuesto por "una pieza dominante de unión y dos secciones batientes que la flanquean a entrambos lados",[12] o —como Gaos— destacaron la perfecta simetría de su composición trimembre, con arreglo a la cual, en torno de un centro constituido por el sueño, se ordenan los extremos conformados por la noche y el amanecer y, entre estos extremos y el centro, los elementos del dormir y el despertar.[13] También Robert Ri-

---

[11] Según Ezequiel A. Chávez (1970), pueden discernirse seis partes en El sueño, ligadas entre sí y como "formado un solo sistema de ellas"; la primera "Sueño de la noche y de la Vigilancia Nocturna; la segunda, Sueño del Sueño Universal del Mundo; la tercera, Sueño del Sueño del Hombre —del sueño fisiológico—; la cuarta, Sueño de los Sueños; la quinta, Sueño del Sueño de la Persecución del Conocimiento —de su Teoría y su Método—, y la sexta, Sueño del Despertar". Partiendo de esta "séxtuple partición", Alfonso Méndez Plancarte (1951), propuso otro esquema "todavía más rico y quizá más lógico", dividiendo el poema en doce partes: "I. La Invasión de la Noche; II. El Sueño del Cosmos; III. El Dormir Humano; IV. El Sueño de la Intuición Universal; V. "Intermezzo" de las Pirámides; VI. La Derrota de la Intuición; VII. El Sueño de la Omnisciencia Metódica; VIII. Las Escalas del Ser; IX. La Sobriedad Intelectual; X. La Sed Desenfrenada de la Omnisciencia; XI. El Despertar Humano; y XII. El triunfo del día".

[12] Ludwig Pfandl, en op. cit., dividió El sueño en las cinco partes siguientes: 1) El sueño mágico, 2) La teoría del sueño, 3) La intuición del sueño, 4) El paso al umbral del sueño y 5) El nacimiento del sol.

[13] Cf. José Gaos, op. cit., p. 57.

card[14] encuentra tres grandes divisiones en el poema: I, *El sueño del cosmos*; II, *El hombre, el ensueño y el cosmos* (que, a su vez, se subdivide en *a*) "Descripción fisiológica y psicológica del sueño" y *b*) "Relato del sueño") y III, *El despertar del hombre y el despertar del cosmos*.

En suma, no parece haber discrepancias de consideración en lo que se refiere a la estructura discursiva trimembre de *El sueño*, pero —como es obvio— no puede darse igual consenso acerca de los límites de las secciones (o subunidades temáticas) discernibles en el poema.

A primera vista, ésta podría ser tenida por una cuestión baladí, puesto que asignar más o menos versos a cada una de las partes del texto no afectaría sustancialmente a la estructura global del mismo. Con todo, adquiere relevancia cuando se intenta fijar los criterios semántico-ideológicos de dicha partición y más cuando se pasa a examinar lo que Méndez Plancarte llamó "la estructura de esos amplios materiales" a los que da cabida el poema y a discernir las correlaciones pertinentes entre dichos materiales y el modelo del mundo del que forman parte.

III. Empresa 12 de Saavedra Fajardo (Madrid, 1853).

Habida cuenta de lo que se ha venido tratando en los apartados precedentes, parece posible admitir la hipótesis según la

[14] Robert Ricard, 1975-1976, pp. 25-32. Precisa el autor que ha optado por seguir la división de Pfandl, aunque reduciéndola a tres partes, "de las cuales sólo he dividido la central".

cual las tres partes de *El sueño* responden a un modelo tripartito del hombre y del mundo, en cuanto que éste se concibe dividido en tres orbes o esferas (la de la tierra, la del sol y los planetas, la del Empíreo) de las que resultan ser homólogas las partes del cuerpo humano; al mismo tiempo —y en consonancia con lo anterior—, en el discurso de cada una de esas partes se "enredan" tres "intenciones" o sentidos diferentes pero compatibles, es decir, se articulan tres niveles de significación que —siguiendo a León Hebreo— podemos llamar "literal" (o "natural"), "moral" y "teologal".

Atendiendo ahora únicamente a los dos primeros, podría afirmarse que en "La noche" se entrelazan los tópicos astronómicos y fisiológicos relativos al eclipse lunar y al funcionamiento de los órganos corporales durante el sueño, y que tales tópicos constituyen el sentido "literal" del texto; los tópicos mitológicos referentes al bajo mundo sublunar y a sus emblemáticas criaturas nocturnas configuran su sentido "moral". El tercer sentido, llamado "teologal" o "científico" por Hebreo (y del que no es posible ocuparse en esta sede porque requiere de más dilatada consideración), habrá de aludir forzosamente a un "verdadero conocimiento" de la "significación de las cosas", conocimiento a partir del cual se constituya un modelo que rija y determine la significación última o global del poema; es decir, se configura como una formación ideológica englobante en la cual irán recalando los demás sentidos "enredados" en la fábula.

Por modo semejante, podría postularse que en la parte central del poema, "El sueño" del conocimiento, se desarrollan los tópicos referentes al entendimiento humano "posible" que procede, primero, por la vía de la intuición y —al fracasar ésta— por la del método discursivo; en tales tópicos se asienta el sentido "literal" de esta parte del texto de Sor Juana, mientras que el sentido "moral" lo sustentan las propias reflexiones en torno a los míticos Ícaro y Faetonte, uno y otro emblemas del castigo a que se hace acreedor el "ánimo arrogante", es decir, la mente humana en cuanto pretende conocer —no importa la vía intelectual que escoja —la "inmensa muchedumbre" de todo lo creado.

La tercera parte, "El despertar", torna a los tópicos de la actividad fisiológica y de los fenómenos astrales, pero ahora para referir las operaciones contrarias a las que antes indujeron al sueño y provocaron la invasión de las sombras nocturnas. Al recobrar su actividad los órganos corporales, el "vuelo intelectual" del alma parecerá ya una mera fantasía, algo semejante a las sombras que proyecta la "linterna mágica", de la que Sor Juana se vale para sustentar el sentido "moral" de esta última parte del poema.

Con todo, El sueño no termina propiamente en este despertar al desengaño del conocimiento humano, porque la autora añadió —en simétrica contrapartida con los tópicos desarrollados al inicio del poema— no sólo el regreso del sol y la derrota del "ejército de sombras", sino el reordenamiento del mundo por obra de la "luz judiciosa" que, siendo ejemplo del divino "orden distributivo", sitúa también al hombre en el lugar que verdaderamente le corresponde dentro del universo.

En suma, postulamos que en cada una de las tres partes de El sueño, Sor Juana presenta y desarrolla diversos símbolos de esta triple división del hombre y del mundo y que es dentro de esa vasta correspondencia entre el cosmos y el microcosmos humano donde cobran pleno sentido las numerosas figuras emblemáticas, tanto de carácter mitológico, como histórico y científico,[15] cuya profusión en el texto de Sor Juana ya no podría seguir achacándose a los imperativos de una moda literaria tenida por aberrante (el gongorismo), sino a su condición de símbolos cuidadosamente codificados y, por ende, portadores de una información científico-ideológica precisa.[16]

---

[15] Refiriéndose a El sueño, y comparándolo con las Soledades de Góngora, decía Octavio Paz, 1957: "El universo de Sor Juana —pobre en colores, abundante en sombras, en abismos y claridades súbitas— es un laberinto de símbolos, un delirio racional"; en ocasión más reciente (1976), tratando del Neptuno alegórico, recordaba que "el siglo xvii fue el siglo de los emblemas y sólo desde dentro de esta concepción emblemática del universo podemos comprender la actitud de Sor Juana".

[16] Confirma Robert Ricard, en op. cit., que El sueño es una "obra erudita" en la que se hallan presentes "una fisiología, una psicología, una cosmología, que son aquellas que señoreaban aún en México durante la segunda mitad del

Pero no siendo mi actual propósito analizar pormenorizadamente la totalidad del poema, me restringiré al examen de algunas "figuras" de "La noche" con el fin de poner más en claro las hipótesis enunciadas.

IV. Empresa 13 de Saavedra Fajardo (Amberes, 1655).

Es aún necesario señalar que, atendiendo a su estructura temático-discursiva, las tres partes de El sueño pueden ser distribuidas de la siguiente manera: "La noche", vv. 1-291; "El sueño", vv. 292-826; "El despertar", vv. 827-975; y que, por lo que hace a la articulación temático-ideológica de los materiales de "La noche", distinguimos dentro de ella las siguientes secciones y subsecciones:

1.	LA NOCHE (vv. 1-291)
1.1	La "tenebrosa guerra" (vv. 1-24)
1.1.1	La pirámide sombría
1.1.2	El orbe de las estrellas
1.1.3	El orbe de la luna

siglo XVII; es decir que allí se encuentra, como en Luis de Granada, a Aristóteles y a Galeno para la fisiología y la psicología, Ptolomeo para la cosmología y, de una manera más general [...], toda una tradición alejandrina y neoplatónica". No podemos convenir con el eminente investigador en que éste sea "el aspecto digamos 'caduco' del poema y que no tiene, por otro lado, más

5. UN MODELO EMBLEMÁTICO DE El sueño

En su *Idea de un príncipe político-cristiano*, Saavedra Fajardo describe de la siguiente manera el "cuerpo" o figura de su em-

que una pequeña importancia". La caducidad de un determinado saber no implica que éste carezca de importancia para la interpretación de un texto; antes al contrario, es precisamente tal género de "erudición" (lo que el padre Calleja llamaba "los puntos de las facultades, historia y fábulas que toca" el poema) el que proporciona las bases inexcusables para el análisis y comprensión, no sólo de las "alusiones" y "translaciones" del nivel discursivo, sino del modelo del mundo que subyace en *El sueño*.

presa número 12: "al paso que se va descubriendo por los horizontes el sol, se va retirando la noche, y se acogen a lo obscuro de los troncos las aves nocturnas, que en su ausencia, embozadas con las tinieblas, hacían sus robos", y añade:

en solas doce horas que falta la presencia del sol en uno de los dos hemisferios, se confunde y perturba el otro, vistiéndose la malicia de las sombras de la noche, y ejecutando con la máscara de la escuridad homicidios, hurtos, adulterios y todos los demás delitos.[17]

Tal emblema, que Saavedra Fajardo parece haber tomado de la *Emblemática política* (1618) de Jakob Bruck, tiene por "cuerpo" un sol radiante que, al dirigir su luz sobre el hemisferio oriental de la tierra, hace que ésta proyecte hacia occidente una densa sombra en la que revolotean murciélagos, búhos y lechuzas. (Véanse las láminas II y III.) Por su parte, el "cuerpo" de la empresa número 13 representa una pirámide sombría que, naciendo de la tierra, oscurece con su ápice la parte inferior de la luna, pero no alcanza a opacar la luz de las estrellas. (Véanse las láminas IV y V.)

V. Empresa 13 de Saavedra Fajardo (Madrid, 1853).

Ambos "jeroglíficos" no pueden menos que hacernos recordar los veinticuatro primeros versos de *El sueño* de Sor Juana:

[17] *Cito* por Saavedra Fajardo, 1958.

Piramidal, funesta, de la tierra
nacida sombra, al Cielo encaminaba
de vanos obeliscos punta altiva,
escalar pretendiendo las Estrellas;
si bien sus luces bellas
—exentas siempre, siempre rutilantes—
la tenebrosa guerra
que con negros vapores le intimaba
la pavorosa sombra fugitiva
burlaban tan distantes,
que su atezado ceño
al superior convexo aun no llegaba
del orbe de la Diosa
que tres veces hermosa
con tres hermosos rostros ser ostenta,
quedando sólo dueño
del aire que empañaba
con el aliento denso que exhalaba;
y en la quietud contenta
de imperio silencioso,
sumisas sólo voces consentía,
de las nocturnas aves,
tan obscuras, tan graves,
que aun el silencio no se interrumpía.[18]

La evidente semejanza de tales "empresas" con este y otros pasajes subsiguientes de *El sueño*, aunque no nos autorice a afirmar que Sor Juana se haya inspirado directamente en ellas, nos permite al menos confirmar que las "figuras" de "La noche" (la pirámide de sombra que pretende "empañar" la luz del sol y las estrellas y bajo cuyo "imperio silencioso" sólo alientan las aves funestas) forman parte de un vasto repertorio emblemático muy difundido a lo largo de los siglos XVI y XVII y del que la poetisa se valió para representar aquel modelo del mundo, de conformidad con el cual —como ya anotamos—— debajo del cerco de la luna, no sólo se sitúan los cuatro elementos mutables, sino —en contrapartida moral con esos elementos naturales— todas las fuerzas oscuras de lo caótico y lo irracional.[19]

[18] *Cito* por Sor Juana Inés de la Cruz, 1951.
[19] Explicando la *theologia platonica* de Marsilio Ficino, Erwin Panofsky dice

Dentro de la longeva tradición humanista, las fuerzas del mundo inferior suelen expresarse por medio de aquellas entidades míticas cuya metamorfosis tiene por origen común alguna grave transgresión de los preceptos divinos. Como ya dije, el propio Saavedra Fajardo se refería a la "malicia" que al amparo de la noche comete toda clase de delitos; y comentando el "mote" latino de su empresa (*Excaecat candor*, ciega el resplandor [del sol]), añadía que

> a lo más profundo del pecho retiró la naturaleza el corazón humano y, porque, viéndose oculto y sin testigos, no obrase contra la razón, dejó dispuesto aquel nativo y natural color o aquella llama de sangre con que la vergüenza encendiese el rostro y le acusase, cuando se aparta de lo honesto [...]

En efecto, es en ese complejo paradigma de lo sacrílego o impío donde, al parecer, debe buscarse el significado "moral" de las "figuras" evocadas o descritas por Sor Juana en las primeras secciones de "La noche"; figuras cuyo difundido simbolismo le permitiría ir fijando el carácter confuso, irracional y perverso del mundo sublunar y, sucesivamente, el sosiego de los elementos naturales y el sueño profundo que, liberando al entendi-

que debido al carácter negativo de la materia [del mundo inferior], ésta "puede de hecho estar forzada a causar el mal, porque su 'nada' actúa como una resistencia pasiva al *summum bonum*: la materia tiende a permanecer informe y es capaz de rechazar las formas que le han sido impuestas. Esto explica la imperfección del mundo sublunar: las formas celestes no sólo son incorruptibles, sino también 'puras, completas, verdaderas, libres de pasiones y pacíficas'; las cosas sublunares, como están contaminadas por la materia, no sólo son perecederas, sino también 'incompletas, ineficaces, sometidas a incontables pasiones y cuando son activas, forzadas a luchar entre sí hasta el final'. Así la Región de la Naturaleza, tan llena de vigor y belleza, como manifestación de la 'divina influencia', cuando se compara con lo informe y muerto de la pura materia, es, al mismo tiempo, un lugar de lucha interminable, fealdad y desgracia, cuando se compara con el mundo celeste, y mucho más con el supraceleste [...] Como reflejo del *splendor divinae bonitatis* la vida de la tierra participa en la bienaventurada pureza de una región supraceleste; como forma de existencia inextricablemente ligada a la materia comparte las tinieblas y aflicción de lo que los griegos habían llamado Hades o Tártaros...", "El movimiento neoplatónico en Florencia y el norte de Italia. (Bandinelli y Tiziano)", en Panofsky, 1971, pp. 189 y ss.

miento humano de sus ataduras corporales, le dispondrían a la
soñada aventura del "conocimiento posible".

En lo que sigue, intentaremos precisar el modo como cada
una de las figuras de la segunda sección de "La noche" (1.2.1
a 1.2.3) se articulan dentro de un nítido paradigma semántico-
ideológico, es decir, de acuerdo con una jerarquía en la que se
organizan los diferentes símbolos asignados al mundo inferior.

Inmediatamente después de la descripción de la "sombra"
piramidal y funesta que emerge de la tierra abandonada por
el sol y que, aun pretendiendo escalar las estrellas, circunscribe
su nefasto influjo al cerco inferior de la luna, Sor Juana dice
que en ese "imperio silencioso" sólo se muestran aquellas aves
nocturnas —y fatalmente monstruosas, pues es evidente la correspondencia entre la fealdad moral y la malformación física—
que aceptan, no sin dejar de avergonzarse por ello, la tiranía de
lo irracional.[20] En seguida describe Sor Juana (vv. 25-64) a tres
de esos pobladores de la noche o, por mejor decir, esos tres emblemas de la nocturnidad: Nictimene-lechuza, Mínidas-murcié-
lagos y Ascáfalo-búho:

> Con tardo vuelo y canto, del oído
> mal, y aun peor del ánimo admitido,
> la avergonzada Nictimene acecha
> de las sagradas puertas los resquicios [...]
> y sacrílega llega a los lucientes
> faroles sacros de perenne llama,
> que extingue, si no infama [...]

---

[20] Del empleo continuo de las imágenes míticas en *El sueño*, Ramón Xirau
(1967), sacaba estas dos conclusiones: "la primera, y más evidente, es que los
mitos se utilizan para enunciar, progresivamente, el avance de la noche —del
mal, de la oscuridad, de la sombra, de lo 'funesto'—. La segunda, que todos
esos mitos del cambio son mitos de carácter negativo, destructor y a veces
sacrílego". *Cf.* Georgina Sabat de Rivers (1977) donde se pasa revista a los
diversos tópicos mitológicos, astrológicos, fisio-psicológicos, etc., acogidos por
Sor Juana; en las pp. 65-72 se documentan los temas de la noche y de las aves
nocturnas en poetas como Arguijo, Trillo y Figueroa, Salazar y Torres, etc.;
en casi todos los ejemplos citados puede reconocerse —en burlas o en veras—
el modelo emblemático referido.

Y aquellas que su casa
campo vieron volver, sus telas hierba,
a la deidad de Baco inobedientes [...],
segunda forman niebla,
ser vistas aun temiendo en la tiniebla,
aves sin pluma aladas [...];
éstas con el parlero
ministro de Plutón un tiempo, ahora
supersticioso indicio al agorero,
solos la no canora
componían capilla pavorosa [...]

Ludwig Pfandl, en consonancia con su hipótesis psicoanalítica que hace de *El Sueño* de Sor Juana expresión inconsciente y "enmascarada" de sus deseos reprimidos, interpretó tales figuras como "símbolos de concepción, de alumbramiento y de regazo materno", los cuales, junto con la pirámide fálica y la luna maternal, configurarían por entero el complejo edípico de la poetisa. Así, según el hispanista alemán, en "la pequeña lechuza Nictimene" surge "con temible claridad el complejo femenino de Edipo" y, por medio de ese símbolo, se reconocería lo mucho que tal complejo "dominó y se imprimió en el inconsciente de Sor Juana", dada —además— "la rigurosa prolijidad con que ella se detiene en la ignominiosa acción de Nictimene".

Otro tanto puede decirse, según Pfandl, de las hijas de Minias (Alcítoe, Leucónoe y Arsipe) transformadas en murciélagos, puesto que tales doncellas (a quienes el mismo Pfandl llama "bacantes a la fuerza") también constituyen símbolos portadores de ideas "incesto-fantasiosas" asociadas con símbolos fálicos y nupciales.

Pasó en seguida Pfandl a analizar otras figuras (tales como el mar, cuna donde duerme el sol, que —según su decir— es una "variante simbólica del complejo de Edipo", y como Acteón, rey cazador transformado en ciervo por Diana al advertir en aquél ciertos "incestuosos propósitos"), figuras que —según puntualiza nuestro esquema— funcionan como emblemas o "jeroglíficos" de alguno de los cuatro elementos del mundo sublunar.

Olvidó Pfandl incorporar en su análisis a Ascálafo, el "parlero ministro de Plutón" convertido en búho, quizá porque le resultase más difícil descubrir motivos edípicos en el siniestro personaje, y tal olvido hace aún más necesaria la revisión de las figuras de la sección segunda de "La noche" con el propósito de indagar un poco más en las causas —ya no instintivas, cuanto ideológicamente codificadas— por las cuales Sor Juana eligió esos tres personajes mitológicos como emblemas del "imperio silencioso", es decir, de lo carente de lenguaje y privado de razón.

Nictimene, en efecto, es culpable de un "nefando pecado"; de ella dice Ovidio, en traducción de Rubén Bonifaz Nuño: [21]

¿O la cosa que conocidísima es por Lesbos entera
no fue oída por ti: que había profanado el lecho paterno
Nictimene? Ave ella, por cierto, mas de su culpa consciente,
huye la mirada a la luz, y en las tinieblas oculta
su pudor, y es por todos expulsada del éter entero.

(*Metamorfosis*, II, vv. 591-595)

Pero las hijas de Minias no son culpables —en principio— de haber cedido a impías urgencias sexuales; otro género de impiedad es la suya: la de rehusarse a aceptar el culto de Baco y de negar "temerariamente que éste sea hijo de Júpiter". Mientras las demás mujeres dejan sus ocupaciones y asisten a los ritos del dios, Alcítoe, Leucónoe y Arsipe se dedican a los trabajos de Minerva (el labrado de la lana) y por causa de esa actitud sacrílega son convertidas por Baco en repugnantes murciélagos. Dice así Ovidio:

Las hermanas, ya ha tiempo, latitan en los techos humeantes
y, diversas en lugares, fuegos y lumbres evitan;
y mientras buscan tinieblas, por sus parvos miembros se extiende
una membrana, y con ala tenue se encierran sus brazos [...]
e intentando hablar, proporcionada a su cuerpo, voz mínima
emiten, y con un chillido sus leves quejas acaban,

21 Ovidio, *Metamorfosis*, 1979 (Libros I-VII) y 1980 (Libros VIII-XV).

y techos, no selvas, frecuentan, y, de la luz odiadoras,
vuelan de noche, y tienen del tardo véspero el nombre.

(*Metamorfosis*, IV, vv. 405 y *ss.*)

Por su parte, Ascálafo tampoco fue transformado en búho
por causa de lascivia, sino por delator de Proserpina, que habiendo probado las viandas del mundo infernal, se condena a
no regresar del Averno, en que reinaba, a la tierra donde la re-
clamaba Ceres, su madre. Ovidio dice que sólo Ascálafo vio
la falta de la diosa y,

[...] cruel, con su denuncia la privó de regreso.
Ginió la reina del Erebo, y ave nefasta al testigo
volvió, y su cabeza roció de flegetóntida linfa,
en pico y en plumas y convirtió en grandes ojos [...]

ave fea se hace, del luto que ha de venir, mensajera;
pesado búho, presagio, para los mortales, funesto.

(*Metamorfosis*, V, vv. 542 y *ss.*)

¿Qué significado común pueden tener Nictimene, las hijas
de Minias y Ascálafo en el texto de Sor Juana? De hecho, los
pecados cometidos por las primeras podrían ser considerados
como equivalentes, pues si Nictimene es sacrílega por causa de
su acto incestuoso, las hijas de Minias lo serán —pero sólo en
cierta medida— por haber reprimido sus instintos sexuales.
¿Y Ascálafo? Aun siendo verdad que el mito de Proserpina per-
mitiera vincularlo metonímicamente con símbolos de la procrea-
ción, lo cierto es que Ascálafo recibe el castigo de su metamorfosis en animal fatídico por causa de su delación sacrílega. Y es
precisamente en esto en lo que se asemejan y coinciden las tres
figuras de la segunda sección de "La noche", en constituir representaciones emblemáticas de lo que desconoce a la divinidad o
que, por atentar contra ella, se ve privado de su condición
humana.

Hay en los citados pasajes de *El sueño* otro aspecto al que debemos referirnos finalmente, y es el hecho de que esas aves fu-

nestas componen una "capilla pavorosa", capaz únicamente de entonar esas notas "máximas", "negras" y "longas" que producen un "triste son intercadente", una "obtusa consonancia espacio-sa". Habitantes del aire nocturno, los búhos, los murciélagos, las lechuzas, no sólo son el símbolo de lo sacrílego —habida cuenta de las acciones que míticamente se les atribuyen—, sino de lo desacordado y confuso. La insistencia de Sor Juana en describir el "triste son" que tales aves promueven con sus voces sin "men-sura", alude, en clara oposición, a la idea pitagórica del cosmos como resultado del orden y la armonía.

> Quizá la maravillosa regularidad en el movimiento de las estrellas [ha dicho Leo Spitzer] llevó a los pitagóricos a concebir en ellas una armonía musical, inaccesible para los oídos humanos, pero comparable con la música humana y, como ella, reducible a nú-meros y accesible en cierta medida a la razón humana.[22]

Así, a mi modo de ver, Sor Juana confirma el sentido alegórico que debemos atribuir a esas figuras de "La noche", todas ellas emblemas o "jeroglíficos" del mundo inferior que la razón hu-mana debe abandonar, así sea por medio del sueño fisiológico que, atenuando o suspendiendo la actividad de los sentidos cor-porales, permite al alma acercarse al conocimiento de la "Causa Primera":

> La cual [el alma], en tanto, toda convertida
> a su inmaterial sér y esencia bella,
> aquella contemplaba
> participada de alto sér, centella
> que con similitud en sí gozaba;
> y juzgándose casi dividida
> de aquella que impedida
> siempre la tiene, corporal cadena,
> que grosera embaraza y torpe impide
> el vuelo intelectual con que ya mide
> la cuantidad inmensa de la Esfera [...]

---

[22] Traduzco de: Leo Spitzer, 1963, p. 13. La concepción pitagórica —anota-ba el mismo Spitzer— se mantuvo vigente "desde Platón, Tolomeo y Cicerón hasta Kepler, Athanasius Kircher y Leibniz".

De extendernos en el examen de las demás figuras emblemáticas que aparecen en las restantes secciones de "La noche", veríamos que todas ellas tienen asignada la función de representar alguno de los elementos del mundo sublunar (agua, tierra, aire) y podríamos seguir comprobando que en *El sueño* de Sor Juana no sólo se actualiza un considerable número de símbolos sancionados por una tradición humanística aún prevalente en su medio y en su tiempo, sino un modelo neoplatónico del mundo en el cual se armonizaban la mitología, la astronomía y la física clásicas con el sistema teológico del cristianismo.[23]

[23] Carlos Vossler —quien inicialmente hizo notar la relación entre Kircher y Sor Juana— creía muy posible que la peculiar "mentalidad" del polígrafo austriaco hubiera "actuado de una manera incitante y seductora sobre nuestra poetisa". (*Cf.* Georgina Sabat de Rivers, *op. cit.*, nota 5, p. 143.) Octavio Paz (1979) ha hecho un puntual análisis del carácter sincretista (neoplatonismo, tradición hermética, cristianismo) de la obra de Kircher y sostiene que ésta fue para Sor Juana "una ventana por la que pudo asomarse a las especulaciones más osadas y a los descubrimientos de la nueva ciencia sin peligro de ser acusada de herejía". Por otra parte, Kircher (cuya obra más conocida e influyente fue el *Oedipus Aegyptiacus*, Roma, 1652-1654), es autor de un curioso tratado (*Iter extaticum coeleste*, Herbiopoli, 1671) en el cual —haciéndose eco de las ideas pitagóricas y siguiendo el modelo de las visiones alegóricas— relata cómo Teodidacto, caído el cuerpo en un sopor profundo, recibe la visita de un demiurgo (Cosmiel) que le permite contemplar todos aquellos misterios del universo que pueden ser comprendidos por el entendimiento humano.

ADDENDA. En su reciente libro sobre Sor Juana, Octavio Paz (1982, p. 484) comentó este ensayo; * reconoció que "[Pascual] Buxó tiene razón en subrayar la función capital de los emblemas en *Primero sueño* y sus análisis de los símbolos y figuras alegóricas de la primera parte son perspicaces"; en cambio, le pareció "más dudoso... ver al poema como una mera representación de un modelo neoplatónico del universo. La división tripartita del mundo no es exclusiva del neoplatonismo".

Aunque no sea éste el lugar más a propósito para discutir con detalle las opiniones de Octavio Paz, me parecen indispensables algunas apostillas. Diré, en primer lugar, que no alcanzo a ver cómo mi trabajo pueda dar pie a la idea de que *El sueño* sea "una *mera* representación del modelo neoplatónico del universo"; pero —por si pudiera darse esta posibilidad— debo aclarar que, en efecto, ese modelo del hombre y del mundo *subyace* en el texto de Sor Juana; esto es, que constituye el paradigma ideológico englobante que rige la dispo-

*Se publicó en *Sábado*, suplemento de *Uno más uno*, el 16 de agosto de 1981.

sición de las partes del poema y determina su tópica particular. No afirmé que dicho modelo sea el único en poseer un carácter tripartito ni mucho menos atribuí a *El sueño* el propósito primordial de ser una simple encarnación literaria de ese sistema abstracto.

Tanto para Octavio Paz como para mí, el poema de Sor Juana está dividido (como quería Calleja) en tres grandes partes, la segunda de las cuales está constituida precisamente por el relato del "viaje" o "vuelo intelectual" del alma. Dice Paz que "la segunda parte del poema no corresponde a la zona de los espíritus vitales (corazón y pulmones) ni a la del sol y las estrellas fijas; tampoco la tercera parte es homóloga del empíreo y, en el hombre, del entendimiento y el intelecto". Esta interpretación de mi ensayo merece muchas consideraciones, pero me conformaré por ahora con la siguiente: en el modelo neoplatónico se establece entre el macrocosmos y el microcosmos una relación tripartita de conformidad con la cual la esfera celeste (el Sol y los demás planetas) se corresponde con la zona intermedia (el corazón y los pulmones) del animal humano; pero de ahí no se sigue que en la segunda parte de *El sueño* se trate lo relativo a esos órganos vitales —como parece haber creído Paz— sino al Sol, que es su principal equivalente en la esfera celeste. Habiéndose el alma recogido de la dispersión a que la obliga la actividad diurna de los sentidos corporales y que le impide el pleno ejercicio de su más alta virtud intelectual, sube hasta la esfera celeste donde —como dice León Hebreo— el Sol constituye —en el mundo de lo corpóreo— "un verdadero simulacro del entendimiento divino". Releyendo los versos 454 y siguientes podrá reconocerse fácilmente en qué manera Sor Juana pone frente a frente la mente humana y ese objeto solar que "excede en excelencia / las líneas visuales" de la mirada intelectual, incapaz de abarcar —en cuanto humana— el "inmenso agregado" del universo. Más comprensible me parece que Paz no pueda aceptar que en la tercera parte del poema pudiera darse una homología entre el Empíreo y el entendimiento humano, y ello no sólo porque en mi ensayo el asunto está apenas esbozado sino, además, porque en la discusión del asunto habría de tomarse en cuenta la distinción (no sólo tomista sino neoplatónica) entre "entendimiento posible" y "entendimiento agente"; es decir, de la posibilidad reservada a este último de actualizar en el hombre la "presencia de Dios". Por fuerza, tal cuestión deberá dejarse para el momento en que pueda hacerse un análisis pormenorizado de los significados "teologales" de la última parte de *El sueño* y de la aceptabilidad de la hipótesis de que Sor Juana hubiese dogmáticamente renunciado a todo conocimiento intelectual y reservase al espíritu el único conocimiento "verdadero": la "directa" contemplación de la faz divina.

REFERENCIAS BIBLIOGRÁFICAS

Giorgio Abetti. 1978: *Historia de la astronomía*, México: Fondo de Cultura Económica.

San Agustín. 1957: *Obras*, XV, Madrid: Biblioteca de Autores Cristianos.

Emilio Alarcos Llorach. 1951: *Gramática estructural (según la escuela de Copenhague y con especial atención a la lengua española)*, Madrid: Gredos.

Dámaso Alonso. 1961: *Góngora y el "Polifemo"*. (I, Estudio preliminar y antología; II, Edición del "Polifemo"), Madrid: Gredos.

Louis Althuser. 1974: "Práctica teórica y lucha ideológica", en *La filosofía como arma de la revolución*, México: Cuadernos del Pasado y del Presente [1968].

Agustín G. de Amezúa y Mayo. 1956: *Cervantes, creador de la novela corta española*, Madrid: Consejo Superior de Investigaciones Científicas.

Aristóteles. 1973: *Poética*, en *Obras*, Madrid: Aguilar.

—. 1975: *Peri hermeneias*, en *Tratados de lógica*, México: Porrúa ("Sepan cuántos...", núm. 124).

Roland Barthes. 1964: *Elements de sémiologie*, París: du Seuil.

Mikail Bakhtine. 1978: "Récit épique et roman", en *Esthétique et théorie du roman*, París: Gallimard.

Marcel Bataillon. 1966: *Erasmo y España*, México: Fondo de Cultura Económica.

Émile Benveniste. 1971: *Problemas de lingüística general*, México: Siglo XXI [1969].

—. 1977: *Problemas de lingüística general* II, México: Siglo XXI [1974].

Jorge Luis Borges. 1969: *Obra poética* (1923-1967), Buenos Aires: Emecé.

—. 1980: *Siete noches*, México: Fondo de Cultura Económica.

Titus Burkhardt. 1972: *Alquimia*, Barcelona: Plaza y Janés.

Joaquín Casalduero. 1969: *Sentido y forma de las Novelas ejemplares*, Madrid: Gredos.

Américo Castro. 1960: "El celoso extremeño, de Cervantes", en *Hacia Cervantes*, Madrid: Taurus.

Héctor Ciocchini. 1960: *Góngora y la tradición de los emblemas*, Bahía Blanca: Universidad Nacional del Sur.

Manuel Criado de Val. 1960: *Teoría de Castilla la Nueva*, Madrid: Gredos.

San Juan de la Cruz. 1909: *Obras*, en *Escritores del siglo xvi*, I, Madrid: Biblioteca de Autores Españoles.

Sor Juana Inés de la Cruz. 1951: *Obras completas*. Lírica personal. (Edición, prólogo y notas de Alfonso Méndez Plancarte), México: Fondo de Cultura Económica.

—. 1957: *Obras completas*, IV. Comedias, sainetes y prosa. (Edición, introducción y notas de Alberto G. Salceda), México: Fondo de Cultura Económica.

Ernst Robert Curtius. 1955: *Literatura española y edad media latina*, I, México: Fondo de Cultura Económica [1948].

Ezequiel A. Chávez. 1970: *Sor Juana Inés de la Cruz*. Ensayo de psicología y de estimación de su obra y su vida para la historia de la cultura y la formación de México. México: Porrúa ("Sepan cuantos...", núm. 148), [1931].

Noam Chomsky. 1970: *Aspectos de la teoría de la sintaxis*, Madrid: Aguilar [1965].

C. Danilčenko *et al.* 1979: *La Semiotica nei Paesi Slavi* (Programmi, problemi, analisi, a cura di Carlo Prevignano), Milán: Feltrinelli.

Raúl Dorra. 1981: *Los extremos del lenguaje en la poesía tradicional española*, Universidad Nacional Autónoma de México.

Georges Dumézil. 1970: *Los dioses de los indoeuropeos*, Barcelona: Seix Barral [1952].

Umberto Eco. 1971: *Le forme del contenuto*, Milán: Bompiani.

Mircea Eliade. 1959: *Herreros y alquimistas*, Madrid: Taurus.

—. 1972: *Tratado de historia de las religiones*, México: Era.

Sigmund Freud. 1973: *Obras completas*, I, Madrid: Biblioteca Nueva.

José Gaos. 1960: "El sueño de un sueño", *Historia Mexicana*, 37, El Colegio de México.

José Gómez Hermosilla. 1869: *Arte de hablar en prosa y en verso*, París: Librería de Rosa y Bouret [1833].

Luis de Góngora y Argote. 1956: *Obras completas*. (Recopilación, prólogo y notas de Isabel y Juan Millé y Giménez), Madrid: Aguilar.

Baltasar Gracián. 1960: *Obras completas*. (Estudio preliminar, edición, bibliografía y notas de Arturo del Hoyo), Madrid: Aguilar.

Fray Luis de Granada. 1946: *Introducción al símbolo de la fe* (Parte que trata de la creación del mundo), Buenos Aires: Espasa Calpe. ("Colección Austral", núm. 642).

A. J. Greimas. 1971: *Semántica estructural*, Madrid: Gredos [1966].

René Guénon. 1969: "La caverna y el laberinto", en *Símbolos fundamentales de la ciencia segrada*, Buenos Aires: Eudeba [1962].

León Hebreo. 1947: *Diálogos de amor* (Trad. del Inca Garcilaso de la Vega), Buenos Aires: Espasa Calpe Argentina ("Colección Austral", núm. 704).

Louis Hjelmslev. 1971: *Prolegómenos a una teoría del lenguaje*, Madrid: Gredos [1943].

—. 1972: *Ensayos lingüísticos*, Madrid: Gredos [1959].

Serge Hutin. 1962: *La alquimia*, Buenos Aires: Eudeba. Ivanov.

Roman Jakobson. 1973: *Questions de poétique*, París: du Seuil.

—. 1975: *Ensayos de lingüística general*, Barcelona: Seix Barral.

—. 1976 a: *Nuevos ensayos de lingüística general*, México: Siglo XXI.

—. 1976 b: *Six leçons sur le son et le sens*, París: Minuit.

—. 1977: *Ensayos de poética*, México: Fondo de Cultura Económica.

C. G. Jung. 1957: *Psicología y alquimia*, Buenos Aires: Santiago Rueda.

Jerrold J. Katz y Jerry A. Fodor. 1976: *La estructura de una teoría semántica*, México: Siglo XXI [1964].

Heinrich Lausberg. 1975: *Manual de retórica literaria*, I, Madrid: Gredos [1960].

Fray Luis de León. 1910: *Obras*, en *Escritores del siglo xvi*, II, Madrid: Biblioteca de Autores Españoles.

Giulio C. Lepschy, 1968: "Introduzione", en Louis Hjelmslev, *I fondamenti della teoria del linguaggio*, Turín: Einaudi.

C. S. Lewis. 1980: *La imagen del mundo* (Introducción a la literatura medieval y renacentista), Barcelona: Antoni Bosch.

Iouri Lotman. 1973: *La structure du texte artistique*, París: Gallimard [1970].

San Ignacio de Loyola. 1965: *Autobiografía y Ejercicios espirituales*, Madrid: Aguilar.

André Martinet. 1968: *Elementos de lingüística general*, Madrid: Gredos [1960].

—. 1981: "Qué debe entenderse por 'connotación' "?, *Acta poetica*, 3, Universidad Nacional Autónoma de México.

Jeanne Martinet. 1976: *Introduzione alla semiologia*, Roma: Newton Compton.

Alfonso Méndez Plancarte. 1951: "Introducción" a Sor Juana Inés de la Cruz, *El sueño*, Universidad Nacional Autónoma de México.

Marcelino Menéndez Pelayo. 1947: *Historia de las ideas estéticas en España*, II, Santander: Consejo Superior de Investigaciones Científicas.

Manuel Montero Vallejo. 1975: "Introducción" a Andrea Alciato, *Emblemas* (traducidos en rimas españolas por Bernardino Daza Pinciano), Madrid: Editora Nacional [1549].

J. J. Nattiez. 1974: "Pour une définition de la sémiologie", *Langages*, 35.

Ovidio. 1979-1980: *Metamorfosis* (Introducción, versión rítmica y notas de Rubén Bonifaz Nuño. Libros I-VII y VIII-XV), Universidad Nacional Autónoma de México.

Erwin Panofsky. 1971: *Estudios sobre iconología*, Madrid: Alianza Editorial.

José Pascual Buxó. 1978 a: *Ungaretti y Góngora*. Ensayo de literatura comparada, Universidad Nacional Autónoma de México.

—. 1978 b: *Introducción a la poética de Roman Jakobson*, Universidad Nacional Autónoma de México.

Octavio Paz. 1957: *Las peras del olmo*, Universidad Nacional Autónoma de México.

—. 1979: "La diosa Isis y la madre Juana", *Vuelta*, 36.

—. 1982: *Sor Juana Inés de la Cruz o las trampas de la fe*, México: Fondo de Cultura Económica.

Charles Sanders Peirce. 1974: *La ciencia de la semiótica*, Buenos Aires: Nueva Visión [1958-1965].

Chaïm Perelman y Lucie Olbrechts-Tyteca. 1976: *Trattato dell'argomentazione. La nuova retorica*, Turín: Einaudi [1958].

Ludwig Pfandl. 1933: *Historia de la literatura nacional española de la Edad de Oro*, Barcelona: Gili.

—. 1963: *Sor Juana Inés de la Cruz, décima musa de México. Su vida. Su poesía. Su psique*, Universidad Nacional Autónoma de México [1946].

Bernard Pottier. 1968: *Lingüística moderna y filología hispánica*, Madrid: Gredos.

Luis J. Prieto. 1973: "La Semiología" en Frederic François *et al.*: *El lenguaje, la comunicación*. Buenos Aires: Nueva Visión.

Francisco de Quevedo y Villegas. 1960: *Obras completas*, II. (Estudio preliminar, edición y notas de Felicidad Buendía.) Madrid: Aguilar.

Alfonso Reyes. 1945: "Tres puntos de exegética literaria", *Jornadas*, 38, El Colegio de México.

—. 1958: *Obras completas*, VII, México: Fondo de Cultura Económica.

Robert Ricard. 1975-1976: "Reflexiones sobre 'El sueño' de Sor Juana Inés de la Cruz", *Revista de la Universidad de México*, XXX, 4.

Paul Ricoeur. 1975: *La métaphore vive*, París: du Seuil.

Edward C. Riley. 1966: *Teoría de la novela en Cervantes*, Madrid: Taurus.

Ferruccio Rossi-Landi. 1968: *Il linguaggio come lavoro e come mercato*, Milán: Bompiani.

Diego Saavedra Fajardo. 1958: *Idea de un príncipe político-cristiano representadc en cien empresas* (Ed. y notas de Vicente García de Diego), Madrid: Espasa Calpe ("Clásicos Castellanos" Núm. 76).

Georgina Sabat de Rivers. 1977: *El "Sueño" de Sor Juana Inés de la Cruz*. Tradiciones literarias y originalidad, Londres: Tamesis Books.

Aquilino Sánchez Pérez. 1977: *La literatura emblemática española* (siglos XVI y XVII), Madrid.

Edward Sapir. 1954: *El lenguaje*, México: Fondo de Cultura Económica [1921].

Ferdinand de Saussure. 1945: *Curso de lingüística general*, Buenos Aires: Losada [1915].

Karl Ludwig Selig. 1967: "Cervantes y su arte de la novela" en *Actas del Segundo Congreso Internacional de Hispanistas*, Nimega.

Sanford Shepard. 1962: *El Pinciano y las teorías literarias del Siglo de oro*, Madrid: Gredos.

F. Sherwood Taylor. 1957: *Los alquimistas*, México: Fondo de Cultura Económica.

Leo Spitzer. 1963: *L'armonia del mondo*. Storia semantica di un'idea, Bolonia: Il Mulino.

Santa Teresa de Jesús. 1982: *Obras completas*, Madrid: Biblioteca de Autores Cristianos.

Lope de Vega. 1968: *Novelas a Marcia Leonarda* (Edición, prólogo y notas de Francisco Rico), Madrid: Alianza Editorial.

Antonio Vilanova. 1957: *Las fuentes y los temas del "Polifemo" de Góngora*, I, Madrid: Revista de Filología Española, Anejo LXVI.

Virgilio. 1973: *Eneida*, II (Introducción, versión rítmica y notas de Rubén Bonifaz Nuño), Universidad Nacional Autónoma de México.

Valentín N. Voloshinov. 1976: *El signo ideológico y la filosofía del lenguaje*, Buenos Aires: Nueva Visión [1930].

Ramón Xirau. 1967: *Genio y figura de Sor Juana Inés de la Cruz*, Buenos Aires: Editorial Universitaria.

ÍNDICE

Este libro se terminó de imprimir el
12 de febrero de 1985 en los talleres
de Gráfica Panamericana, S. C. L.,
Parroquia 911, 03100 México, D. F.
En la composición se usaron tipos Elec-
tra de 8:10, 10:11 y 11:12 puntos. El
tiro fue de 5 000 ejemplares. La edición
estuvo al cuidado del autor.